读客文化

华与华
超级符号
案例全史

华杉　华与华商学　编著

江苏凤凰文艺出版社
JIANGSU PHOENIX LITERATURE AND
ART PUBLISHING

图书在版编目（CIP）数据

　　华与华超级符号案例全史 / 华杉, 华与华商学编著 . --
南京 : 江苏凤凰文艺出版社 , 2022.7
　　ISBN 978-7-5594-6763-8

　　Ⅰ . ①华… Ⅱ . ①华… ②华… Ⅲ . ①市场营销 - 案
例 - 中国 Ⅳ . ①F723.0

　　中国版本图书馆 CIP 数据核字 (2022) 第 062275 号

华与华超级符号案例全史

华杉　华与华商学　　编著

责任编辑	丁小卉
特邀编辑	洪　刚　　周汝琦　　李　瑶　　刘庆庆
封面设计	吴　琪　　王国任
版式设计	权　贝　　唐　旭　　徐　瑾
责任印制	刘　巍
出版发行	江苏凤凰文艺出版社
	南京市中央路 165 号，邮编：210009
网　　址	http://www.jswenyi.com
印　　刷	北京雅图新世纪印刷科技有限公司
开　　本	889 毫米 ×680 毫米　1/4
印　　张	140
字　　数	450 千字
版　　次	2022 年 7 月第 1 版
印　　次	2022 年 7 月第 1 次印刷
标准书号	ISBN 978-7-5594-6763-8
定　　价	2999.00 元

江苏凤凰文艺版图书凡印刷、装订错误可向出版社调换，联系电话：010-87681002。

滴水穿石　年轮经营　日日不断　刻苦钻研

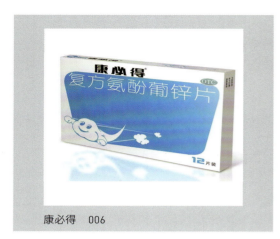

康必得　006

田七牙膏　010

晨光文具　026

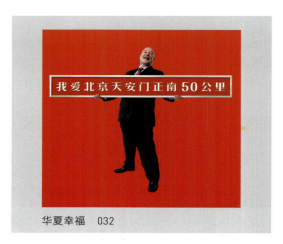

华夏幸福　032

三精制药　044

益佰制药　054

黄金酒　064

葵花药业　068

六颗星　080

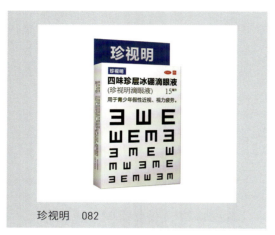

珍视明　082

厨邦酱油　086

西贝　118

奇安信　126

莆田餐厅　142

海底捞　148

汉庭酒店　162

足力健　184

立高　212

读客文化　218

傣妹火锅　230

得到 app 236

爱好文具 244

蜜雪冰城 256

绝味鸭脖 274

梦百合 288

老娘舅 294

新东方 300

人本 306

七猫 314

鲜丰水果 320

SKG 322

洽洽 324

华莱士 338

东鹏 358

新潮传媒 410

盼盼 420

六个核桃 426

唱吧 433

雷丁汽车 446

天猫养车 498

目　录

第一个里程碑

《华与华超级符号案例全史》是华与华20周年呈献的一部馆藏级别的品牌营销理论和实战历史画卷，专为收藏而生。

本书由"华与华商学"策划及组编，收录了华与华从2002年至2021年，前后20年的全部案例成果，以时间轴贯穿全书，汇聚了三条结构线的成果精华，包括"案例发展史""华与华方法发展史""华与华大事记"。全书共包括155个案例，包括康必得、田七、三精制药、益佰制药、晨光文具、葵花药业、厨邦酱油、360、奇安信、西贝莜面村、莆田餐厅、海底捞、绝味鸭脖、汉庭酒店、新东方、蜜雪冰城、东鹏特饮、读客文化等一大批中国消费者耳熟能详的著名品牌和广告创意；同时，辅以华与华方法及超级符号理论诞生和进化的过程，读者对照案例学习，可以知行合一。

华与华＝战略咨询公司＋广告公司＋产品开发公司，开创了全球独一无二的企业战略营销品牌创意全案咨询服务，以"所有的事都是一件事，分开了就不成立"为理念，为企业提供企业战略、产品战略、品牌战略三位一体的独特策略和创意服务。

在企业战略领域，华与华以儒家哲学和孙子兵法战略思想为底蕴，结合西方和日本企业管理思想，集中、西、日之正道，不断沉淀和发展出一整套体系完备的华与华方法，夯实全面服务和领导客户的能力。

在品牌传播领域，华与华基于一切传播都是符号的编码和解码，发展出如今被广泛应用的文化母体和超级符号理论，本书也是这一华与华原创理论的实战案例集。

在2002年创办华与华的时候，我曾说，要把华与华创办成中国广告史上里程碑式的公司。这本书，也是华与华的第一个里程碑。本书的读者，首先是华与华自己的员工；同时，也分享给甲方企业和咨询公司、广告公司、设计公司的从业人员，以及大专院校相关专业的师生和学者。

祝您开卷有益！

2022年3月8日

2002—
2003

案例目录

第一章

所有的事都是一件事

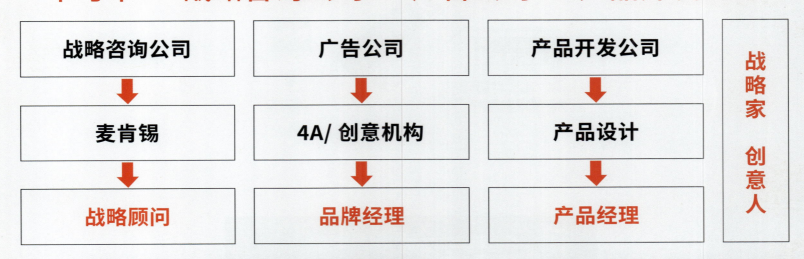

华与华所有客户，我们都深入到企业战略制定、产品结构规划、新业务并购规划、新产品开发创意、命名包装设计、品牌管理等领域。

所有的事都是一件事，企业家要考虑所有事，只有在一个大脑、一个团队，一次成型、一次做全、一次做对，才没有脱节、没有遗漏、没有死角。

企业战略就等于营销传播，在制定战略上的"我是谁"的时候，就已经完成了营销传播的全部策划。产品的本质是购买理由，做产品开发是要先策划购买理由，再设计包装和广告创意，而广告创意和包装设计也是一件事，最后把产品做出来。产品就包含了品牌，每一个产品都包含了品牌的顶层设计。产品结构、每个产品扮演的战略角色、产品推出的次序就是企业的业务战略。

所有的事都是一件事，后工序决定前工序，创意、战略其实是互相影响、互相关联的。

"所有的事都是一件事"其实也是一种整体观，也是一种一体化、一站式的思维方式。华与华＝战略咨询公司＋广告公司＋产品开发公司，就是因为所有的事都是一件事，战略、营销、品牌、产品、广告要在一个体系里完成。

战略方向

营销就是最大规模地销售我们最能生产的东西。当我们能最大规模生产的时候，就实现了总成本领先。当时很多制药企业可能有几种不同的车间，有口服液车间、片剂车间、颗粒剂车间、注射液车间、分散片车间，看起来生产很多不同门类的产品，但很多车间经常吃不饱，于是成本就变得很高，在市场上没有竞争力。华与华为竹林众生提出一个战略设想——只做中药提取的口服液，以此来实现总成本领先。同时中药提取口服液本身也是一个很大的、可以去做的品类。

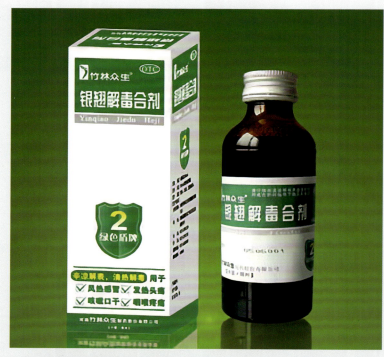

广告创意

中国人都知道，中药都是熬制两遍的，这就是"文化母体"，因此在广告创意中，可以清晰地看到中药熬制几遍的差别。中药熬几遍，差距看得见！竹林众生双黄连口服液，只提取前两道药汁！只提取前两道药汁的还有竹林众生清热解毒口服液、抗病毒口服液，以及其他中药口服液。

后来，又在原来两道药汁的基础上推出"儿童型"和"浓缩型"。浓缩型，一支顶过去两支。

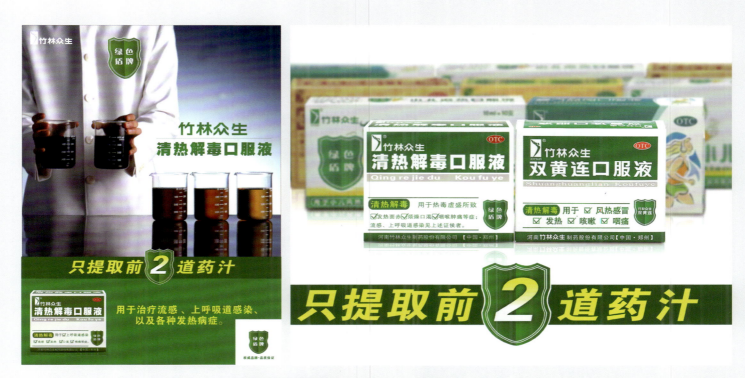

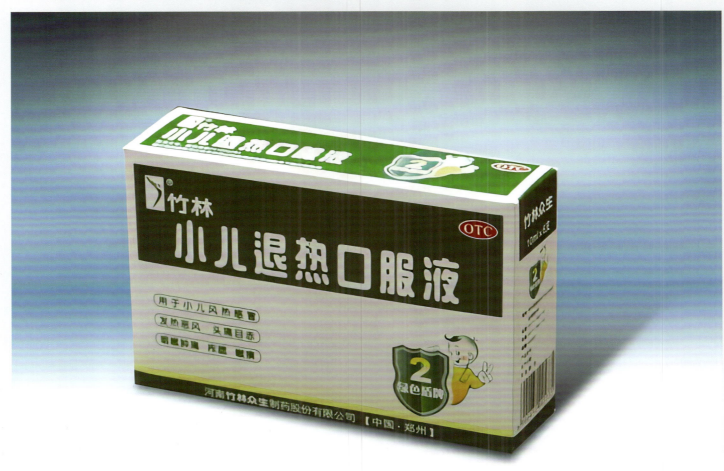

背景介绍

恒利制药 1989 年建厂，1992 年正式投产。"康必得，治感冒，中西药结合疗效好！"享誉大江南北。专业生产感冒药 20 多年，曾一度连续多年获得感冒药排名第一。康必得牌小儿氨酚黄那敏颗粒以纯正橙汁的口感、高科技的工艺、安全性高、见效快、疗效好，赢得了市场。1997 年，恒利集团全资收购北京可尔药业后，将其更名为北京康必得药业有限公司。

广告创意

华与华认为广告必须是口语，因为传播是一种口语现象。听说读写，听和说是语言的本源。所以康必得的广告语"康必得，治感冒，中西药结合疗效好"就是一句听和说成本都很低的口号，是一句传播成本极低的广告语，它的传播效果也远远超过其他广告语。

同时，我们为康必得设计了小白云的形象，并拍摄了天气变化的广告片和系列电视广告创意。

康必得 小白云篇

康必得 雪山篇

祝您康必得

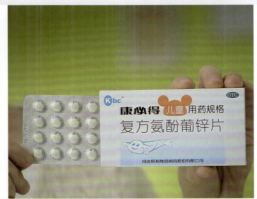

儿童康必得

背景介绍

广西灵峰药业有限公司创建于1975年，是广西壮族自治区重点植物制药生产企业，致力于女性健康药品的研发与生产。

灵峰药业在中国国内首创的妇科良药金鸡牌金鸡系列产品曾于1985年、1990年两度获中国国家质量奖银质奖。金鸡颗粒、金鸡片、强力枇杷露、板蓝根颗粒等28个品种进入中国国家基本医疗保险药品目录。

对于女性药品，华与华聚焦于"慰疗"，创作了"妇科炎症别担心，金鸡胶囊照顾您"的广告口号，以及《别担心》的广告歌。

背景介绍

　　华与华为南海制药设计了企业标志、归芎花粉口服液包装，并为其进行电视广告创意拍摄。

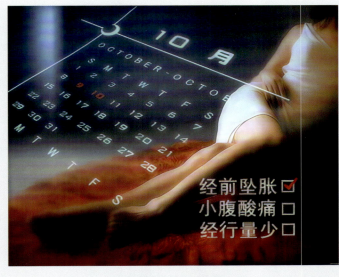

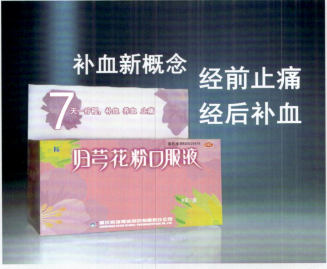

背景介绍（图1）

田七牙膏是广西梧州具有全国知名度的中草药品牌牙膏。它由广西奥奇丽股份有限公司生产，该公司始建于1945年，是历经70载洗礼的综合性大型日化企业。田七是整个民族的物质文化遗产，也是一个地方的文化遗产品牌。消费者对于"田七"成分的认知度很高，知道它具有止血、消肿和止痛的功能。

企业战略（图2—3）

早在2003年，华与华就为田七牙膏提出了"中药牙膏选田七"、打造田七——中药牙膏王国，并以田七品牌为核心，构建田七植物日化王国的品牌战略规划，它既是田七的品牌战略定位，又是田七立志在中药牙膏领域建立王国的自信呼喊，也是给消费者发出的明确的"购买指令"。

产品开发及包装设计（图4—27）

华与华为田七牙膏产品命名、包装设计做了一系列的策划。

1. 田七特效中药系列

华与华为田七提出战略定位，即在中国建立一个中药牙膏的王国，将中药牙膏话语权牢牢抓在自己手里。推出的第一个主打产品就是"田七特效中药牙膏"，以"清热去火止牙痛"树立中药牙膏的价值，并推出了田七特效中药系列产品。

2. 怕"系列"——怕上火、怕口臭、怕出血

3. 田七本草系列

　　田七本草系列牙膏的配方源自《本草纲目》，华与华为田七开发并设计了"本草"牙膏系列，包括银杏、八角茴香、甘草、黄连、芦荟、冰片等。

4. 田七娃娃系列

　　华与华为田七开发了"田七娃娃"牙膏系列。购买行为是选择行为，产品开发就是设计选择题，让消费者不假思索，对号入座。

　　田七娃娃长牙牙牙膏，2—5岁专用；

　　田七娃娃换牙牙牙膏，6—12岁专用。

　　这一细分的产品设计，让我们在终端赢得了妈妈们"对号入座"的直接选择。

品牌谚语（图 28）

2003 年，华与华为田七牙膏策划"牙齿好、拍照大声喊田七"的大创意，一举将田七品牌嫁接到拍照喊口号的文化母体当中，当年通过全国范围内的电视广告推广，在全国范围内掀起了"拍照大声喊田七"的社会现象。

2021 年，新一轮华与华与田七的合作中，我们将"牙齿好、拍照大声喊田七"的创意升级凝练为"牙齿好、喊田七"，落地于新田七全系列产品包装以及户外、电视广告系统中。

超级符号

品牌就是符号，超级符号就是超级品牌。华与华将"田——七——"的声音符号嫁接在照相喊"茄子"的文化母体当中，让这一声"田——七——"成为田七牙膏的声音符号，让田七品牌一夜之间成为亿万消费者的"老朋友"。

品牌标志（图 29）

品牌角色（图 30—34）

田七娃娃是华与华为田七儿童牙膏所做的产品开发和产品 IP 角色创意，以中药田七"根似人参，株生三茎，茎生七叶，顶一红花"的形态为创意原点，拟人化、卡通化为田七娃娃品牌角色。

广告系统（图 35—39）

广告片：拍照大声喊田七

　　华与华方法中说，品牌寄生就是将品牌寄生在消费者日常的生活场景中。因此广告片创意也基于日常照相喊"茄子"的场景，让"田——七——"的声音符号植入拍照场景中，让品牌真正进入人们的生活中，同时消费者还能形成自发的二次播传。

创意方向（图 1—3）

华与华为美罗牌胃痛宁片创意的广告语是："胃痛？光荣！肯定是忙工作忙出来的。美罗牌胃痛宁片。"这是华与华方法常说的——赞美消费者！

亚里士多德修辞学原理讲，一要有简单的道理，二是普通的字词，三是运用特殊的句式、节拍和韵律，四是使人愉悦。赞美消费者就是一种使人愉悦的方法。

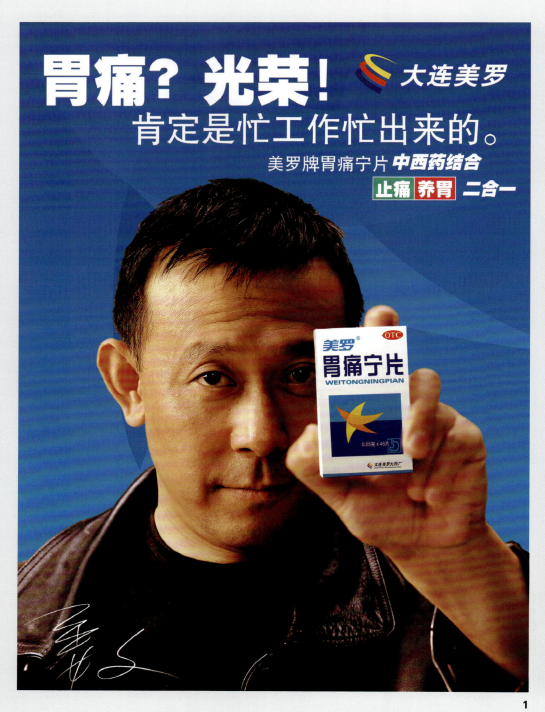

广告片创意（图4）

胃痛　光荣

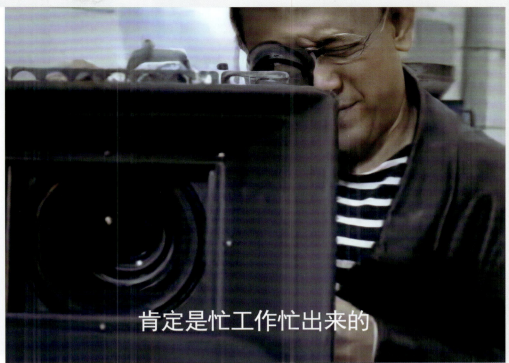

肯定是忙工作忙出来的

美罗牌胃痛宁片

止痛 养胃 二合一
中西药结合

美罗牌胃痛宁片

您得备一盒

4

2004

案例目录

第二章

定位坐标系

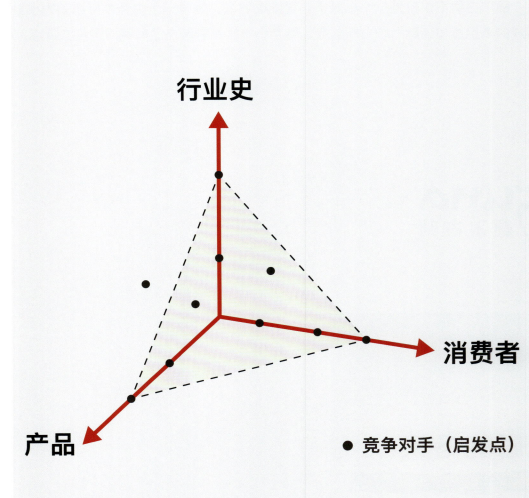

X 轴：产品

把产品上所有可供选择的购买理由罗列出来，找出企业成功的基因，过去成功的基因就决定了未来可能的机会。华与华方法论叫"企业寻宝"。

Y 轴：消费者

看消费者的消费知识、消费观念、购买习惯和使用习惯，看消费者对哪些信息敏感。为消费者提供完整的购买决策信息，降低消费者的决策成本。

Z 轴：行业史

一是看行业发展阶段，二是看全球本行业的最佳实践。成功不是靠创造，成功主要是靠模仿。华与华是做"企业基因工程"的，过去成功的基因就决定了它未来可能的机会。找到自己的基因后，在全球这个行业的历史里去找可以借鉴的行业经验。

所有这些都是找启发而不是运算，不是用这个坐标系运算出来一个结果，而是在任何一个地方随时停下来，一切来自启发。

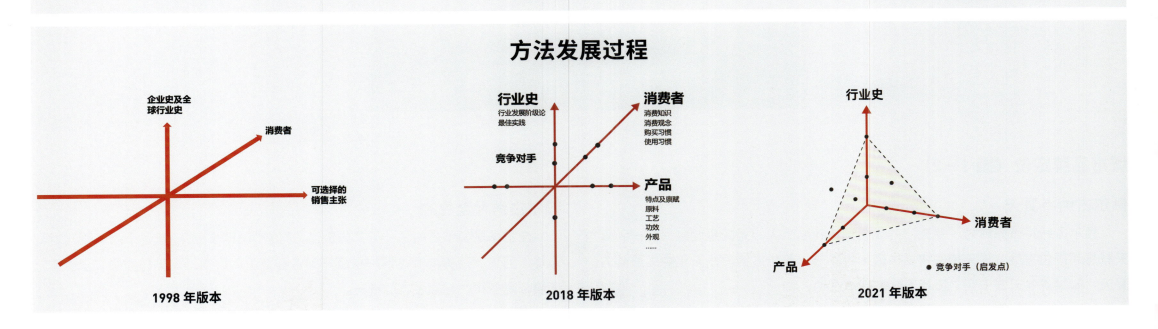

背景介绍

　　额尔古纳市是内蒙古自治区呼伦贝尔市下辖县级市,位于内蒙古自治区呼伦贝尔市大兴安岭西北麓,呼伦贝尔草原北端,是内蒙古自治区纬度最高的市,也是中国最北的城市。

　　额尔古纳被评为"中国最具民俗文化特色旅游目的地""全国休闲农业与乡村旅游示范县""中国特色旅游最佳湿地""最中国生态城市""国家级风景名胜区"等。

企业战略

　　额尔古纳是华与华第一个城市战略营销策划。华与华为额尔古纳的城市战略设计了 6 句话:

1. 额尔古纳＝呼伦贝尔大草原＋大兴安岭＋额尔古纳河

　　一句话让人清楚额尔古纳的地理位置和资源价值,并激发美好想象的画面。

2. 北京 2 小时半径内全生态特区

　　距离感就是时间感;"全生态"是我们的新词语,代表我们拥有草原、森林、湿地、河流、野生动物的完美生态;建立"全生态特区"是我们对中央政府的呼吁,也是我们的传播价值。

3. 中国顶级牧场度假胜地

　　额尔古纳历史上是成吉思汗黄金家族的牧区,这里才是内蒙古风景最美、牛羊最肥的地方。

　　这个定位让我们可以建造中国顶级的牧场,并以此来定义城市的"龙头产品"。

　　我们将以中国最美的夏天,冬季运动的新天地,建设高端旅游度假城市,建成中国的"达沃斯"。

4. 中国俄罗斯资源口岸

　　额尔古纳拥有黑山头、室韦两大对俄口岸,相应规划两个中俄资源口岸城区。

　　如果说定义为"中俄口岸"会让人们想到卖拖鞋、电饭煲……那么定义为"俄罗斯资源口岸",则是无限的财富想象力和发展方向。

　　目前鲁能已在室韦口岸外俄罗斯境内买下大型铁矿。

5. 中国绿色安全食品基地

　　打造额尔古纳原产地品牌。

　　将额尔古纳的生态资源优势转化为品牌优势和区域经济竞争优势。

　　引入产业运营商,建立核心企业、专业村镇、产业家庭及关联产业品牌一体化经营的发展模式,全力培育以有机食品为主导的新农村产业集群,将额尔古纳建设成中国北部知名的有机粮油、有机中草药、有机蜂产品和有机野生采集产品的生产、加工基地和贸易集散中心,建成中国绿色安全食品基地。

6. 多民族和谐魅力小市镇群落

　　额尔古纳不仅仅是一个小城市,更准确地说,她是一个由多个特色魅力小镇组成的多民族和谐魅力小市镇群落,每个小市镇都有着自己鲜明的定位与特点。

城市品牌定位（图 1—2）

额尔古纳＝夏天

　　额尔古纳将首先成为"夏天"的代名词,让中国人,尤其是北京人,一到夏天就想起额尔古纳。夏天是额尔古纳最美的季节,额尔古纳的夏天是中国最美的夏天。如果说冬天去三亚,那夏天就去额尔古纳。

额尔古纳＝全生态

　　全生态是额尔古纳独一无二的价值,这里不仅是草原,还是一个由草原、森林、湿地、河流,还有内蒙古保护得最好的各种野生动植物、鸟类构成的"全生态"环境,是多样性与原生态的统一。

品牌标志（图3）

在额尔古纳市郊西山下的根河湿地，有一个神奇的马蹄状小岛，传说中那是成吉思汗的坐骑踏出的水坑，它被视为额尔古纳的城市地标。标志的设计即取材于此。

品牌纹样（图4—13）

有野生动物，才是全生态。

城市品牌纹样由额尔古纳的十多种珍稀动植物和星、月、云构成，代表额尔古纳的原生态环境。

动物：天鹅、花尾榛鸡、马、老鹰、狼、鹿、熊、兔子等；
植物：欧迁履光、大花杓兰、白桦、百合等。

社会主义新农村建设运动："一村一品工程"（图14—20）

工程重点放在恩和、室韦农牧场施业区范围内，统一由有机食品、绿色食品总生产经销企业与农民合作，政府提供品牌、金融、营销、培训支持，设立产品经营中心及专卖店，统一注册品牌、认证产品、包装销售，扶持一批家庭作坊。

前进村——发展野花蜜制品

水磨村——发展牛肉干制品

梁西村——发展冷水鱼类养殖及副产品加工

室韦村——发展俄罗斯列巴系列产品

临江屯——发展马产品

恩和村——发展野生浆果制品

七卡屯——发展奶酪制品

八卡屯——发展干花制品

太平屯——发展主产品木耳、蘑菇和野生果酒

14

15

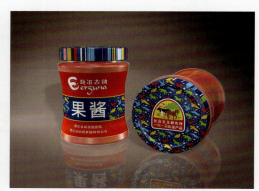

16

17

18

19

20

产品设计

1. 五大自然景观公园

根据额尔古纳得天独厚的自然景观资源，我们规划了以额尔古纳河公园、三河源公园、原生态公园、额尔古纳·昆公园和莫尔道嘎国家森林公园 5 大公园为核心的旅游空间布局，发展漂流、自驾游、徒步、森林探险、野营、赛马、自行车游、观鸟等项目。

2. 额尔古纳牧场

打造中国顶级的牧场——额尔古纳的"龙头产品"。

牧场既是顶级生活方式、尊贵身份的象征，同时也是地产投资的新选择。

"额尔古纳牧场"将催生中国第一批不以牧场为"生产资料"，而是度假产业的"牧场主"，对于这些牧场主来说，重要的是在牧场度假、交际的时间和拥有的体验。

"额尔古纳牧场"将重新定义中国"贵族"的标准，这必将在中国，特别是在北京得到热烈的追捧。"额尔古纳牧场"将成为中国有史以来最高端的度假产品，成为中国度假市场的"第一品牌"。

我们规划了三个牧场区，占地面积共 4 万亩：根河南岸牧场区，占地 1 万亩；额尔古纳河公园牧场区，占地 1 万亩；室韦牧场区，占地 2 万亩。

3. 落地加工口岸经济园区

充分利用俄方的木材、矿产及旅游资源，通过在俄投资、技术合作以及境外游合作等方式加强与俄方的贸易往来。

在黑山头口岸区规划了 5 平方公里的落地加工口岸经济园区，包括：

木材加工区（205 公顷）　　食品加工区（61 公顷）
药品制造区（53 公顷）　　电子纺织产业区（37 公顷）

4. 有机加工园区

额尔古纳的有机产业发展重点放在有机奶业、有机粮油、有机蔬菜、有机畜禽养殖、有机中草药、有机野生采集、有机木材、有机深加工、有机生资配套产品和有机生态观光旅游。

额尔古纳的有机加工园区发展项目分为以下几个部分：

有机农业、有机畜牧养殖业、有机旅游业、有机食品加工等。

5. 五大奶源基地

依托雀巢龙头企业，大力发展有机生态牧业，打造拉布大林、黑山头、三河、苏沁和上库力五个奶源区，确立呼伦贝尔核心奶源基地的地位。

海拉尔机场广告 **21**　　　　**22**　　　　承办第二届中俄国际象棋对抗赛，举办呼伦贝尔汽车拉力赛 **23**

24

传播推广（图 21—23）

我们要传播的 5 类对象：游客、投资者、上级政府、本地居民和公众媒体。

向游客传播我们的美景和文化——招揽旅游；

向战略投资者传播我们的梦想——招商；

向上级政府传播我们的规划——寻求政策支持；

向本地居民传播我们的生意——让每一户居民参与并获益；

向公众媒体推销——寻求舆论支持和技术帮助。

绿皮书（图 24）

绿皮书既是我们给上级的工作汇报，也是向上级政府传播我们的思想、发展规划，借以向上级政府谋求政策和资金支持的有力工具。

品牌标志（图 25—27）

额尔古纳是呼伦贝尔的县级市，呼伦贝尔为地级市，华与华也为呼伦贝尔设计了城市标志。

符号取材于"草原之舟"勒勒车车轮，包含了 8 个呼伦贝尔文化元素，从 12 点开始按顺时针方向依次为：鹿、马、曲棍球、鹰、撮罗子、狼、蒙古包、萨满。

25

26

27

背景介绍

咽立爽口含滴丸，其药品特征就是特别小，但是药效特别好，因此在创意上，我们选择了放大镜作为它的超级符号。华与华方法中讲"所有的事都是一件事"，包装设计和广告创意是一件事，因此从包装设计到广告都放大了超级符号。

另外在广告片中，我们也为它创意了一个声音符号，即咽立爽口含滴丸的"滴——"，占领滴丸这个品类。

包装设计（图1—4）

广告片创意（图5—8）

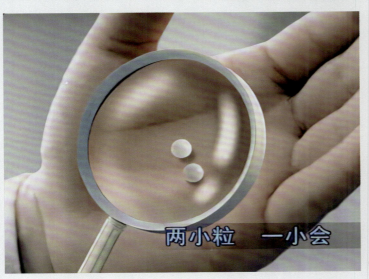
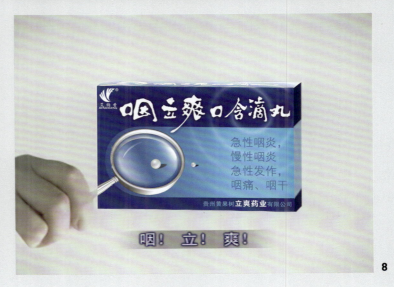

背景介绍

华与华说调研就是找点，找故事，找顾客的原话。我们通过消费者座谈，得到了消费者的原话："这个药就是作为高血压的辅助药来用，总不能头晕就吃降压药。"得到了这一句原话，联想到中国有许多的高血压患者，我们为三力脑立清创意了电视广告。

电视广告（图 1—6）

头晕眼花、耳鸣口苦、心烦失眠，怎么办呢？

总不能头一晕就吃降压药吧

配一盒三力牌脑立清胶囊

有效缓解以上各种症状

有了它，头晕眼花、耳鸣口苦、心烦失眠，就不用再忍了

要，脑立清

总不能头一晕就吃降压药吧

三力牌脑立清胶囊

贵州三力

包装设计（图 7—13）

华与华为脑立清胶囊设计了六角形的包装盒，并且叠加了青花瓷的效果。

7

8

9

10

11

12

13

背景介绍（图1）

晨光文具是一家整合创意价值与服务优势的综合文具供应商，致力于让学习和工作更快乐、更高效。产品涵盖书写工具、学生文具、办公文具及其他相关产品。公司于 2015 年正式在上交所挂牌上市，股票代码 603899。

晨光是上海的企业，也是华与华搬到上海后第一家上海本地的客户，从 2004 年到 2009 年，合作 5 年，是华与华经营使命"让企业少走弯路"的代表案例之一。

2004 年，华与华为晨光提出了一个重要判断，文具业不是制造业而是创意产业，从而运用"华与华定位坐标系"模型，为晨光提出了从工具、器具、道具到玩具的四个发展阶段。

基于晨光主打学生市场，华与华为晨光制定战略，做全世界最有创意、最时尚的笔，要占据"书写创意"这一独特定位。

品牌谚语（图2）

晨光生产聪明有趣的书写工具，核心价值就是注入创意的设计力量，让产品超越"书写工具"的层面，成为乐趣和享受，更激发书写者的创意。"晨光总有新创意"的品牌谚语不思而得。

品牌标志（图3）

左边是晨光设计前的品牌标志，右边是华与华设计的 M&G 形象，当时邀请设计申奥标志的陈绍华老师帮忙修改，规划了极具国际化的品牌形象。

产品设计（图4）

设计品牌符号，要看最关键使用的地方。原来的笔上品牌符号纤细，不易识别，现在的 M&G 设计，即使很细的签字笔上也很醒目。

包装设计（图 5—13）

以管理的理念来看，包装设计是对终端销售门店管理的信息服务，是对消费者购买决策的信息服务，用看板设计方法来设计晨光的包装，让店员和消费者一眼就能找到自己想要的产品。

包装正面就是海报位，用"华与华三个购买"模型，设计晨光的每一款产品

包装。

侧面统一格式，品牌规格、款式、货号，集中陈列后，能够获得货架的陈列优势（图 5—8）。

另一侧面把技术标志化，来不断证明、强化购买理由（图 9—13）。

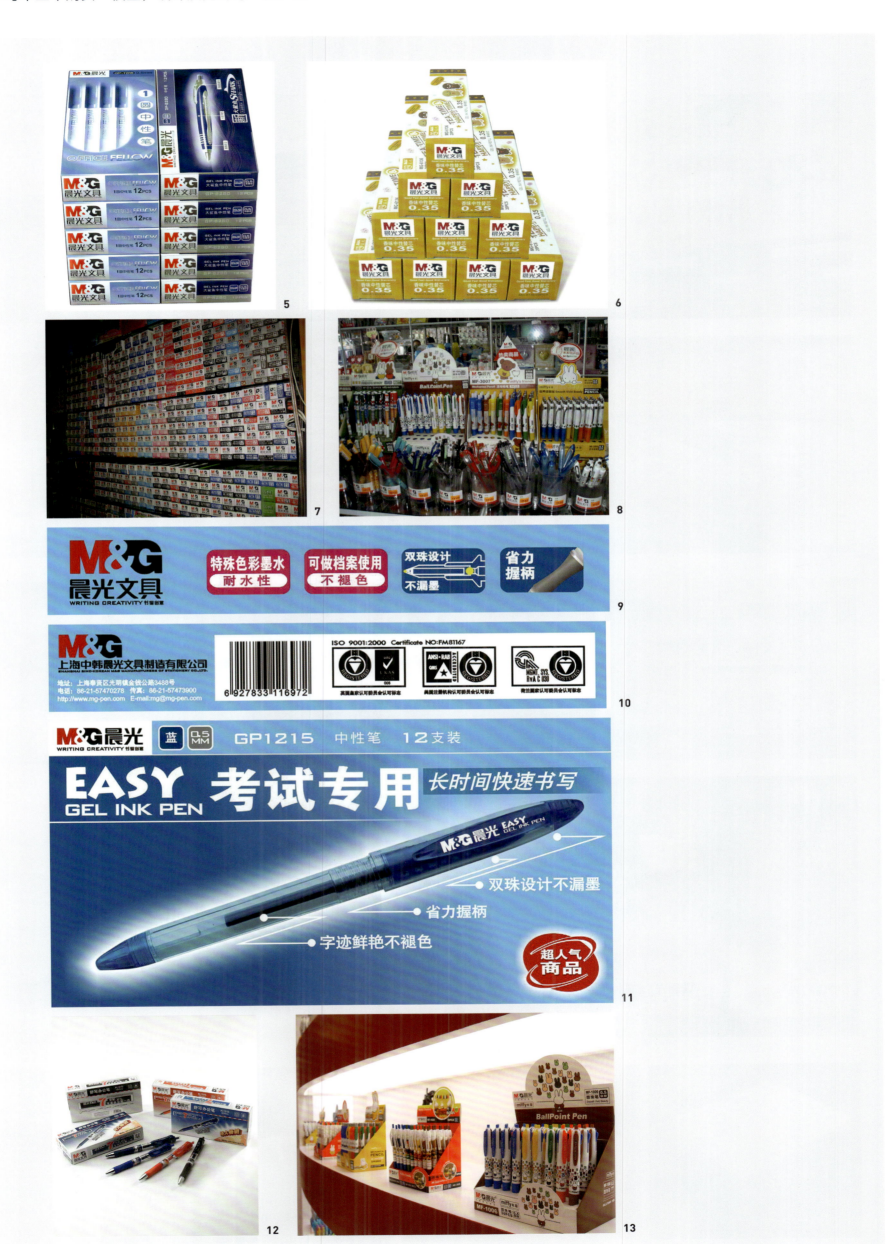

门头战略 & 全面媒体化

　　门头战略和全面媒体化是华与华很重要的思想，是对媒介的理解，万物皆媒介、一切皆媒体。在考虑媒体方案的时候，首先考虑自己身上的媒体。没有广告投放预算，所有消费者的接触点，都把它当作媒体来用，晨光样板店，从门头到货架到陈列道具，都是媒体，都是销售员考核的重点工作。

　　1. 店头——占据全国所有校门口，将对手彻底边缘化（图14）。

　　2. 道具——将晨光的陈列道具推到所有样板店（图15）。

　　3. 封箱胶——运输包装也不放过（图16）。

　　4. 车辆——流动文具店（图17）。

　　晨光大篷车计划，是开车下乡推广的活动，通过这些纯粹在线下落地的动作，基本上实现了晨光在学生文具中的无处不在。

14

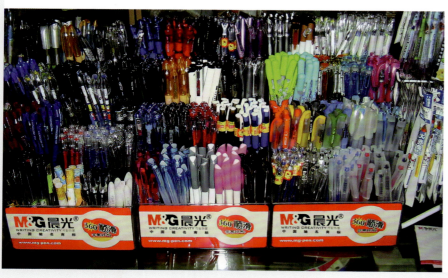

15

16

17

产品开发（图18—29）

产品开发就是开发购买理由，用产品实现购买理由，让产品自己会说话。

1. 倾心之恋

产品主题化的开发，华与华围绕"心"设计了系列产品——倾心之恋。

倾心之恋的注册开始了系列化的产品开发，从产品创意、包装设计到品牌推广一体化策划（图18）。

2. 考试笔开发

同样是那支笔，把它变成考试笔、考试专用，销量上升了30%。（图19）

3. 考试笔升级——孔庙祈福

到山东曲阜孔庙举办了晨光考试笔的祈福大典。董事长亲自宣读了祭文，华与华设计了"孔庙祈福"这个名字，设计了包装及策划了整个活动。

从一个购买理由到商品企划，再到产品实现，最终投入市场，所有的事都是一件事。没有投入广告的情况下，孔庙祈福考试笔一下子就爆了，并且从当年的爆品变成年年的长销品（图20—21）。

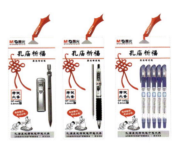
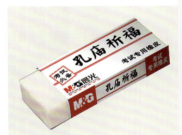
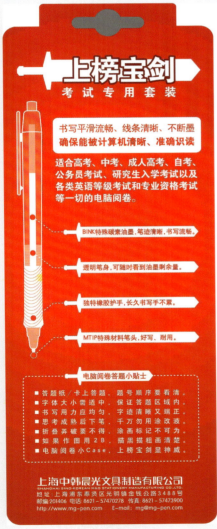

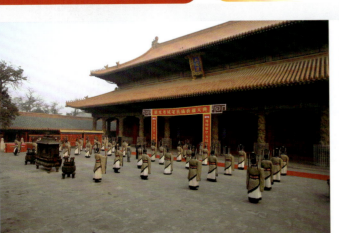

4. 米菲系列——联名款战略产品

　　晨光走主题化产品开发，每一个产品都变成了品牌主题。签约米菲，米菲系列成了它销量很大的一个系列，借由米菲的成功进入画材市场（图22）。

5. 会议笔——华与华第一个工业设计产品

　　没有球珠，纤维头比较软，即使在餐巾纸上，或者比较软的、不平的面上书写都没有问题，不会掉线，所以叫作会议笔。博鳌亚洲论坛指定用笔（图23）。

6. 微笑服务台笔

　　去银行，或者是公安局、出入境办事处，服务柜台上都放了一支台笔。服务人员的身上又别了一个笑脸，华与华把笑脸做到台笔上，做出了微笑服务台笔的创意，实现了从畅销到长销（图24）。

7. 明晓溪同名小说系列——IP 开发，粉丝流量经济（图25）

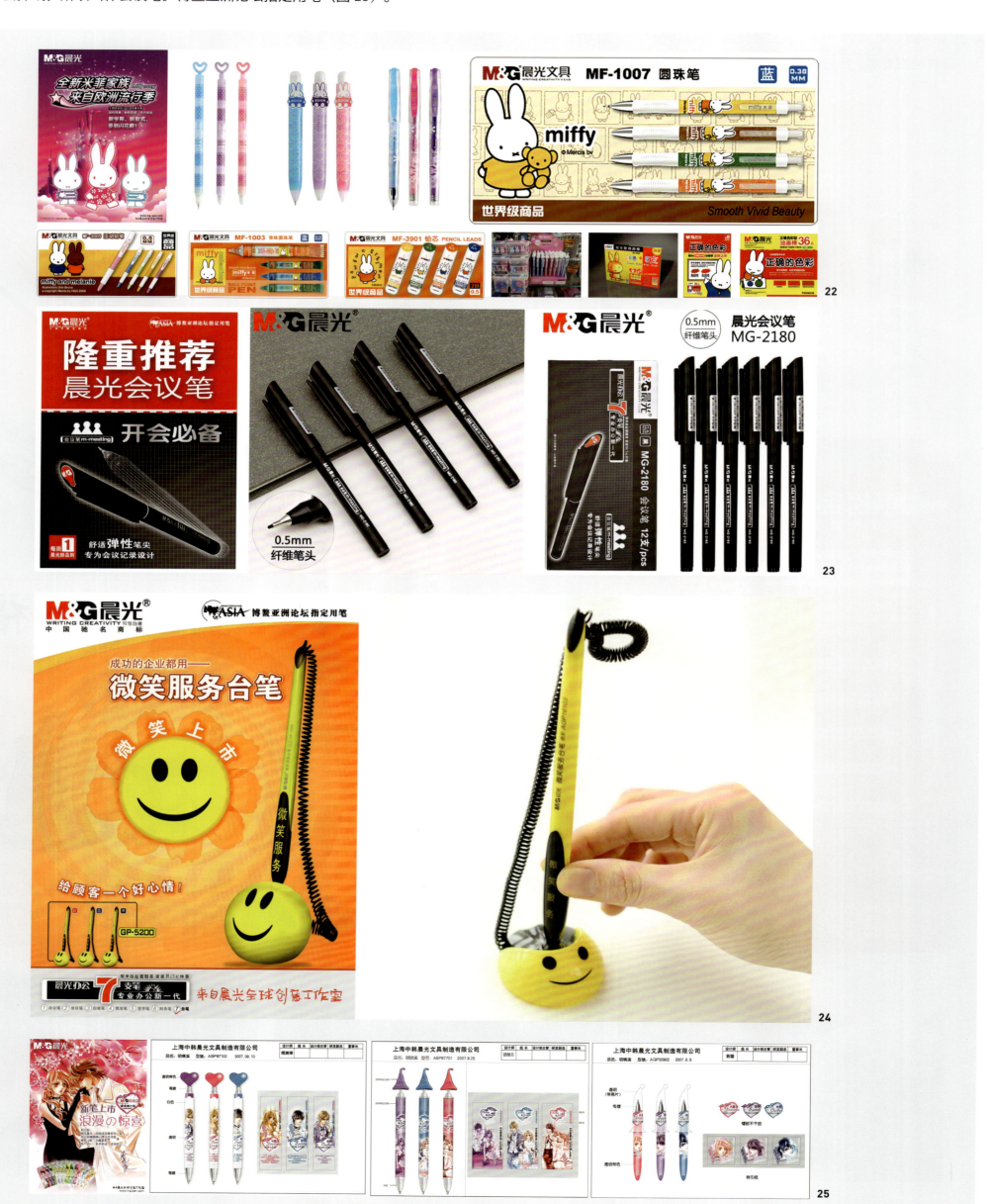

8. "囧"字系列——热点嫁接（图26）

9. 运动系列——奥运会同步推出（图27）

10. 概念笔开发：狂野非洲、骇虫总动员（图28）

11. 办公系列

以办公产品组合去跟办公渠道销售商沟通，寄生在"柴米油盐酱醋茶"这句俗语上，写出"晨光办公七支笔，专业办公新一代"，进行主题推广（图29）。

品牌生物钟（图30）

"每周一晨光新品到"，是华与华重要思想"驯养消费者"的典型案例。今天在华与华已经形成了从驯养到营销日历的服务。强大的营销网络确保晨光产品能在7天内抵达中国的每一个城市。它是对经销商与消费者的承诺，是培养消费者购买习惯的法宝。

根据这一品牌口号，为培养学生市场消费习惯，让学生养成每周一回学校就到晨光校边店看一下有什么新笔到来的习惯。华与华还为晨光拍摄了电视广告。

固安工业园区项目

背景介绍

　　自 2003 年开始，华与华连续为华夏幸福基业服务超过 19 年，见证了华夏幸福企业发展全过程；19 年间，华与华和华夏幸福的合作范围和内容随着客户的成长不断扩展：从最初服务于集团品牌和产业园、房地产业务，到全面、深度参与华夏幸福集团、下属产业新城、产业发展、住宅地产，以及新兴的创新孵化、养老产业等业务的发展战略、品牌战略、传播创意等系统化工作。

　　2002 年，固安工业园区动工。2003 年，华与华介入固安的城市品牌策划工作。彼时的固安是一个传统的农业县城，产业基础薄弱；今天，它的经济总量实现了 40 倍的几何级增长。2015 年 7 月，国家发改委发布了首批《PPP 项目库专栏》，固安工业园区作为唯一的新型城镇化项目入选，获得国务院通报表扬，成为全国推广学习的模范！

战略方向

　　对一个城市的营销来说，首先要让人知道它在哪儿。营销的是一个地点，找到这个地点的"地标符号"，用一个符号、一句话让人知道这个地方。

品牌谚语

　　通过研究发现，固安地处北京、天津、保定三市中心，与北京大兴仅隔一条永定河。在分析了固安的地点优势之后，我们找到了中国最大的超级地标——北京天安门。固安距北京天安门直线距离 50 公里，因此我们提炼出"正南 50 公里"这个词。这样一来，"天安门正南 50 公里"，大家一听就知道固安在哪里，它的投资价值也出来了。我们又从《我爱北京天安门》的歌曲里，得到了我们完整的口号："我爱北京天安门正南 50 公里！"这就给固安插上了一对品牌的翅膀，让固安这个城市品牌"飞"了起来。

超级符号（图 1—2）

　　广告是符号的编码，我们选择了一个西装革履的西方男人——他是投资者、企业家的符号——端着一块标语牌，标语牌的形式和字体，和天安门广场上"世界人民大团结万岁"的标语牌一致。

超级歌曲

　　《我爱北京天安门》是一首儿歌，几乎人人都会唱。嫁接这样一句话、一首歌，给固安工业园区的品牌带来了巨大的推动力。固安工业园区还取得了这首歌的版权，改编成了固安版的《我爱北京天安门正南 50 公里》：

　　我爱北京天安门，正南 50 公里，小城市有大志气，固安人民欢迎你！

　　我爱北京天安门，正南 50 公里。固安人民欢迎你，未来城市在这里！

城市品牌营销体验系统（图3—23）

有了一战而定的"我爱北京天安门正南50公里，固安工业园区"之后，我们从"来之前——来之中——走之后"三个阶段展开了全方位的城市品牌营销和体验设计。

1. 来之前

如何在"来之前"让人知晓、产生期待？尤其是针对企业投资者？我们在他们最常接触的媒体（航机杂志、党政媒体、北京高速路口）投放广告，这些在园区建设初期对招商和城市品牌推广起到了至关重要的作用（图3—5）。

2. 来之中

前面说了，每个来的人是带着期待来的，那么人来了，怎样创造好的体验，增加合作、签约的成功率呢？这就需要一套完整的体验管理系统，让来宾超出预期，产生惊喜！

（1）城市体验包装系统

从看到固安的第一眼起，你就能感受到固安整齐划一的城市品牌形象。从城市入口到城区包装再到公园、广场的指示设施，以"我爱北京天安门正南50公里"的超级符号为主识别，我们为固安工业园区在域内做了全面的城市体验包装系统（图6—10）。

（2）丰富多彩的城市节日产品开发

"世界玩什么、固安玩什么"，我们为固安策划了 4 大类城市节日活动：生态保护类、节庆节日类、运动活力类、流行文化类；将城市节日打造成固安城市的一个个产品，创造一个个吸引人们前来的购买理由（图 11—16）！

（3）以城市品牌营销为导向的城市规划馆、招商展厅

对城市而言，媒体不仅是报纸、电视、户外、手机，展厅、规划馆同样是非常重要的传播渠道。在做展馆规划时，第一个要明确的是给谁看。以固安规划馆为例：给关心我们的政府领导看，给想来投资的企业看，给其他前来学习的兄弟城市看（图 17）。

第二，我们希望嘉宾参观之后记得什么呢？我们希望他记得什么，就在这个

展览陈设中设置什么样的内容环节和结论性观点。这些结论性观点也是我们希望参观者回去之后向人介绍、向领导汇报的内容。

整个固安规划馆都以"我爱北京天安门正南 50 公里"歌曲为主旋律，并且来宾在参观结束后，都会和"我爱北京天安门正南 50 公里"的标语牌合影留念。

3. 走之后

结合我们的城市特色和品牌符号，设计参观者带回去后还能不断被提起、被谈论的"信物"（图 18—23）。

我们围绕固安的城市特色开发了"固安礼物"这一产品，把固安的文化、民俗、历史、产业特色等融入礼品的创意设计中，创造了一个个传播固安、宣传固安的新媒体。

11 12 15 13 14 16 17

19 20 21 22

18 23

营销活动（图 24—28）

自 2015 年起，我们先后为固安产业新城策划城市节事活动——固安圣诞跑、固安自行车运动，并连续多年举办。

固安—科创城市（图 29—30）

基于北京大兴机场的建成及投入使用，以及雄安新区的规划、京津冀都市圈格局逐步发展成京津雄都市圈等历史机遇，固安需要全新的城市战略定位规划，明确城市未来 10 年的产业规划及品牌战略方向，因此我们进行了全面的政策研究和品牌创意。

品牌谚语（图 31）

1. 超级口号

在原先口号的基础之上，我们提出了"我爱北京天安门正南 50 公里，固安科创城市"的超级口号。

2. 话语体系

我爱北京天安门正南 50 公里，固安科创城市；

紧邻大兴机场 10 公里，京雄节点城市；

所有科学家都应该住固安；

京南不夜城，北京亲子休闲度假目的地城市；

中国志愿者之城，7.5 万志愿者共建京津冀志愿共同体；

北京发展向南走，固安现在是风口。

超级符号（图 32）

固安的超级符号仍然是"我爱北京天安门正南 50 公里"，在保留该符号资产的基础上，针对固安发展"科创城市"战略定位，我们发现未来京雄将成为世界级都市圈，固安将是重要节点，这对固安来说将是一个巨大的区位优势，因此我们将京、津、冀三大城市及京雄科创产业带的区位地图进行了图形化的表达，形成了固安品牌符号的新资产，用一张图就传递清楚固安的城市区位价值和优势。

华夏幸福品牌标志（图 33—35）

　　华与华为华夏幸福创意设计了品牌标志。中间的太极代表都市圈的思想，即围绕中心城市进行开发。

33

34

35

其他成果展示（图36—41）

1. 大厂潮白河工业区（图36）

　　华与华为大厂潮白河工业区创意出"国贸正东30公里，CBD的工业区"的项目价值和"大厂创意水乡城市"的城市品牌战略，在此基础上设计城市形象、进行品牌传播管理。

2. 香河产业新城（图37）

3. 怀来京北新城（图38）

　　华与华为京北生态新区创意出"八达岭下官厅湖、葡萄园里产业谷"的项目价值和品牌形象，并在此创意之下设计生态新区的品牌形象、广告创意。

4. 舒城杭埠产业新城（图39）

5. 和县产业新城（图40）

6. 北戴河新区（图41）

孔雀城项目（图 42—46）

战略方向

　　孔雀城是华夏幸福旗下地产业务。孔雀城改写了房地产"第一是地段，第二是地段，第三是地段"的铁律，提出房地产"第一是品牌，第二是品牌，第三是品牌"。建立品牌需要巨大的投资，统一品牌则能极大地降低成本。华与华为孔雀城提出了品牌战略——"京郊小镇连锁品牌"。华与华用统一品牌的方式为孔雀城降低营销传播成本，集中广告投资，用短短 4 年时间一举进入中国房地产前 20 强（图 42）。

命名体系

　　在孔雀城的命名体系里，品牌使用了具象的名词——孔雀，有画面感，一目了然，一见如故。并且采用了用地点"前缀"作为不同项目的命名体系。对不同项目产品的命名，选用项目的自然资源、地标符号来命名，于是有了永定河孔雀城、大运河孔雀城、潮白河孔雀城、八达岭孔雀城。前缀也是具象的、有画面感的，名字就是购买理由（图 43）。

42

幸福生活样板
中国明星小镇

五星皇城配套
国际公民小镇

潮白河岸森林
蓝色水街小镇

葡萄美酒庄园
景区山谷小镇

43

品牌谚语

我们为孔雀城创意了"一个北京城，四个孔雀城"的品牌谚语。这句话既是品牌战略，也是营销模式、广告投资模式。其一，是在一个广告中同时推四个孔雀城，1元当成4元花。其二，这是一句低成本的广告语，"一个北京城，四个孔雀城"的口号下，孔雀城一出手，就不是一个普通的住宅项目，而是在环北京形成东南西北包围的强势品牌，与北京城紧紧地联系在了一起，从而获得了北京的品牌资产（图43—46）。

孔雀城诞生十年后，华夏幸福进入了中国地产十强，在环北京城区也不止四个孔雀城了，我们把口号改为：出了北京城，就买孔雀城！

海报设计

统一版式，华与华设计了孔雀城的所有平面海报。

2005—
2006

案例目录

第三章

企业价值之轮

假若企业是一棵大树，那么"五个市场"（详见第六章）是它生存的土壤，"三位一体"模型是基因（详见第十一章），是"本体"，决定了它是什么"树种"，能长多大。企业的"全体"，我们用一张图——华与华企业价值之轮，从顾客价值角度来描述。

"企业价值之轮"模型强调企业的价值是产品—服务—体验—知识—梦想，逐步递进。

产品价值：企业就是产品

提到一个企业，我们总是能马上联想到它的产品，如果不能想到产品，经营就是失败的。

服务价值：服务创造附加价值

只有价值是不够的，必须有附加价值，服务就是创造附加价值。

体验价值：来之前有期待，来之中有惊喜，走之后有回忆

体验的价值大于服务的价值。

体验价值－服务价值＝创造体验的机会

这个公式提供了一个思维方式，让我们去梳理和顾客的所有接触点，去思考在这里有没有创造体验的机会。

知识价值：企业是经营知识的机构，也是为人类创造新知识的前沿

所有的行业都是咨询业，所有的公司都是咨询公司。狭义的咨询公司收咨询费，广义的咨询公司把咨询转化为产品和服务收费。

企业本身就是经营知识的组织，企业不仅经营知识，还要承担为人类创造新知识的责任和使命，这才能够成为全球领先的企业。

梦想价值：所有的企业都是梦工厂。最伟大的企业，都是在某一方面代表着人类的梦想。

伟大的公司，为人类承载伟大的梦想。

方法发展过程

2002 年版本

2015 年版本

华与华企业的三个先进

拳头产品是什么？

你在哪方面代表了先进的生产力，这就是你对人类社会的根本价值！

权威专家是什么？

就是先进文化的代表。你在哪一方面，代表了最先进的文化；你在哪一方面，集合了先进文化的资源。

梦想化身是什么？

就是代表全人类的梦想！代表了顾客的利益，顾客自然会照顾到你。

背景介绍

　　黑妹是中国最早的国产牙膏品牌之一，诞生于 1986 年的广州牙膏厂。黑妹是专业的口腔护理品牌，产品包括牙膏、牙刷、漱口水等几大类。黑妹以"植物力量，活力清爽"为品牌核心，以天然植物的原生力量为产品基础，向消费者传递天然健康的生活理念。

包装设计（图 1）

广告片（图 2—7）

　　结尾统一用一个声音。

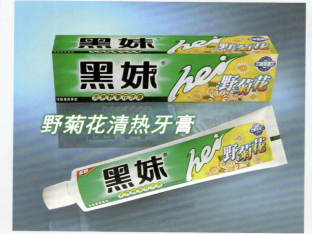

背景介绍

　　华与华为五洲洋参创意设计了洋参船的符号，并设计了五洲洋参产品包装及
五洲鸡精包装。

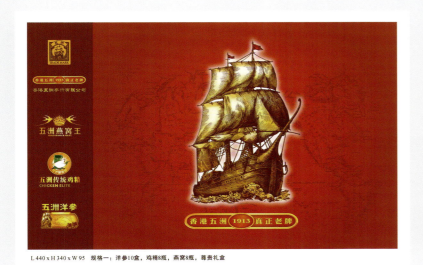

L 440 x H 340 x W 95　规格一：洋参10盒，鸡精8瓶，燕窝8瓶，尊贵礼盒

背景介绍

三精蓝瓶是华与华的代表案例，在与华与华合作之前，三精制药已经有了蓝瓶的口服液。当时三精制药"蓝瓶的钙"广告已经家喻户晓，但企业并没有把蓝瓶作为三精制药的品类战略和品牌资产。华与华为三精制药提出了蓝瓶战略，在华与华的建议下，三精制药注册了华与华设计的蓝瓶商标，开启了一个新的蓝瓶时代。

企业战略

在企业寻宝过程中，我们发现"蓝瓶"并没有注册为商标。华与华为三精制药设计了"蓝瓶"商标，完成了注册。并提出蓝瓶战略，即口服液品类战略。华与华为其设计了从 10ml、20ml 药品口服液到 100ml、150ml 保健食品和美容食品口服液的产品结构，将蓝瓶做成一个口服液的品类品牌，中国人喝口服液，都认准蓝瓶。

"蓝瓶"战略 5 句话（图 1—3）

1. 优势战略基因——口服液，向类别价值平台的升级

"蓝瓶"是已经获得成功的广告策略，我们要将它升级为一个符号战略，一个话语权战略，一个类别解释权战略，一个类别市场垄断战略。

2. 品牌的差异化价值凸显——建立"蓝瓶标准"

蓝瓶标准：不是所有的口服液，都能装进蓝瓶！

（1）蓝瓶，就是纯净的

代表高科技、严管理、零容忍的提取工艺和检测标准，保障药品质量和用药安全。

（2）蓝瓶，就是充足的

代表高品质的原料或药材，诚信的承诺，保障药品的疗效。

（3）蓝瓶，就是好喝的

代表以人为本的人文精神和对消费者的关爱，改善药品的口味，无论老幼，都能愉快地服用。

（4）蓝瓶，就是高于国家标准的

代表精益求精的更高追求，三精制药承诺所有生产工艺和管理，都执行高于国家标准的三精标准。

3. 集中战略下的成本领先

对口服液产品的集中战略，必然会让我们在采购和生产等方面实现制造成本的大幅领先，同时随着我们口服液产品销量的大大提高，我们的经营成本会持续降低，为我们提供最有力的竞争保障。

4. 规模化生产创造对上游的收购

集中战略实现的另一个结果是规模化生产，巨大的生产需要为我们创造了收购上游供应商的条件，而上游成本是最大的成本，对上游产业的收购，不仅能大大降低我们的总成本，还可以提高我们对整个产业链的影响力和控制力。

从战略上来看，这也是让竞争对手进入成本持续上升的最好方法。

5. 结构性的扩张力量和竞争壁垒

"蓝瓶"的核心是在战略上建立优势，形成结构性的增长力量和扩张力量。

我们可以轻易攻入对手的地盘，而对手想向我们进攻时，却无能为力。

以"蓝瓶"符号为战略镰刀，对口服液类大普药进行市场收割。

产品结构（图 4—13）

1. 蓝瓶第一梯队产品系列——矿物质营养补充类口服液

2. 蓝瓶第二梯队，进入成人治疗用药领域

3. 蓝瓶第三梯队产品系列——大规格（50ml—120ml）美容保健类系列

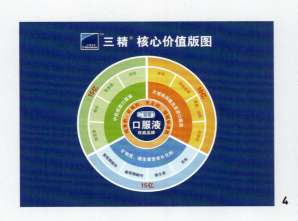
4

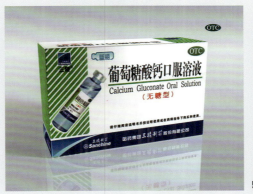
5

6

7

8

9

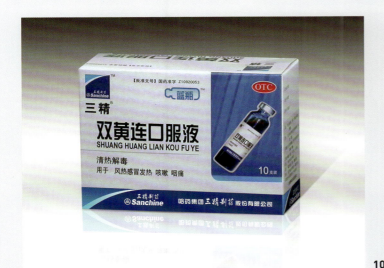
10

11

12

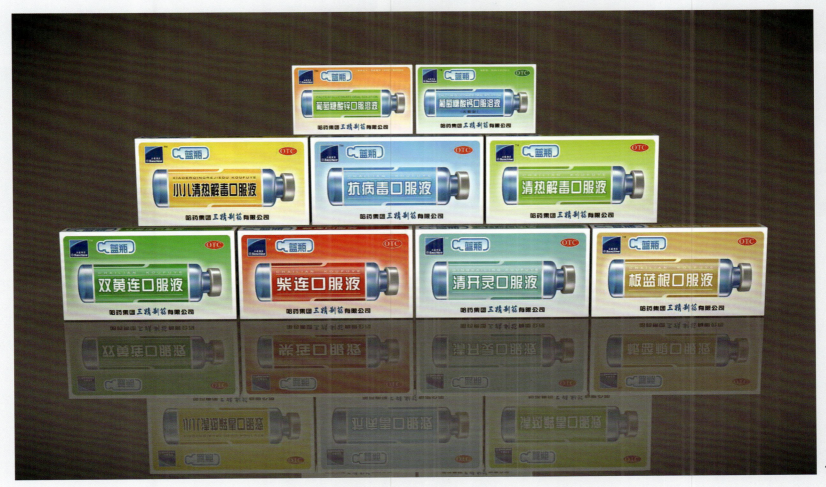
13

广告创意（图14—18）

1. 蓝瓶时代专题片（图14）   4. 三精老人钙（图17）

2. 纯净的钙（图15）   5. 柴连口服液（图18）

3. 儿童补锌篇（图16）

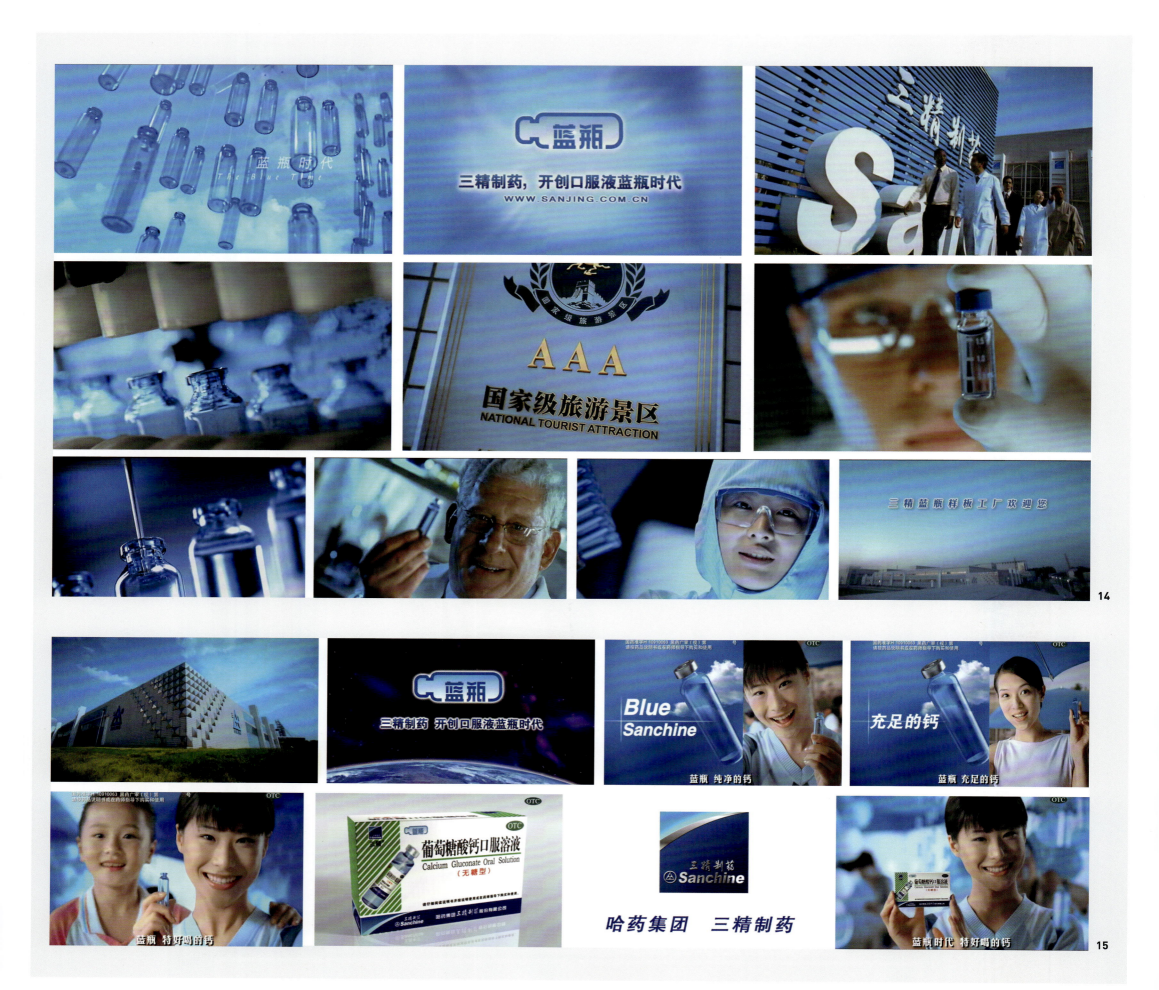

孩子不吃饭

补锌是关键

很多妈妈都认为

很可能啊是缺锌

三精牌葡萄糖酸锌口服液

16

老人吸收功能退化

补钙 补液体钙

好吸收

三精牌葡萄糖酸钙口服溶液老年装

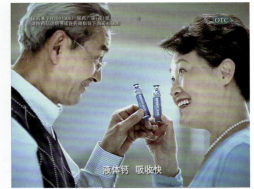

液体钙 吸收快

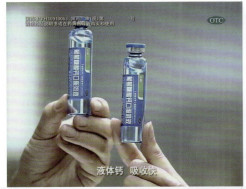

液体钙 吸收兑

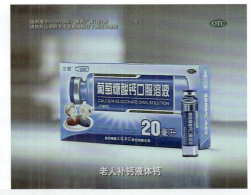

老人补钙液体钙

蓝瓶的

17

18

哈药三精其他项目（图 19—29）

1. 三精清开灵（图 19）

2. 湿痒洗液（图 20—21）

3. 三精女子医院（图 22）

4. 新胃必治（图 23）

5. 小鹰康康（图 24—28）

6. 哈公馆（图 29）

19

23

20   21

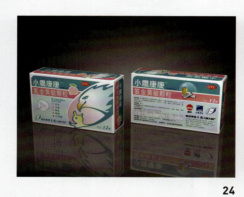  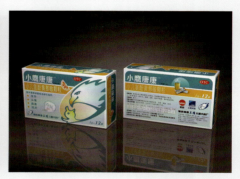

24   25   26

22   27   28   29

背景介绍

天方药业始建于 1969 年，是以生产中西药制剂和原料药为主的国家大型综合性医药企业。于 2000 年 12 月在上海证券交易所挂牌上市。天方药业是以新药开发、化学原料药、生物原料药、中药及成品制剂生产、销售为主的大型医药工业企业。

华与华为天方药业旗下的天图氯雷他定片设计了天使形象，并运用在它的包装上。

背景介绍

辅仁药业集团有限公司是一家以药业、酒业为主导产业，集研发、生产、经营、投资、管理于一体的综合性集团公司。辅仁药业是华与华的经典案例之一。华与华为辅仁药业提出了"全球通用名药中国制造商"的战略定位，并为辅仁药业设计了品牌的包装形象。

"全球通用名药中国制造商"的品牌定位，契合企业仿制药的产品结构和发展战略。在超级符号设计上，华与华为辅仁建立红十字的符号系统，还为辅仁药业创意设计了"辅仁1000剂"等子品牌，传达辅仁药业拥有近千个品种、有能力为医药销售单位提供一站式采购方案的重要价值。

辅仁药业拥有全国药品招投标和配送资格，产品两次进入《国家基本药物目录》和《国家基本医疗保险、工伤保险和生育保险药品目录（2009年版）》。

超级符号—辅仁红十字（图1—4）

华与华用"十字"的设计构建了辅仁药业整个包装系列的符号系统。

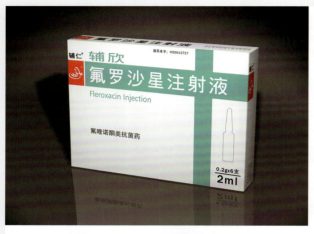
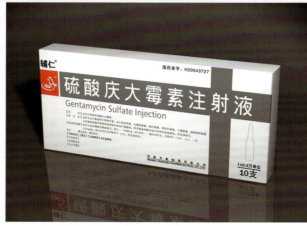
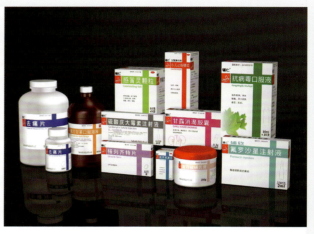
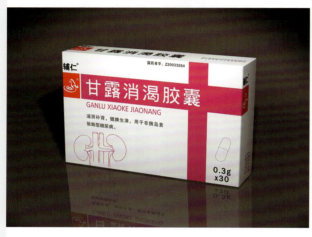

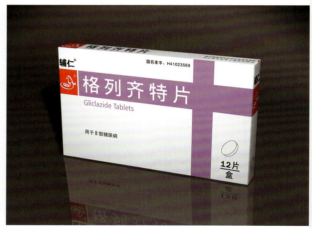

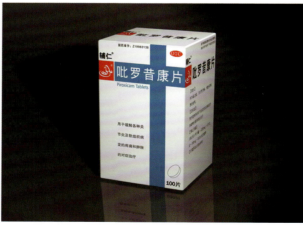
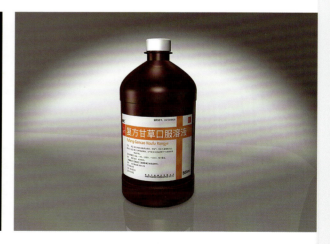
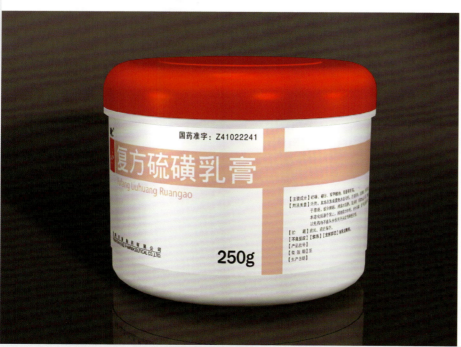
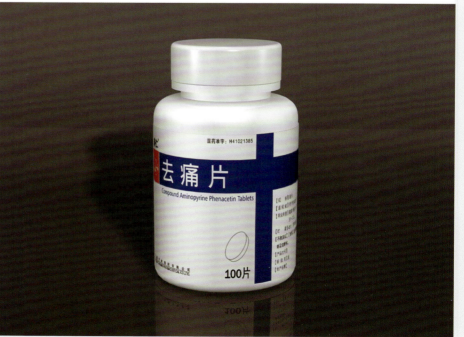

1

辅仁1000剂™

1000个品种，为中国百姓造好药

辅仁 1000 剂　**2**

全球通用名药中国制造商　**3**

药店/诊所形象应用

药店. 白底红十字

统一使用白底红十字.

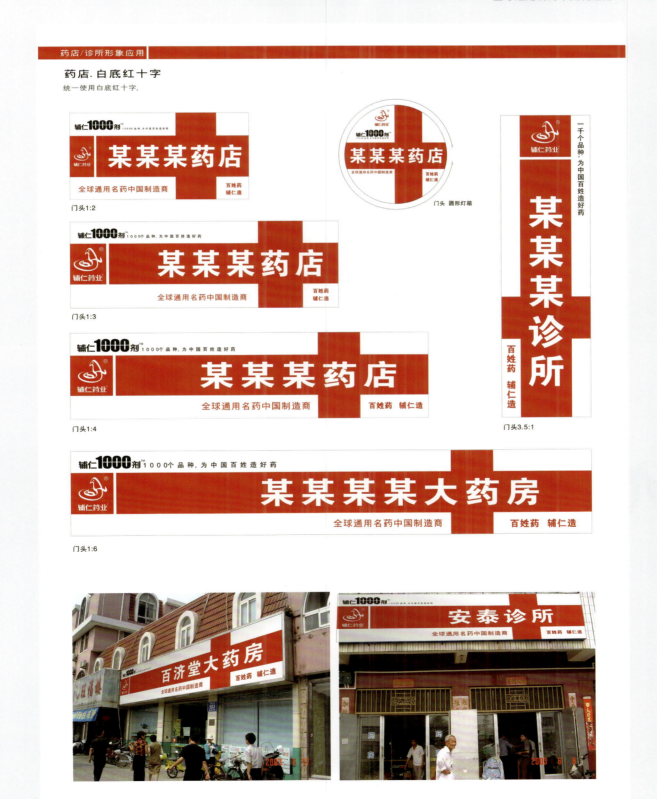

门头1:2

门头 圆形灯箱

门头1:3

门头3.5:1

门头1:4

门头1:6

药店诊所形象应用　**4**

背景介绍

　　九个半岛是广西泓和地产项目，位于广西省南宁市武鸣区，建在一个有 9 道河湾的地方。因此华与华为它命名为"九个半岛"。将其策划为园林式的别墅度假项目，取名为"中国私家园林博览园"。

企业标识

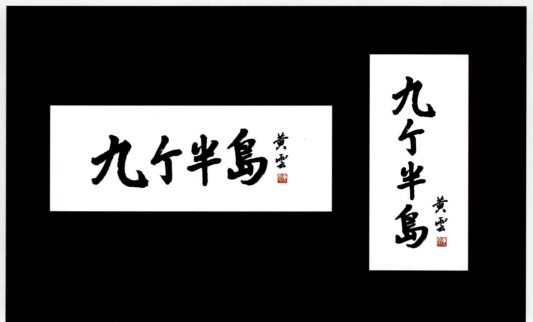

背景介绍

　　惠州九惠制药厂主打中药消炎，因此华与华为九惠制药创意设计了品牌话
语："滥用西药抗生素危害健康！""中药消炎田大夫！"并设计了药品系列包装。

背景介绍

贵州益佰制药股份有限公司是一家集新型药品的研究、开发、生产和销售为一体的高新技术企业，创建于 1995 年。在与益佰制药的合作过程中，华与华为益佰制药设计了品牌商标，制定了克咳止咳家族品牌及产品战略，设计了克咳家族全线产品包装，拍摄了克咳胶囊、克咳牌小儿止咳糖浆等系列电视广告，打造了"不同咳嗽不同药，对照克咳止咳表"的克咳止咳表战略，设计了"做足100"的益佰制药全线产品包装。

"100"标志和"KEKE——"已经成为中国著名的品牌符号。

战略方向（图 1—12）

1. 以克咳胶囊为基点，建立品牌占位（图 1—5）

克咳在"占位"阶段还建立了克咳品牌的核心价值符号"KEKE——"唱音，创造了克咳的品牌道具——止咳药箱，进一步强化了克咳"专业镇咳"的品牌形象，为未来的产品构建了强势的品牌平台。

克咳胶囊广告片

（1）宋丹丹篇

（2）夜咳篇

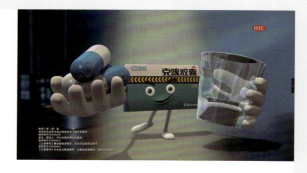

2. 开发、引进新的咳嗽药产品，逐步建立起丰富的"克刻家族"产品线（图 6—12）

2006 年，克刻编制了"不同咳嗽不同药，对照克刻止咳表"的《克刻止咳表》，并将之作为一个战略性的品牌符号进行推广。

《克刻止咳表》为消费者提供了简明扼要的咳嗽自我药疗对照表。同时，它在营销上的战略意义还在于它将成为医生的开处方指南、经销商的进货指南、店员的导购指南和消费者的用药指南。

克刻品牌凭借这些资讯的供应，深入医生、医药经销商、店员、消费者的工作和生活，去扮演一个重要角色。

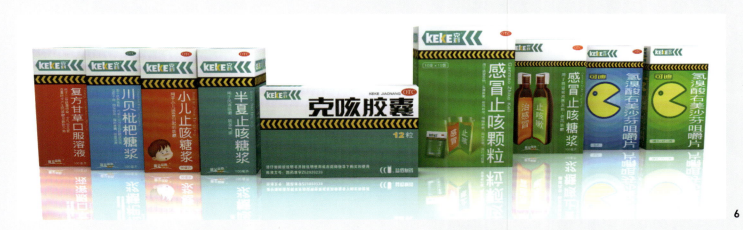

6

8

7

9

10

11

12

广告片（图 13—16）

1. 小儿止咳（图 13）
2. 感冒止咳糖浆（图 14）
3. 小儿止咳糖浆（图 15）
4. 克刻家族（图 16）

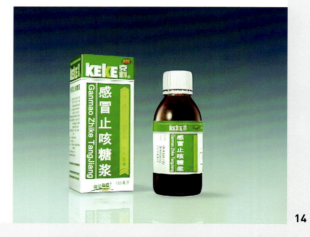

13

14

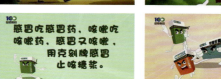

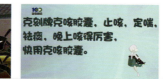

15

16

克刻家族 （图 17—37）

1. "冰喉 30 分钟"克刻糖产品开发（图 17—20）

益佰制药的克刻品牌，是一个止咳药家族的品牌。开发喉糖，可以丰富快消产品线，丰富品牌价值，而喉糖又是消费量巨大的常用消费品。问题是喉糖的品牌太多了，这是一个绝对的红海市场，喉糖市场也不乏知名品牌，消费者又有什么理由购买克刻牌的喉糖呢？我们必须提出理由来，开发这个产品才有意义。

华与华通过消费者研究，研究消费者对喉糖的使用体验，发现人们需要一款效果持续时间更长的喉糖。我们把它定在 30 分钟，这样我们就得到了购买理由——效果能够持续 30 分钟的喉糖。

同时，我们也得到了一个广告创意："克刻喉糖，持续冰爽 30 分钟。"

如何能做到 30 分钟呢？有两个路径，一是把糖做得更硬，在嘴里溶解得更慢；二是把糖粒做得更大。于是，购买理由成立了，产品实现了，市场接受了。

2. 功夫克咳（图 21—28）

17

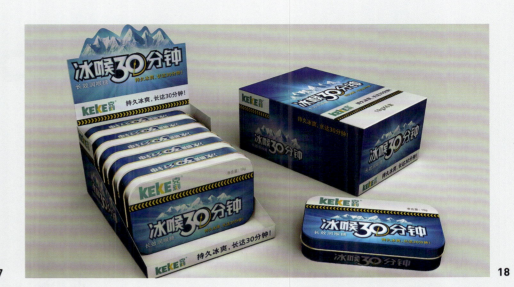
18

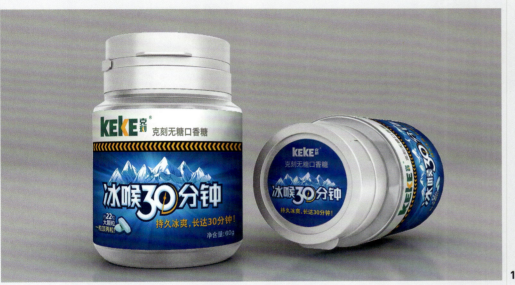
19

20

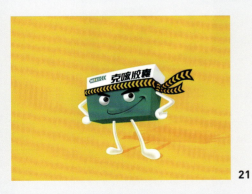
21

22

23

24

25

26

27

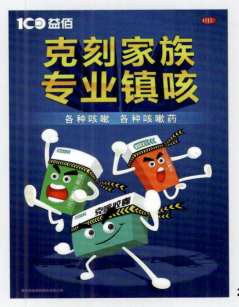
28

3. 益佰制药（图29—37）

标志设计

　　设计标志，就是为了降低品牌识别、记忆和传播的成本。益佰，我们使用了
阿拉伯数字"100"组合成一个胶囊形状，代表了药品，并一目了然见行业。

29

30

31

32

33

34

35

36

37

2007

案例目录

第四章

产品战略围棋模型

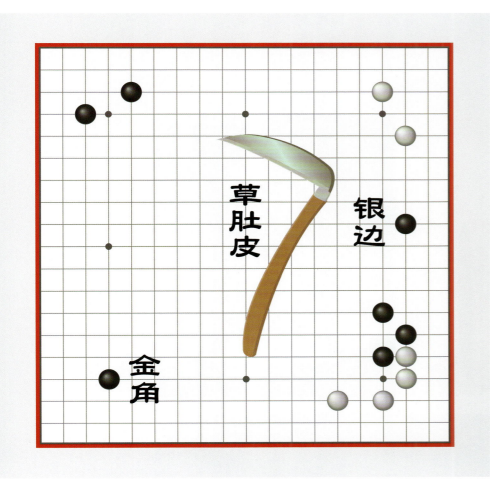

我们把决战目标称为战略，把达到这一目标的一系列会战称为路线图。这就是整个战略计划。在华与华的方法中，我们用中国人的战略游戏——围棋来思考，把这路线图称为棋局上的金角银边草肚皮。

金角是根据地，是核心业务，是竞争壁垒。银边是围绕一个核心业务、核心产品，建立起来的一条产品线、一个业务组合。

整个棋盘是我们定义的一个品类市场，而草肚皮是我们的品牌势能最终能覆盖的业务范围。在围棋棋盘的中间，是一把镰刀，我们称之为"战略镰刀"，用战略布局建立品类品牌，最后在整个品类收割草肚皮，获得边际效益的最大化——草肚皮效益。

这种战略思维方式，我们称之为"华与华围棋模型"：

战略就是下围棋，金角银边草肚皮。

金角占据制高点，银边拉出包围圈。

目标指向草肚皮，天下归心成大局。

产品战略三角

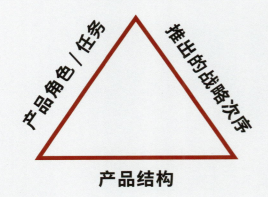

企业战略的核心就是产品结构和业务组合。

产品结构： 就是企业发展路线图。

每一种产品所扮演的战略角色和承担的战略任务： 克劳塞维茨说，"所有的会战都是为了最后的决战"，我们要把每一次会战和次序安排好。

推出的战略次序： 这一路线图的设计决定了成功的概率和营销投资的效率。

产品开发路线图

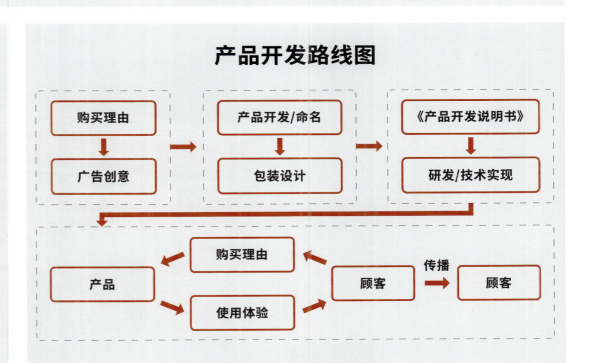

后工序决定前工序，从消费现场开始往后倒推。

产品开发就是洞察一个购买理由，提出一个词语，再用产品去实现它。产品开发、包装设计、广告创意在华与华是一个系统，同时完成，一次成型。

背景介绍

　　万基于 1991 年在深圳创建，一直专注于洋参产业的发展。经过不懈努力，万基在全国保健食品领域取得了优良的成绩，现以健康产业为核心业务，是国内一家通过保健食品、药品 GMP 认证的大健康生产企业。凭着优良的品质和功能，西洋参系列产品连续多年在国内贸易部评的"市场占有率"及"综合竞争力"中排名前列，连续数年荣获深圳市工业百强及中国保健食品行业百强企业称号。

战略方向

　　我们给万基洋参设计一个定位，就是主打"高含量"，里面的洋参是高含量，蛋白也是高含量。

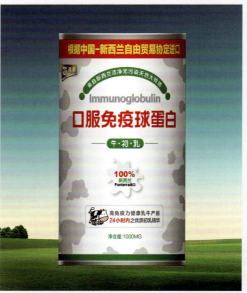

6

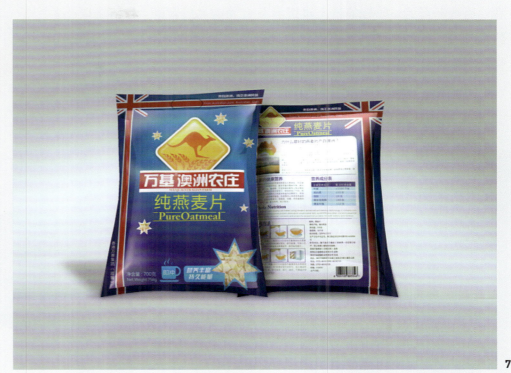

7

8

9

10

11

背景介绍（图 1）

从黄金酒项目筹备开始，华与华就一直担当黄金酒的品牌顾问，华与华以"超级符号就是超级创意"的华与华方法，为黄金酒创意了超级品牌符号——金元宝，并设计了全套品牌形象、包装和广告创意。

品牌战略（图 2）

把保健酒当作送礼的白酒来卖。

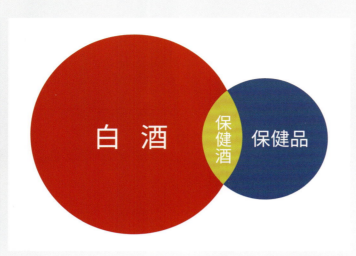

超级符号（图 3）

设计金元宝的超级符号及小金宝卡通代言人。

产品开发（图 4—5）

巨人集团 2007 年成为华与华的合作伙伴，由华与华全案策划，推出第三个拳头产品——黄金酒。从产品功效、成分、颜色、口感到瓶型，华与华参与了黄金酒从无到有的整个过程。

包装设计（图6—8）

　　以货架思维为导向进行包装设计。在当时酒的货架上，大多包装都是以红色为主，华与华从货架思维出发，用色如用兵，设计蓝色的黄金酒包装，让包装在货架上能一眼就被发现，一看就理解。

品牌谚语

1. 超级口号

　　"送长辈，黄金酒"是华与华为黄金酒创意的超级口号。解决补酒不好喝和白酒不健康的矛盾，结合并弘扬了中国的白酒文化、养生文化、送礼文化和春节民俗文化。

2. 话语体系

　　送长辈，黄金酒。
　　世界第一瓶保健功能型白酒。
　　五种粮食，六味中药，好喝又大补。

背景介绍

成都天银制药有限公司创建于 1994 年，是集药品研发、生产、销售为一体的民营现代化、高科技医药企业。华与华为天银制药创意了超级符号"T"，用超级符号统一了所有的包装，并提出口号"21 世纪的退烧药"。同时，华与华也为阿扑双欣设计了声音符号"阿扑阿扑，双欣"及电视广告。

背景介绍

　　山东大信微生态医药产业有限公司是一家集食品与药品添加剂科研、开发、生产、销售于一体的高新科技企业。华与华为其创意品牌名"一样甜"，意味着无糖一样甜，并设计了系列包装。

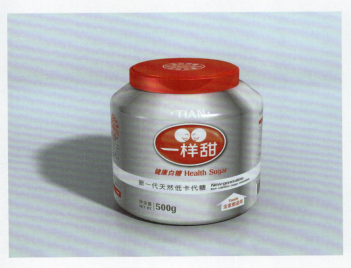
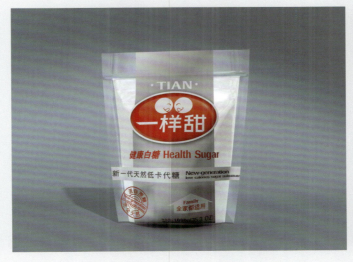
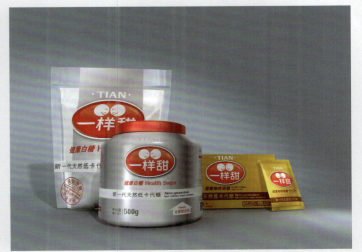

背景介绍（图 1）

2007 年，葵花胃康灵和葵花护肝片这两个营收产品占葵花药业营收的 90%，有 7 亿元的销售额，加其他产品大概有 8 亿元的营收，并且连续三年在 8 亿元保持不动。怎么突破生意增长上的瓶颈，是葵花迫在眉睫要解决的问题。

华与华认为，从企业战略到产品开发、品牌形象、包装设计、广告创意等，都是同一件事情，应该在一个团队、一个系统里，一次成型。

在葵花儿童药战略这个案子里，华与华为葵花药业——

1. 提出了儿童药战略
2. 创意设计了小葵花卡通代言人形象
3. 规划了儿童药的产品结构
4. 提出新产品的开发创意
5. 设计了所有的产品包装
6. 创意拍摄了所有电视广告
7. 策划了"小葵花妈妈课堂"并将之发展成一个品牌体验平台

品牌命名（图 2）

通过调查发现，当时在 3500 多个药品制剂中，供儿童专用的剂型仅 60 种，98% 的药物没有儿童剂型，大量用药都是参照成人药品说明书"小儿酌减"，通常就是掰一半给孩子吃，这种行为存在非常大的安全隐患。药物中毒性耳聋儿童患者，在我国已逾百万人，每年新增患儿 3 万人。

而葵花药业在当时已经拥有 12 个儿童药的 OTC 产品。华与华通过企业战略"三位一体"模型，找到一个社会问题——儿童酌减使用成人用药。这个社会问题，也就成了葵花的经营使命——保护中国儿童用药安全，呵护中国儿童健康成长。使命决定战略，葵花药业的企业战略就是要打造中国儿童用药领先品牌。

超级符号（图 3）

葵花儿童药原来也有一个形象，是个草药娃娃。我们重新设计，换成了葵花娃娃。因为草药娃娃没有流量，葵花娃娃有流量，这是文化流量。葵花娃娃有文化原型，就是小孩子百天或一周岁相的时候，妈妈会给他拍一张用葵花

环绕他的头的照片。而草药娃娃没有文化原型，没有原型就没有流量。华与华创造了葵花娃娃的超级符号，并用它统一了所有包装，让葵花娃娃变成品牌资产，持续投资。

包装设计（图 4—5）

包装设计的本质是为产品写剧本、搭舞台。

华与华的包装设计方法就是在终端环境中创造出陈列优势，同时要让包装自己会说话，小葵花系列产品的包装文案就是家长们最需要的导购指南。

华与华的一贯主张是尽量单一品牌，通过用直观、强烈的形象去区隔不同的品类，在包装上获得最强陈列优势。

产品结构（图 6）

企业战略是一套用来解决社会问题的产品和服务，而产品和服务就是企业的产品战略。产品战略是企业发展的路线图，包括做哪些产品，每一支产品扮演的战略角色和承担的战略任务，以及推出的战略次序。华与华为葵花药业规划了各品类的产品结构，并以非处方药品种投入广告，建立品牌。

首先，先在咳嗽和消食两大主要儿童药细分市场建立根据地。

小儿肺热咳喘口服液——第一个旗舰产品的任务是先建立整个品类产品群的品牌平台，并能够带动小葵花呼吸系统的品类销售；第二个主打产品——健儿消食口服液，它的战略任务就是筑起银边，有了它和小儿肺热咳喘口服液互为呼应，葵花儿童药产品家族就有了雏形。

最后，再依次开发各个品类的儿童安全用药，逐步建立起中国儿童用药领导品牌的产品结构。

小儿肺热咳喘口服液（图 7）

电视广告（图 8—10）

　　以小葵花形象为核心，小葵花妈妈课堂为平台，华与华为葵花药业建立了完整的整合营销传播体验系统。

　　自 2007 年开始，华与华为葵花药业创意并拍摄了所有的电视广告，以"提供差异化的产品定位，普及新的消费知识，创造流行看法"的创意方法，养成了消费者对我们资讯的习惯性依赖。

　　小葵花的电视广告，不只是成功销售某一支产品，而是将小葵花的品牌经营为某一个类别的权威；不仅成为消费者某一类产品的供应商，更要养成家长们对儿童安全用药资讯的习惯性依赖。

小葵花妈妈课堂开课啦

孩子咳嗽老不好

怎么办呢？

多半是肺热

用葵花牌

小儿肺热咳喘口服液

清肺热

治疗反复咳嗽

妈妈一定要记住哦

葵花药业

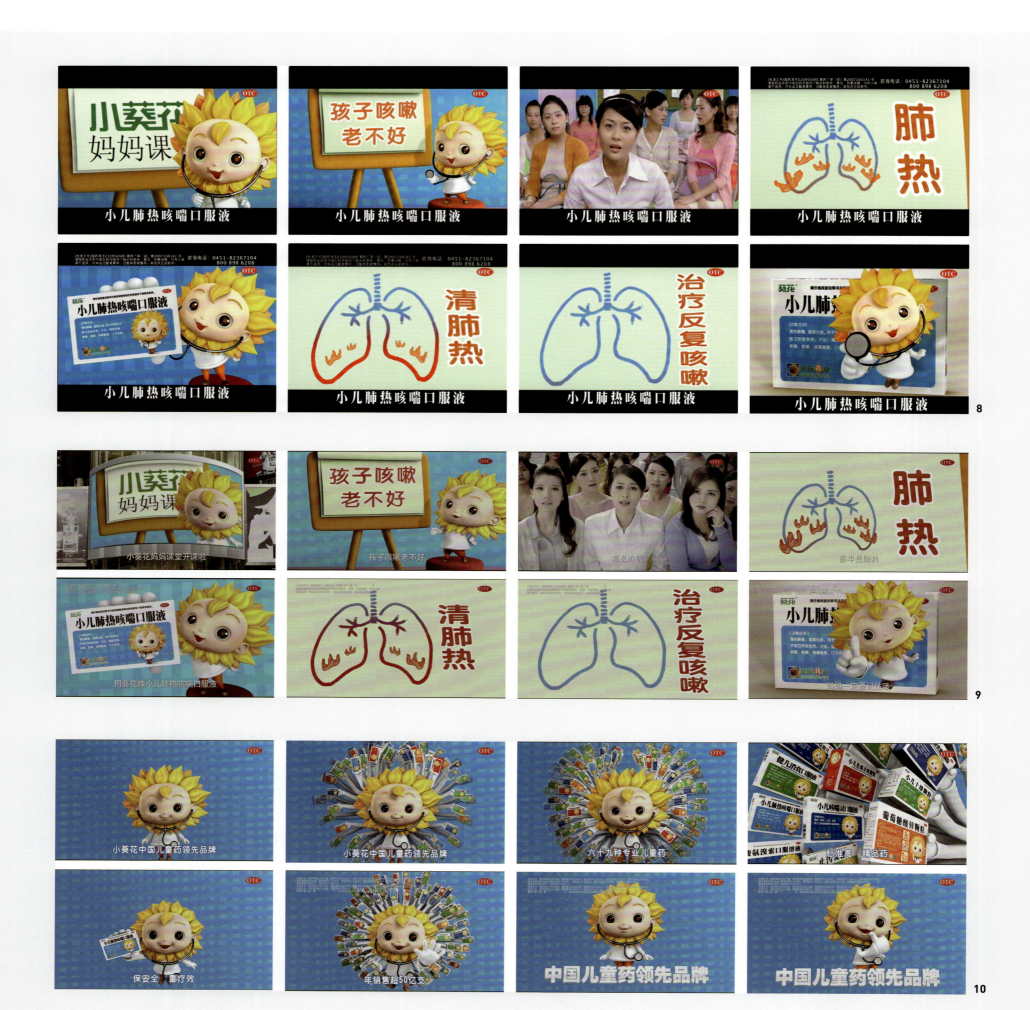

品牌角色（图11）

葵花药业采用了"单品牌，多形象"的策略。

在葵花儿童药战略上，沿用了"葵花"牌商标，创作了一个小葵花的卡通形象来代表葵花的儿童药品牌。

在品牌结构问题上，华与华的一贯主张是尽量单一品牌，然后用直观的形象去区隔不同的品类，这也是成本最低、成功率最大、投资回报最高的办法。

最终，在以"葵花"为背书的前提下，华与华为葵花药业创作了小葵花、葵花姐姐、葵花爷爷的家族形象，分别代表葵花药业的儿童药、妇科药和其他常用药品。

护肝手册广告片（图12）

小葵花金银花露（图13）

公关活动

1. 葵花药业战略公关产品：中国儿童安全用药大会（图14—15）

2016年首届儿童安全用药传播与发展大会大获成功。首届大会引发全社会关注，对儿童药的发展起到划时代意义，一石激起千层浪，重塑政府、行业、社会对"儿童药"的认识。

2. 小葵花引进儿童罕见病药物战略合作签约仪式（图16）

背景介绍

　　御生堂，始于明代万历三十六年（1608年），最初为山西榆次的一家白氏药铺。以自制丸散膏丹享誉京、津、晋、冀，已发展成一家现代化的集团企业。

　　御生堂减肥茶以乌龙茶、金银花、决明子、泽泻、茯苓为主要原料制成，经

功能试验证明，具有减肥的保健功能。华与华为御生堂创意设计了龙头的超级符号，并设计了系列产品包装。

2008—
2009

案例目录

第五章

消费者的四个角色

角色	状态描述	策略目标	策略重点
受众	第一特征：迷茫 第二特征：遗忘	从迷茫中唤醒：沟通的发生！ 对抗遗忘：让他记住！	超级符号、品牌谚语，全面媒体化
购买者	购买环境中的信息搜寻者	提供信息服务！ 打动购买，促成销售！	超级符号，三个购买、货架思维，菜单思维
使用者	期待及验证心理	有惊喜、魅力品质！ 反复购买，愿意传播！	符号化体验 仪式化体验
传播者	感性、主动、无意识	设计一句话让消费者替我们传播！	品牌谚语 超级符号

"消费者"这个词，表达的是人与商品的关系，所以我们思考消费者的时候，要围绕这个关系的变化来思考。分购买前、购买中、使用中、使用后这四个阶段。

三个购买

完整的广告文本信息中应包含三个方面的内容：
购买理由、购买指令、购买指南。

这是企业的生意经，也是为消费者服务，降低消费者的决策成本，并提供行动指南。

做广告要无我，不要总在意自己的表现，不要担心别人会怎么看我，才能全心全意为顾客提供对他有用的信息，一心一意帮他把产品卖好。

背景介绍

　　莱阳市江波制药有限责任公司坐落于美丽富饶的胶东半岛腹地，我国东部重要的药品生产基地之一——莱阳。华与华为其设计了江河日出的形象，并围绕该形象设计了系列包装。

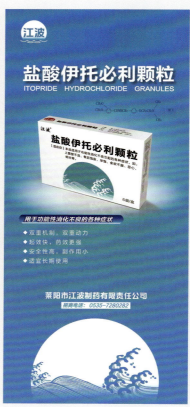

背景介绍

　　双金生物科技有限公司于 1999 年成立，主要生产胶囊剂（含益生菌）、片剂、固体饮料、其他食品（乳酸菌粉）等。华与华为双金生物设计了超级口号"人类发现有益菌，领先科技在双金"，并设计了所有形象和包装，创意拍摄了广告片。

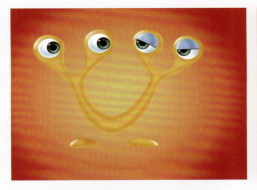

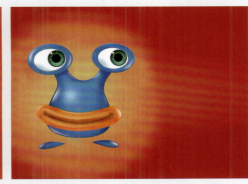

背景介绍（图 1）

2008 年金融危机，大批出口企业谋求在国内市场建立品牌。华与华为世家清洁用品整体规划了品牌和产品战略，一举帮助世家在国内市场取得成功。这也体现了华与华的经营使命：让企业少走弯路。

战略咨询

世家清洁用品专家的企业战略规划，从外贸到内销，用消费者的认知熟悉度在国内市场站住脚，建立品牌资产。

品牌角色（图 2—8）

树立形象才能跟消费者建立沟通，华与华为世家洁具创意设计了世家先生清洁魔术师的品牌角色形象。从外贸到内销，熟悉亲切的形象可以让品牌在市场站稳脚跟，积累品牌资产。

1

A. 人形KT板

2

B. 货架

3

4

B. 插板

5

6

7

8

产品命名及包装设计（图 9—21）

以购买理由为导向，为世家系列产品进行了命名。

包装设计是快消品营销的核心，华与华为世家设计了全线产品系列包装：

1. 超强吸附 360（原"随心通"）（图 9—10）
2. 灵动 360（原"百变通"）（图 11）
3. 耐用金刚 360（原"合金王子"）（图 12—13）
4. 挤水王中王（原"魔力挤水王"）（图 14—15）
5. 省力挤水王（原"魔法胶棉"）（图 16—17）
6. 必备水拖（原"清洁助手"）（图 18—21）

9

10

11

12

13

14

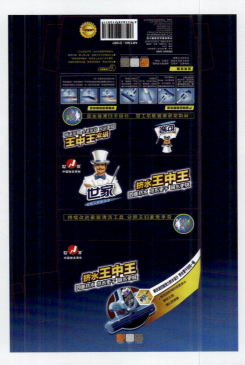
15

16

17

18

19

20

21

背景介绍

2009 年，华与华为六颗星创意设计"满天星"的超级花边符号，提高化肥包装在乡村销售终端的能见度，用东北二人转文化创作电视广告，以营销先行的理念开发产品，推动六颗星一跃成为东北农业的领导品牌。

品牌谚语（图1）

六颗星牌长效肥，轰它一炮管半年。

这句话来自东北的习语，符合日常语言和生活习惯，寄生到农民的日常语言中去。诙谐幽默，让听到的人会心一笑；同时，这句话还符合东北农民一年只种一次地的消费习惯，契合六颗星长效肥的品牌价值。

品牌命名

"六颗星三段控释肥""六颗星全能王""六颗星锌归大地""六颗星超级氮"。

根据玉米生长周期中的用肥需求，确立六颗星控释产品科学，并围绕三段概念，树立控释新科技、新标准。

包装系统（图2）

正面放大六颗星超级符号，并对三段进行具体化展示，背面当正面做陈列，增加一面广告位，传播效率提高一倍。将六颗星花边运用到所有包装上，在终端形成强大的陈列优势。

品牌纹样（图3）

把六颗星品牌寄生在交通符号上，在格子条纹中植入星星符号，并选用红、黄两色，既能形成强烈的视觉冲击力，又解决了品牌"惊鸿一瞥"的问题，形成六颗星品牌的超级花边。六颗星花边运用到包装上后，在终端环境中，无论是垒叠排放还是一排展开，醒目的花边都能被农民朋友一眼识别，加速购买决策。

品牌标志（图4）

人眼的识别力有限，5 颗星以下的星星能一眼认出，如果到 6 颗或超过 6 颗，人没办法一眼认出，所以在符号的创作中放大六颗星命名，将星星作为花边，降低消费者记忆成本。

店招系统（图5）

　　对六颗星来说，门店是形象的阵地、产品的阵地和推广的阵地；对店家来说，门店则是品牌的支持、畅销产品的支持、推广活动的支持和经营思想的支持。吉林云天化在东北迅速打造出274家"六颗星农资店"，且门店数量持续增加，走在东北的大小乡村，随处可见醒目的"六颗星"店招，它已经成为六颗星强大的营销资源。

广告系统（图6）

　　通过将六颗星超级符号、超级话语、超级花边在产品、渠道、终端全面媒体化，品牌实现了"低成本、高效率"传播，打造农业强势品牌。

广告片（图7）

　　将六颗星三段控释肥寄生于农民的日常购肥场景中，将品牌寄生在人类文化和消费者生活中，当消费者进入该生活场景时，就自动浮现出我们的品牌。

背景介绍

　　江西珍视明药业有限公司坐落在人文鼎盛的"才子之乡"——江西省抚州市。公司主要生产中西药制剂产品，拥有以滴眼剂为主的 47 个品种。华与华为珍视明创意设计了"视力表"的超级符号，并将该符号运用在包装设计和广告片创意中。

包装设计（1—2）

1. 四味珍层冰硼滴眼液

　　商品即信息，包装即媒体。"视力表"是保护视力的符号，检测视力则是人们生活中必然发生的场景，所以"视力表"也是体验的道具。将"视力表"应用在包装上，不仅能表明产品的品类信息，也能赋予包装体验价值。

2. 萘敏维滴眼液

　　萘敏维滴眼液的适应症是缓解眼疲劳、结膜充血和眼睛发痒等症状，因此华与华联想到了红眼兔的形象，并让它成为包装的主角，成为电视广告的主角，并且在所有广告里运用它。

广告片（图 3—4）

　　1. 四味珍层冰硼滴眼液

　　2. 萘敏维滴眼液

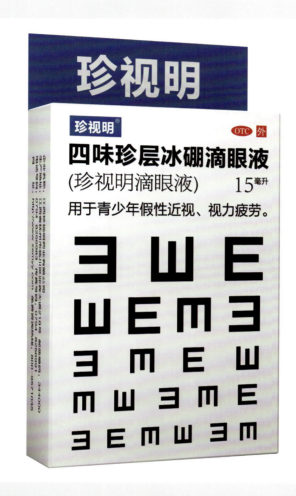

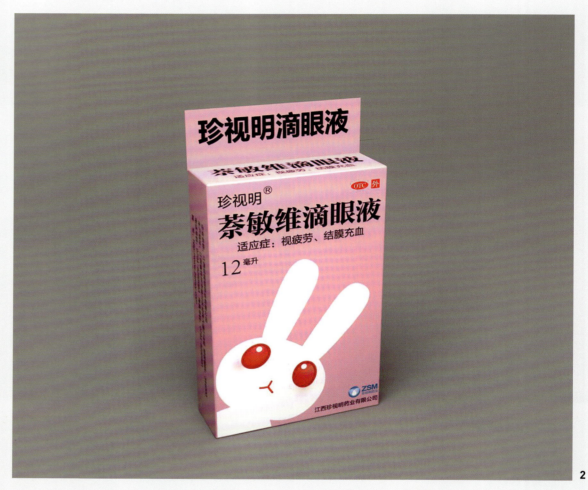

2010

案例目录

第六章

"五个市场"模型

企业有五个市场，要"一个本体，五个市场"，而不是只有一个顾客市场。

五个市场分别是顾客市场、资本市场、政策市场、人才市场、公民社会。

顾客市场

• 成为顾客长期信赖的企业

资本市场

• 吸引投资
• 降低融资成本
• 提高市盈率

政策市场

• 参与行业治理
• 得到政府支持
• 能为相关政策和法案的制定建言献策

人才市场

• 成为本行业人才向往的公司

公民社会

• 成为重要的企业公民
• 受全社会的信赖和倚重

所以我们有五个方面的客户：顾客、投资者、政府、人才、社会公众。

很多大公司，把这五个市场分开，分给不同的部门，针对顾客的有市场部、品牌部，针对投资者的有投资者关系部，针对政府的有政府事务部，针对人才的有人力资源的雇主品牌部，针对公众的有公关部。如此就把一个事情肢解成了若干零碎思想，互相还有"部门墙"，不是在一个本体、一个战略下，一次成型、一体解决。

一个本体，五个市场，也可以用博弈论的理论去理解，那就是扩大游戏的参与方，扩大我们的利益相关者，培植我们生存的土壤，从而实现基业长青。

一体万物，一理万殊，基于原理去思考、去建构，就能如善战者动于九天之上，活在他人想象之外。

背景介绍（图1）

厨邦是以酱油为主要品类的调味品企业，主要销售市场在广东、海南、浙江等华南、华东地区。2010年，厨邦和华与华开始合作。

当时，厨邦面临着来自行业内外的双重压力。首先，是来自整个调味品市场大环境变化下的重压。当时大多数的调味品企业还是以农副产品深加工为主的模式，占山头，不计成本打价格战。同时，外资企业的强势介入更加剧了竞争。本土调味品企业纷纷通过收购、扩大资产等方式壮大自己的根据地，行业割据就在眼前。其次，厨邦同时也面临着酱油行业内的激烈竞争。当时厨邦的产品主要是酱油，做区域市场，渠道主要是各大商超、流通市场，如批发市场、菜场等。而由于海天、加加等为代表的中低端调味料品牌价格相对适中，它们在市场上占有主导地位，终端表现力相对较好，是厨邦主要的竞争对手。

厨邦想要在调味品市场脱颖而出，就需要找到突破口往高处走，因为低端市场很难有利可得，规模化的成本又太高。双方合作面临的首要课题就是如何让更多的消费者认识厨邦，并且愿意因为厨邦这个品牌而购买厨邦的产品。

产品结构

2010年，厨邦旗下销售额过亿的品类，只有厨邦酱油和厨邦鸡精粉。2010年，华与华为厨邦开发了100%纯花生油。发展至今，厨邦食用油系列已经成为厨邦的第三大品类，年销售额超过3亿元。至今，围绕厨邦战略，华与华持续不断地开发、翻新产品，酱料、蚝油、醋类销售额纷纷过亿，与厨邦酱油、厨邦鸡精粉、厨邦食用油共同形成厨邦六大过亿单品。 家庭自用以调味品为主，以"鲜""美味"为开发理念。产品涵盖酱油、鸡精粉、味精、蚝油、料酒、醋类、酱类、食用油、腐乳类、汁类、复合调味料共百余个品种的300多个规格，畅销全国并远销全球多个国家和地区。

经营活动（图2）

1. 以酱油为核心的"1＋N"品类拓展策略

将厨邦酱油调整为战略级产品，确定了拳头产品，并重点推广。不仅靠酱油类去发展，还要围绕厨邦的整个产品线，如鸡精粉、蚝油、醋等，甚至要开发新品类，如食用油、罐头类等，从调味品王国发展成为食品王国。每年持续不断地进行新产品开发和老产品翻新。

2. 传承老传统的现代工艺

传承晒足180天的南派酱油晒制工艺，新增日式酱油工艺调整产品口感。

3. 促销驱动型的品牌策略

连续在央视投广告。

4. 精细化的市场管理

公司管理人员分包区域作为督导，下市场进行带队指导。建立了成熟的"4＋1"市场推广循环。

5. 建立良好的厂商关系

一年两次经销商营销管理培训，带着经销商一起成长。

企业战略（图3）

制定厨邦品牌战略，从调味品王国到食品王国，为公众提供安全美味的食品。提出了"厨邦讲良心，产品更放心"的良心文化，打造厨邦百亿价值版图。

品牌谚语（图4）

晒足 180 天，厨邦酱油美味鲜。

厨邦原有的口号是"金品质，味生活"，消费者看到这句话是不会有购买欲望的。厨邦位于广东省中山市，这里地处亚热带，日照时间长，气候温暖，自古以来适宜晒制酱油，所以广东的酱油工业十分发达。而且广东省的南派酱油，完全是天然晒制的，保持了传统、天然的风味。在厨邦现场调研中不难发现，酿造而成的酱油，它最大的特点就是"晒"和"鲜"，而 180 天则是南派酱油的传统酿造周期。

超级口号是一句能够打动消费者的话，要跟消费者有关，要能够引发消费者关注，要让消费者听到之后心里能"咯噔"一下。

根据华与华创作超级口号的"品牌谚语填空法"，我们首先确定了关键词"晒"和"鲜"，超级口号必须包含品牌名和产品名，所以必须要有"厨邦酱油"的出现。结合这些，"晒足 180 天，厨邦酱油美味鲜"这句超级口号就应运而生了。

品牌角色（图5）

为厨邦创意设计了全新超级角色酱油哥。

厨邦酱油哥是厨邦酱油大晒场场长，爱好是晒太阳、做饭、逛晒场、开发新菜。这是根据产品和品牌战略目标量身定制的虚拟代言人，零代言费用，而且他的人设和颜值更为稳定，可以高频地配合营销活动。

品牌纹样（图6）

超级符号让厨邦一夜之间成为消费者的老朋友，帮助消费者迅速建立新的品牌偏好，并发动大规模购买。

厨邦让食材更好吃，能发挥食材潜力，能让食客吃舒服，不光吃舒服还要有营养，还得让食客记忆深刻。所以，选用了餐桌布绿格子作为厨邦的超级符号。餐桌布绿格子是什么？是全世界每个人都熟悉的餐厅的符号、餐桌的符号、吃饭的符号，是天然与厨邦有联系的文化符号。

从视觉上，"绿格子"能让人产生视觉暂停的错觉，同时能使视觉刺激距离变长 1 倍。

从生理上，"绿格子"能刺激人的食欲和促进唾液分泌。

从情感上，"绿格子"能让格子控们将喜爱之情移情到厨邦品牌上。

从传播上，"绿格子"是可以被描述的，能让消费者替我们播传。

我们将绿格子符号嫁接到厨邦品牌，就是运用了全世界、全人类的集体潜意识，将餐桌布绿格子的符号原力、象征、感情，以及它的权力、指令，统统注入了厨邦品牌，让"绿格子"成为厨邦的超级符号和品牌资产。

品牌标志（图7）

包装系统（图 8—10）

我们重新设计了厨邦酱油的包装，用绿格子包着一个圆柱形瓶子，陈列一排之后，就在陈列正中央的左右 45°角视线上连成一片绿格子，给人强大的视觉冲击力，老远就把顾客的视线吸引过来，把普通货架陈列做出了端架的效果。

自媒体系统（图 11—16）

在渠道"全面媒体化"，包括厂房建设、员工着装等方面。持续积累"绿格子"和"晒足 180 天"品牌资产。利用好厨邦现有的、能让消费者接触到的各种路径和通道，让"产品、渠道、终端"全面媒体化。厨邦的工厂也变成了"绿格子"工厂！

8　　　　　　　9　　　　　　　10

厨邦酱油企业大门 11

厨邦绿格子工厂路灯广告 12

厨邦酱油工厂外立面 13

厨邦酱油晒罐 14

厨邦酱油生产线 15

厨邦酱油运输出货口 16

广告片（图 17）

在厨邦酱油广告中，从第一个镜头到最后一个镜头，你都能够看到"绿格子"的身影。不仅在包装上、最后一格镜头的尾板上，我们还让李立群老师穿上了绿格子围裙，持续积累"绿格子"这个超级符号的品牌资产。

17

18

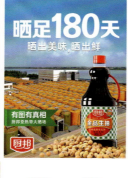

19

样板店执行手册（图 20）

凉菜大赛（图 21）

举行餐饮渠道"超级凉菜万元大赛"。厨邦超级凉菜万元大奖赛已连续举办 4 年，在餐饮界有较高影响力。2018 年 5 月与东方美食合作，在国家会议中心举行了盛大的第四届厨邦超级凉菜万元大奖赛，共有来自全国 60 余位大厨同台竞技，并且有诸多大师评委进行评判，在餐饮界造成轰动。4 年来累计派发奖金高达 35 万元。

厨邦顶级厨师俱乐部（图 22—23）

特邀屈浩、钱以斌和厨邦的厨务顾问李招荣大师现场教学，百余名厨师进行交流学习，产生巨大反响。为了更好地服务大厨们，厨邦提供一个平台，打造中国厨师界的"黄埔军校"。听大师授课，用厨邦做菜！

展会（图 24）

烹饪大赛（图 25）

联合中国烹饪协会举办 2021 年全国小龙虾烹饪大赛、2021 年全国火锅锅底烹饪大赛，共有来自全国各地 60 余支参赛队伍同台竞技，总出品量 192 道。本次比赛派发奖金总额超 40 万元。

背景介绍

　　"打造百亿集团，再创一个新东药"，华与华为东北制药重新设计了"东北"品牌标志，规划了整肠生的产品策略，并创意设计了整肠生产品包装，创意拍摄了整肠生电视广告。

品牌标志（图 1）

　　华与华方法说要做标字，不要做标志。设计更要一目了然，看一眼就明白。华与华为东北制药设计了胶囊形象的品牌标志，一目了然就明白行业属性。

包装设计（图 2）

整肠生

　　华与华为整肠生设计了包装，并让拉肚子的小人形象成为止泻药的符号。

广告片（图 3）

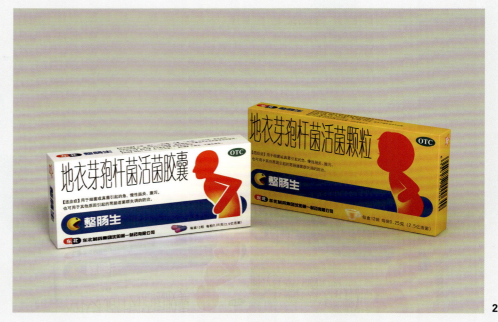

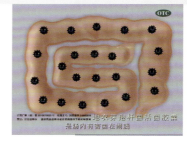
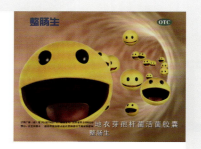
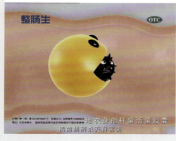
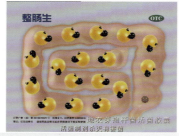
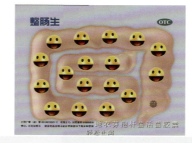

背景介绍

2010 年 4 月，万通药业找到华与华，希望打造继万通筋骨贴后的第二个超级大单品。华与华通过筛选企业实际的品种资源，找到了万通消糜栓作为第二个拳头产品。所有的事情都是一件事，从产品包装到电视广告一体化，针对万通消糜栓，华与华提供了产品解决方案。

包装设计（图 1—2）

包装是 OTC 药品营销的战略重心和关键动作。在达克宁的早期品牌教育下，让消费者能够建立新的消费认知和消费习惯是本案的核心思考。

1. 我们创作了百合花的超级符号，代表干净清爽

百合花是清纯的象征。百合花的花语是清新脱俗、圣洁高雅。这是全世界共通的花语。

2. 占领一个颜色

在一堆粉色、白色的货架中，我们找到了一个高雅的又能在货架上脱颖而出的超级颜色——万通蓝。

1

2

背景介绍

深圳市齐心文具股份有限公司是一家集研发、生产、销售为一体，主营产品包括文件管理用品、办公设备、办公文具、纸制品、书写工具、包装用品、展示用品以及学生用品等多种系列产品的综合办公用品供应商。

战略方向（图 1—2）

华与华为齐心文具提出"轻松办公"的企业品牌战略，以"全面媒体化"的理念，全面升级终端渠道建设。

产品开发（图 3—7）

创意开发产品，为齐心创意开发设计"招财"文具、"找得快"文件夹、"双面网"A4 纸等系列办公产品。

包装设计（图 8—20）

升级齐心品牌全线产品包装，重新设计了品牌形象。并设计了齐心标准店、旗舰店及生动化陈列等，全面升级终端形象系统。

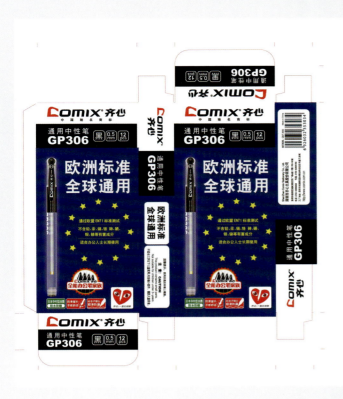

8

9

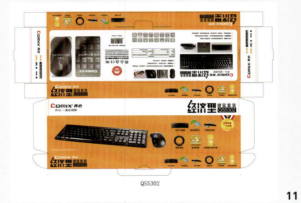

10

11

12

13

14

15

16

17

18

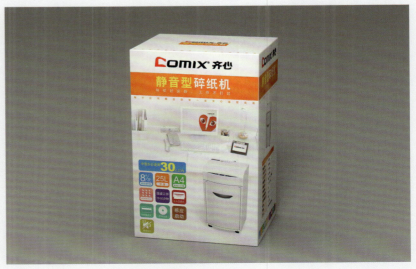

19

20

2011—2012

案例目录

第七章

超级符号原理

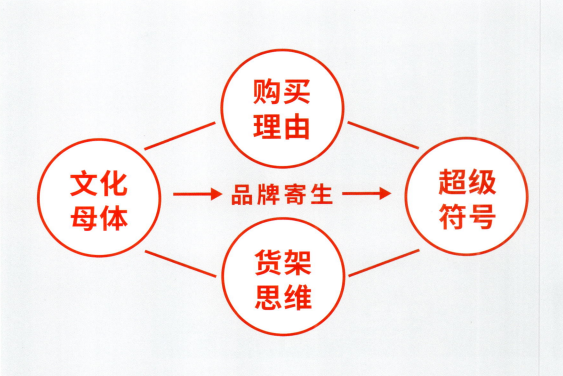

文化母体

文化母体是人类生活中循环往复的部分。

文化母体的四个特征：永不停息、循环往复、无所不包、真实日常。

母体必将循环往复地发生，母体一旦循环至此，购买必将发生。

购买理由

购买理由是心理上的打动机制。购买是由购买理由驱动的，不是由需求驱动的。购买理由就是对暗号，是对母体中的人说话，引起他的注意，并触发母体行为，达成购买。

购买理由＝母体性超级词组＋使用价值＋超级句式＋购买指令。

超级符号

超级符号是工作的起点，也是终点。

一切产品的任何价值都可以通过符号来表达。超级符号是对购买理由的放大，它来源于文化母体，是和购买理由一起实现品牌寄生的。超级符号是对一个稳定价值的承诺。

货架思维

商品或品牌的信息和消费者发生沟通的地方，都称为货架。这个世界就是一个充斥着货架的世界。货架有物理的货架、页面的货架、媒体的货架。货架意识就是无时无刻不意识到货架。

背景介绍

　　竹林众生药业 1999 年上市，到 2006 年，客户决定更名为太龙药业。公司的主要产品有双金连合剂、双黄连系列产品、清热解毒口服液等。双黄连系列产品是公司主导产品，其中双黄连合剂、双黄连胶囊为国家基本药物。公司在双黄连口服液的基础上，成功开发了具有 20 年自主知识产权的独家专利产品、国家中药六类新药——双金连合剂，该产品被国家四部委联合评定为"国家重点新产品"。

战略方向

　　华与华为太龙药业重新设计了品牌标志，提出了中药口服液品牌战略，设计了中药口服液全线产品包装，并拍摄了双金连合剂、双黄连口服液（浓缩型）电视广告。

双黄连口服液

双金连合剂

品牌标志

　　华与华方法中说一切传播要以降低成本为基础，为了降低消费者的识别和记忆成本，结合品牌名，我们为太龙药业设计了字母"T"上盘着一条龙的品牌标志。同时在包装上，让瓶身同样盘了一条与品牌标志上一样的龙，形成"盘龙瓶"，加深消费者的记忆。

广告片

　　创意不是说故事，而是要把戏。在为太龙药业拍摄"双黄连口服液"和"双金连合剂"的广告片时，为了突出"龙"这个戏剧点和记忆点，我们选用龙王作为主角，手拿产品包装，让观众视线集中在包装的同时，也能记住龙的形象。

背景介绍

俞氏国际是一家经营高档滋补品的企业（冬虫夏草、燕窝、高丽参、西洋参等），在中国大陆、中国香港、中国澳门、中国台湾等，通过自营、加盟、批发渠道销售。俞氏国际关注民生，禅悟中国五千年中医药文化、养生文化、"和"文化精粹，于自然生态之地精选原料，拓展和提升保健品牌产业链、营销链、价值链。

华与华为其取名为"宝瓶堂"，并设计了门头。

背景介绍

　　51 游戏社区成立于 2005 年 8 月，是中国最大最早的社交网站，致力于为用户提供稳定安全的数据存储空间和便捷的交流平台。2009 年，51 正式宣布进军游戏行业，转型 51 游戏社区，迅速成为中国网页游戏社区第一平台。

战略方向

　　规划了 51.com 网站品牌建设及战略定位。聚焦游戏，提出"玩游戏，上 51"的口号。

产品开发

　　改进 51.com 照片打分、51 超级网页游戏等产品。

广告创意

　　1. 51.com 品牌形象设计；
　　2. 51.com 电视广告创意、拍摄。

背景介绍

　　华与华为 2345.com 建立了"热门游戏、热门电影、热门团购、不用搜索一点就到"的品牌话语体系。

产品开发

　　规划了 2345.com 产品客户端化的战略结构。

广告创意

　　1. 创作了蓝色小章鱼的品牌角色形象；

　　2. 设计了全套品牌形象、页面产品；

　　3. 创意拍摄了全部产品的电视广告。

背景介绍

打造蓝莓原产地品牌，成为日照蓝莓龙头企业。

品牌标志（图 1）

用蓝莓的平面形象直接说明企业以蓝莓为主打产品；

蓝莓和太阳的形象进行结合，表示太阳照射蓝莓，体现莓美哒的原产地属性；

品牌形象上直接出现莓美哒品牌名。

产品结构

鲜果、护眼糖、蓝莓果酱、蓝莓果干、冻龄酵素。

产品命名

挂霜蓝莓；9 颗蓝莓 1 颗糖。

产品话语（图 2—3）

蓝莓中的贵族；经常看手机，多吃莓美哒。

1

2

3

4

5

品牌谚语（图 4）

中国蓝莓看日照，日照蓝莓莓美哒。

品牌角色（图 5）

以蓝莓本身的形态为基础，进行拟人化创作，创作出蓝莓小女孩的超级形象，超级可爱；为形象增加了贵族象征的"额坠"，增强形象的辨识度，呼应挂霜蓝莓作为"蓝莓中的贵族"的尊贵感；以"蓝妹妹"为超级形象命名，如同邻家的小妹妹，增加亲切感。

包装系统（图6）

鲜果装、精品装、瓶装、牙膏装、三角包、袋装。

6

销售道具／助销道具（图7）

端架、堆头、促销台。

莓美哒 6-29 / 买赠牌 / W120 H100mm

莓美哒 6-29 / 价签 / W160 H80mm

莓美哒 6-29 / 货架条 / W300 H53mm

莓美哒 6-29 / 超市挂条 / W112 H92mm

莓美哒 6-29 / 货架物料效果图

莓美哒 / 货架贴

7

自媒体系统（8）

名片、工作牌、信封、信纸、手提袋、水杯、T恤。

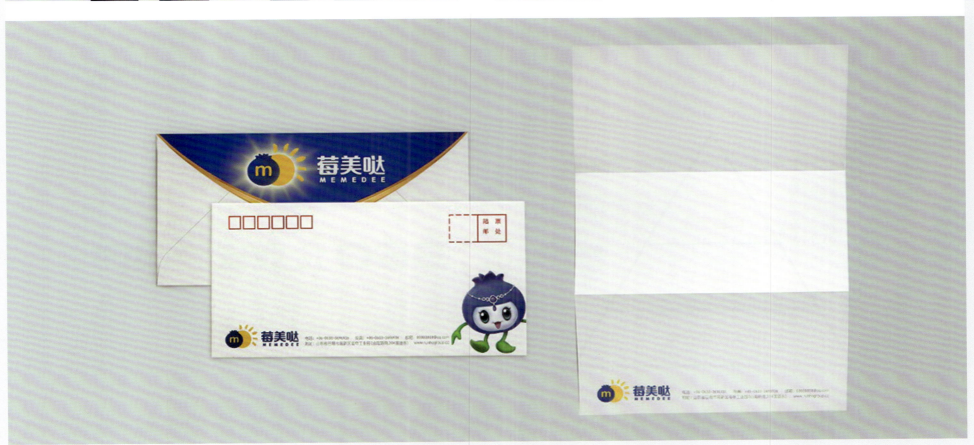

8

背景介绍

2012 年 12 月，华与华成为全球最大互联网安全公司 360 的品牌战略合作伙伴。华与华为 360 明确了"保护中国互联网安全"的伟大使命，提出了打造"中国互联网安全中心"的企业战略，提炼了独一无二的品牌超级话语"360 安全第一"。并通过重新定义公关，策划了社会服务产品"中国互联网安全大会"，辅以系统的产品结构规划、广告推广传播等，帮助 360 从互联网安全领导品牌发展成为"中国互联网安全中心"。

制定"互联网安全"企业战略

基于企业是为社会解决问题的本质，华与华建立了企业战略"三位一体"模型——企业社会责任、经营使命、企业战略三位一体，为 360 提出了全面转型互联网安全的企业战略，确立了"保护中国互联网安全"的经营使命和新定位"中国互联网安全中心"。

使命决定战略，360 的企业战略就是为社会解决网络安全问题而制定的战略，就是关于网络安全问题的解决方案。

划分三大业务领域：个人网络安全、企业网络安全、国家网络安全

企业战略的核心是业务战略，就是业务组合和产品结构。业务组合和产品结构，就是企业对社会问题和所承担社会责任的解决方案。华与华为 360 规划了个人网络安全、企业网络安全、国家网络安全三大业务领域。

提出战略收购，进军 To B

2012 年的 360 已经彻底颠覆了互联网安全市场，但业务范围仍然限于 To C 端，如何把 To C 端的品牌影响力延续到 To B 端和 To G 端？华与华建议 360 收购 B2B 互联网安全龙头企业。

2014 年，360 收购了传统互联网安全领域的领先品牌网神、网康，并于 2015 年成立 360 企业安全集团，正式进军网络安全 To B 市场。

创新安全方法论：数据驱动安全

　　360 有数亿用户，积累了大量的大数据，以这样的资源禀赋为基础，结合业界领先的大数据分析能力，360 企业安全集团在 2015 年提出了"数据驱动安全"的新安全方法论，并在 2017 年持续升级为"数据驱动安全 2.0"，建立了以人为核心的新一代安全防御体系，用大数据的方法解决大数据时代的网络安全问题，成为行业发展的风向标，代表了网络安全行业的先进生产力和先进文化。

打造"360 安全第一"品牌战略、创意"安全第一"的超级话语

　　超级符号就是超级品牌，一个伟大的品牌就是一个伟大的超级符号。围绕打造"中国互联网安全中心"的企业战略，华与华为 360 品牌提炼了超级话语"360 安全第一"。

　　人人都认可"安全第一"，人人都听从"安全第一"，这就是"安全第一"蕴藏的文化原力。安全是全人类的永恒需求，不管世界怎么变，"安全第一"永不变。于是就有了"360 安全第一"。

　　我们将"安全第一"的超级话语做成了安全指示牌，融入 360 企业的品牌识别系统中。高速路上的指示标志是人人熟知的标志，是指示安全的超级符号。"安全第一"指示牌，通过嫁接道路交通指示标志中蕴藏的文化原力，赋予了 360 安全的、权威的品牌形象。

全面媒体化："360 安全第一"的全面应用

　　围绕"360 安全第一"，华与华还创作了"安全第一，就用 360"等一系列超级口号，使得"安全第一"广泛应用在所有传播场景中。

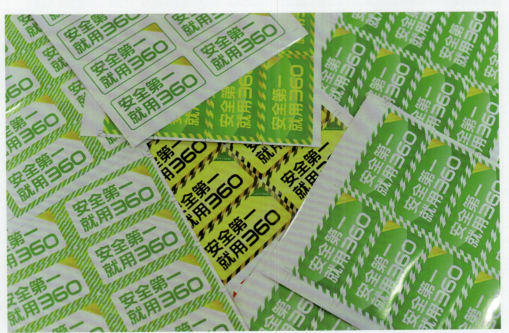

重新定义公关——中国互联网安全大会

华与华帮助 360 重新定义了公关：公关是企业社会责任范围内的社会服务产品，而不是狭义理解的危机公关——"平事儿"的低端概念。

中国互联网安全大会并不只是一次普通的公关活动，而是以产品开发思路推出的公关产品。它既能提供产品所需要的购买理由，也具有品牌传播的属性，更重要的是作为社会服务产品，它是品牌商业动机与人类宏大叙事的高度结合。360 在整个大会中没有任何具体的营销和销售目的，就是广泛集合全球的互联网安全技术专家、相关部门和组织，为中国互联网安全提供一个交流和研讨的服务平台。

广告内容创意

自 2012 年开始，华与华为 360 做了电视广告的创意并进行拍摄，深度参与了活动主题策划、线下平面广告、线上网络推广内容的创意设计。

2013 年春节期间，以 360 移动安全核心产品"360 手机卫士"为拳头产品，拍摄了"没人管""小丑篇"电视广告，一举戳中智能手机用户"垃圾短信骚扰电话防不胜防"的痛点，广告播出之后，产品用户数迎来了爆发式的增长。

2014 年春节期间，随着智能手机中恶意软件扣费现象的日渐增多，主打"防吸费，省流量"的 360 手机卫士新版电视广告登陆央视，紧扣行业趋势又瞄准用户需求的广告为产品提供了新的用户增长点。

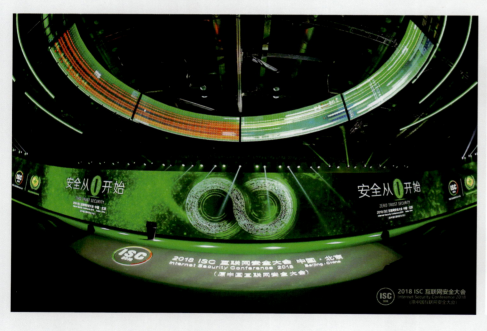

案例 41 舒莱卫生用品

项目组成员 ┃ 宋雅辉　汪璐　肖征

项目背景

　　舒莱是一个区域性地方品牌。2012年，舒莱找到华与华希望重新建立品牌形象，立足现有的消费需求，铺平未来进行升级的道路，构建品牌价值。围绕生理期护理专家的定位，华与华构建了女性卫生科学未来的产品结构，确定了各个产品扮演的战略角色及承担的战略任务，建立品牌权威，并且赢得解释权。

学家，嫁接全球领先的技术资源，占领权威制高点，占领专业价值，由此创造卫生巾领域的一个新品类——科学卫生巾。

　　科学卫生巾是女性卫生科学家舒莱公司与中国科学院共同研制的高科技卫生巾，采用全球领先的纳米技术，在抑菌、透气、防漏、缓释等方面达到国际先进水平的新一代卫生巾。

战略方向

　　建立新的品类。我们把舒莱的品牌形象定义为权威的、值得信任的女性卫生科

1

2

3

超级符号（图1）

　　舒莱企业本身就在产品差异上有独特优势，发挥 AG＋银离子的抑菌作用，保护女性健康。所以我们选用了十字的超级符号，十字符号代表健康、卫生、科学、权威。

包装设计（图2—3）

　　将十字形符号应用于全部系列包装。

2013—2014

案例目录

第八章

传播三大原理

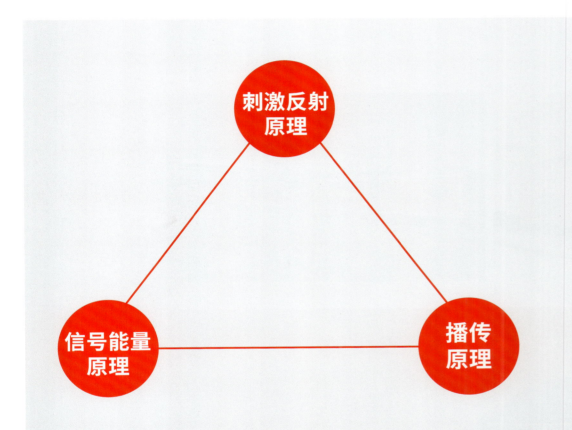

品牌是一个应用学科。所有应用学科，都要去找它的基础学科。品牌的基础学科是传播学，传播学的基础学科是符号学，符号学的基础学科是心理学。

从传播学角度来认识平时做的品牌、营销、传播和创意工作。我们将传播分为三大原理：

传播第一原理：刺激反射原理

人的一切行为都是刺激反射行为，所有的传播都是自我释放出一个刺激信号来谋求顾客的一个行动反射。这一点很关键，我们要的是顾客的行动。

传播的目的就是要顾客购买我们的产品和服务。刺激反射原理是传播学的基本原理，巴甫洛夫提出，人的一切行为都是刺激反射行为，也就是说你的一切行为都是先受到外界信号刺激，然后做出行为反射。

传播第二原理：播传原理

传播的本质不是"传播"，而是"播传"。不是我传一个东西让它播出去，而是我播一个东西出去让它自己传开来。广告语不是说一句话给顾客听，而是设计一句话让顾客说给别人听。

而在播传中，口语比书面语传达率高，顺口溜比口语传达率高，歌诀比顺口溜传达率高。

传播第三原理：信号能量原理

第三原理和第一原理是相关的，第一原理说，传播的基本原理是刺激反射原理，发出刺激信号，谋求行动反射。第三原理就是说刺激信号越强，则行动反射越大。

巴甫洛夫整个理论的基础，就是两句话：

第一，人的一切行为都是刺激反射行为；

第二，刺激信号的能量越强，则反射越大。

信号能量用在广告媒体上，就是：信号越贵，能量就越强；媒体越贵，效果就越好。

背景介绍

　　槐茂酱园是一个有着三百多年历史的中华老字号，产品以甜面酱为主，有酱菜、酱油、醋等。和多数老字号品牌相同，槐茂面临整体形象老化、产品包装难以适应市场竞争等现状。

　　基于韩国淳昌酱案例研究，华与华跟槐茂一起确定了"打造甜面酱第一品牌、将保定打造成中国淳昌"的企业发展战略——大做酱、顺做菜；酱主导、菜延伸；酱为主，菜为辅，并据此进行 10 万吨级产能的全新厂区规划设计。

1

2

3

4

产品开发（图 1）

　　基于超级符号和超级配色，为槐茂进行包含甜面酱、酱菜、酱油醋等上百 SKU 的升级及开发，并进行煎饼甜面酱、烤鸭甜面酱等复合调味产品的开发。

　　如槐茂纯酿酱油，基于市场研究和消费者行为洞察，为槐茂开发新品"槐茂纯酿酱油"，并进行设计包装。

　　品名：槐茂纯酿酱油

　　口号：要买好酱油，先看配料表，纯酿造 0 添加。

品牌谚语

　　结合槐茂三百余年的历史积淀和企业禀赋，为槐茂创造了"三百年老字号，九代人吃槐茂"的超级话语。

超级符号（图 2—4）

　　槐茂酱菜的前身是槐茂酱园，位于保定市西大街路北一棵大槐树底下，因槐树紧靠门脸，故起字号"槐茂"，象征兴隆茂盛之意。基于槐茂的品牌名与三百年历史，为槐茂创作"大槐树"的超级符号，大胆选用红绿配色让三百年老字号焕发生命力，让每一个槐茂放在货架上都是强势主角。

销售道具／助销系统（图 5—7）

为槐茂确定"打堆头""刷门头""包煎饼摊"三大终端推广动作，其中结合面酱的产品属性，找到了"煎饼摊"阵地，高效建立槐茂品牌势能。

发布会（图 8）

中日韩酱业国际论坛由华与华策划，槐茂发起并支持，中国微生物学会酿造分会主办，北京市营养源研究所承办。以"创新我们共同的酱文化遗产"为使命，致力于搭建中日韩酱业沟通、交流、合作的持续性平台。

煎饼摊 5

堆头 6

门头 7

8

9

展会（图 9）

展厅生动且逼真地还原了槐茂老店铺，枝繁叶茂的古槐穿堂而上，千枝万叶成为槐茂最显著的标志。柜台打酱的老掌柜，期待赶快品尝到酱香的孩童，拎着酱菜篓的老主顾……一个个生动形象的雕塑和物件，仿佛带人穿越回三百多年前的槐茂老铺，感受昔日风采。

背景介绍（图 1）

20 世纪 90 年代初，新加坡企业家蔡锡河先生创办镇江味佳园食品有限公司，主营幸运牌方便面，首次将新加坡美味带到中国，公司总部位于江苏省镇江市丹徒区经济开发区，拥有两个生产基地：一个坐落于镇江市丹徒区经济开发区，占地面积 25 亩；另一个坐落于安徽省淮北市濉溪县乾隆湖工业集中区，占地面积 125 亩。公司拥有标准厂房 42000 平方米、办公生活区 6500 平方米，拥有多条国产、进口先进的方便面生产线，年产能力超过 8 亿包，年销售额超 2 亿元。

品牌纹样（图 2）

菱形格子的花边设计，为产品带来货架陈列优势，也为消费者带来对幸运产品的记忆点。

品牌标志（图 3—4）

创造"魔法小丑"的卡通形象，加强顾客对幸运方便面的识别力，为品牌建立起符号形象资产。

产品开发（图5—7）

聚焦"干吃"战略，找到强大的竞争者不屑一顾的市场，挖掘和放大幸运的资源禀赋。

幸运脆脆香2014年5月开始铺货，2015年销售额突破2000万大关，2016年直破3600万，成为一款连续3年销售增长的爆品，2016年同比增长78.23%。

5

  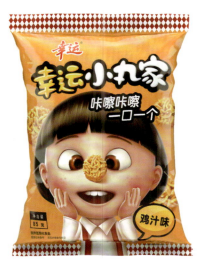

6

7

背景介绍（图1）

2013年，华与华为西贝创作了"I ❤ 莜"的品牌超级符号，策划了"西贝亲嘴打折节"等精彩的营销活动，推动西贝从西北乡土气息浓厚的地方菜一举跃迁为国际化的时尚餐饮品牌。

从西贝亲嘴打折节到西贝儿童套餐，华与华帮助西贝基于自身禀赋，不断寻找可以做100年的动作。

产品科学 （图2）

西贝为什么羊肉好吃？因为是草原羊。吃青草，喝清水，自然放养。

专为1—12岁儿童研发，家有宝贝就吃西贝。

莜面膳食纤维是米饭的10倍、三生三熟。

一牛九吃，过足肉瘾。

话语体系 （图3）

品牌谚语：闭着眼睛点，道道都好吃。

事业理论：草原的牛羊肉，乡野的五谷杂粮、好吃战略。

营销日历话语：一牛九吃，过足肉瘾——蒙古牛大骨；家有宝贝，就吃西贝；亲个嘴，打个折，I ❤ 莜；主食吃莜面，贾国龙推荐；吃过香椿，才算春天；给咱家人吃健康的月饼；戈壁白兰瓜，一口甜到家。

愿景：随时随地，一顿好饭。因为西贝，人生喜悦。

品牌标志（图4—5）

　　找到人类文化母体"I ❤ YOU"，超级符号能让一个新品牌一夜之间成为消费者的老朋友。"I ❤ YOU"已经成为流行文化的标志，借助"I ❤ YOU"的文化原力创造出"I ❤ YOU"，寄生到这个现代人最喜欢的流行文化中，产生强烈的戏剧性，让人一见如故，时尚亲切。每念一次"I ❤ YOU"，就传播了一次西贝的品牌名，也传递了一次爱。

销售道具／助销系统（图6）

　　宝贝围兜是西贝的元媒体关键物料，自超级符号诞生以来，西贝给每个进店的
宝贝免费发放围兜，迄今已经发放了2亿条，创造了2亿次品牌的传播。

菜单设计（图 7—10）

1. 电子 iPad 菜单

　　重塑顾客点餐逻辑，是西贝第一套菜品动态化的点餐系统，重新梳理点菜逻辑，通过 icon 把产品价值可视化，分类信息层级，突出购买理由、购买指南和购买指令。重新设计每一道产品，将产品价值可视化呈现，提高顾客点餐效率。

2. 菜单设计是餐饮行业的战略重心和决胜点

　　助攻门店卖货，通过电子化界面实现"视频＋图片"的动态化设计，电子高清屏全面提升菜品细节和食欲感。

广告片（图 11）

　　西贝儿童餐全新升级，在六一儿童节上市。华与华拍摄儿童餐宣传片和 15 秒 TVC 在门店元媒体电视和分众刷屏播放，以"吃播"的形式展现宝贝大口吃饭，宣传效果非常好。甚至在门店有小朋友指着电视上的宝贝说："我也要那个（儿童餐）。"本次儿童餐广告是 5 年资产，一次引爆。2017 年到 2022 年，为西贝持续优化儿童餐，从无到有，每年接待 600 万儿童顾客，"家有宝贝，就吃西贝"

成为西贝的全新品牌言说。中国餐厅本没有儿童餐，西贝第一个推出并持续 5 年优化，为宝贝和家长们提供一个可以安心吃好饭的最佳选择！爱孩子就给孩子更好的儿童餐，西贝为中国 2 亿儿童做好专业儿童餐！真正实现品牌积德！儿童餐广告片助力儿童餐在 2021 年的 10 个月里销量破 568 万份，是 2020 年的 1.56 倍、2019 年的 2.2 倍，一年突破 2 亿销售额！

营销日历（图 12—16）

1. 口号：亲个嘴，打个折，I ♥ 莜

华与华提出"亲个嘴，打个折，I ♥ 莜"——西贝举办亲嘴打折节，让 I ♥ 莜寄生到爱的文化中，坚持在每年 2 月 14 日情人节这一天举办活动，而且要举办 50 年、100 年，截至 2021 年已经连续举办 7 届，超过 60 万名顾客参与。

2. 口号：主食吃莜面，贾国龙推荐

莜面是西贝的招牌产品，也是战略性产品。华与华陆续创作了"西贝莜面村，走进联合国""主食吃莜面，贾国龙推荐"的购买理由，推动莜面热卖，营造去莜面村必吃莜面的火爆场面。

3. 口号：家有宝贝，就吃西贝

服务顾客，从娃娃抓起。2017 年开始，我们连续 4 年从产品开发入手，为宝贝定制专属儿童餐，并对儿童用餐进行升级，持续优化用餐体验，为西贝持续创造新顾客。

（1）一句超级话语：家有宝贝，就吃西贝
（2）一个超级道具：I ♥ 莜 围兜
（3）一个专属菜单：西贝可涂鸦儿童菜单
（4）一套服务承诺：西贝儿童友好 7 大服务

4. 口号：戈壁白兰瓜，一口甜到家

白兰瓜是西贝的季节性产品，华与华提出建立戈壁白兰瓜的新品类，创作了"戈壁白兰瓜，一口甜到家"的购买理由，设计超级符号"甜"字标，并且主导拍摄了白兰瓜极具食欲感的照片，货卖一张图，每年夏天，白兰瓜一上市就火爆。

5. 口号：给咱家人吃健康的月饼

杂粮月饼是西贝的季节性产品，华与华创作了"给咱家人吃健康的月饼"的购买理由，设计了杂粮月饼的专属方盒和超级符号"抱麦穗的兔子"，打造全面媒体化的堆头，西贝杂粮月饼已经热卖超过 10 年。

6. 一牛九吃，过足肉瘾

蒙古牛大骨，是西贝 2018 年全新推出的招牌大菜，源于蒙古的经典吃法，我们把"牛大骨"重新命名为"蒙古牛大骨"，建立新品类。在传播上，挖掘蒙古牛大骨的文化母体，用"蒙古"的符号——蒙古博克手，加上"食欲感"的符号——超级肉山，创造了"一牛九吃，过足肉瘾"的传播炸药包，现在蒙古牛大骨已经成为餐饮行业现象级的营销案例。

12

13

14

15

16

背景介绍（图1）

　　中铁国际生态城规划总占地 30000 亩，拟规划建设集体育休闲中心、五星酒店群旅游配套、水疗 SPA 度假中心、旅游休闲小镇、峡谷旅游风景区、国际康体养生中心、大型购物综合体、商务办公、企业总部、文化艺术中心、综合居住等为一体的旅游度假目的地。华与华根据中铁生态城的资源禀赋，建议项目发展定位为体育公园城市，打造贵阳的中央体育区（CSD），围绕"体育、健康、生态"，形成微缩型生态运动城市。

品牌谚语

　　体育公园城市，山地别墅王国。

话语体系

1. 区域整体定位

　　体育公园城市，贵阳的中央体育区（CSD）。

2. 区域核心价值

　　（1）体育公园城市，是全民免费健身城市。发展体育运动，增强人民体质。人均拥有 20 平方米体育运动场所。

　　（2）体育公园城市，是生态体育城市。大自然就是我们的体育场。

　　（3）体育公园城市，是人和小动物都宜居的城市。容市民于大自然，给小动物安全感。

3. 周末集客活动：周末来中铁，运动大本营

　　每周运动 3 小时，让身体年轻 3 岁！

品牌标志（图2—3）

　　高尔夫挥杆击球，惊现彩虹。

品牌纹样（图4—8）

　　彩虹花边。

1   **2**   **3**

建立品牌，就是建立一套符号系统
将超级符号全面媒体化
同一个记忆碎片，同一个品牌印象
在惊鸿一瞥间，立马认出你的品牌

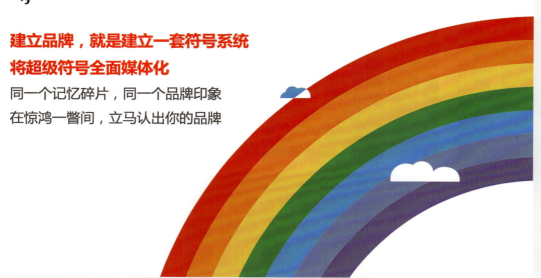

4   **5**

6   **7**   **8**

背景介绍

詹氏山核桃有 30 多年历史,在安徽省可谓家喻户晓,是逢年过节都爱送的礼品。詹氏能把山核桃这样的农产品做成了品牌,非常难能可贵,是当之无愧的山核桃第一品牌。华与华为詹氏山核桃设计了"挑担老人"的超级符号和"原香原味出深山,真心真意送好礼"的品牌谚语,围绕詹氏山核桃设计了新包装和招牌。

超级符号

华与华从古代木雕上找到了灵感,为詹氏山核桃设计了一个充满灵动感的挑担老人的形象,盛放山核桃的筐上写着大大的"詹"字,同时传递了"原香原味出深山"的品牌价值。

包装设计

詹氏的经典红盒包装已经有了积累,我们把挑担老人的超级符号放在包装的视觉中心,让这个包装具有了独特的识别性和品质感。

门店招牌

超级符号上招牌,挑担老人的形象非常生动,识别性强,消费者可以自然描述:"就是有个挑担老人"的那家店。在街道上非常显眼且有品质感。

案例 47　奇安信

项目组成员 | 贺绩　杨传涛　郭鑫　杨婷婷　王凡　孙辉　赵鸣鹤　辛亮杰　李阑　孔祥丽

背景介绍（图1）

奇安信是华与华企业战略的标杆案例。

2013年初，华与华为齐向东先生确定了"保护中国互联网安全"的企业社会责任和经营使命，并提出了从To G（政府）、To B（企业）到To C（大众）的业务结构。

2019年起，奇安信集团开始进入高速发展阶段，已成长为中国网络安全企业领军者，被称为"网安一哥"。

经过"一五"和"二五"两个"华与华品牌五年计划"，到2022年，华与华与奇安信不间断合作已有10年。从零起步到"网安一哥"，华与华企业战略方法一直为奇安信集团保驾护航，完美诠释了"华与华＝战略咨询公司＋广告公司＋产品开发公司"的价值。

企业战略洞察（图2）

企业的本质是为社会解决问题，一个社会问题就是一个商业机会。一个巨大的社会问题就是一个巨大的商业机会。因此企业战略不是企业的战略，而是企业为解决某一社会问题，为社会制定的战略。华与华企业战略"三位一体"模型为齐向东先生制定了"保护中国互联网安全"的企业战略，规划了个人网络安全、企业网络安全、国家网络安全三大业务组合和产品结构，为奇安信"定军心"。

话语体系（图3）

围绕"安全快一步"，打造出品牌谚语"奇安信，安全快一步"、冬奥营销口号"冬奥标准奇安信，网络安全快一步"等。

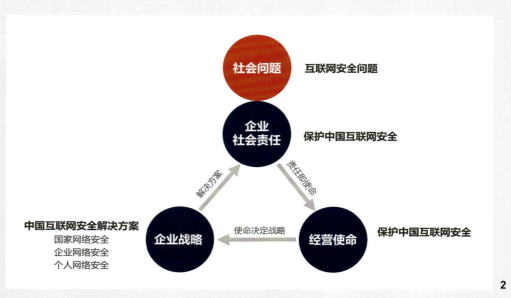

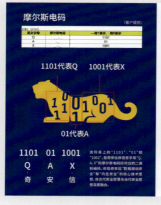

品牌标志（图4）

虎符是中国古代帝王授予臣属兵权和调发军队的信物，作为中央发给地方官或驻军首领的调兵凭证。奇安信目前主要服务于部委、央企和各类企业组织，它的业务类型和客户群体，决定了品牌符号要给人以稳重、安全、可靠的感觉，我们选择了更稳重、更安全的卧虎状虎符为原型，创作奇安信的超级符号。

根据网络安全的行业属性，在虎符的基础上融入了现代化和科技化设计元素，以二进制编码替换虎符身上的铭文，前中后的"1101""01"和"1001"，是奇安信拼音首字母"Q、A、X"的莫尔斯电码所对应的二进制编码，设计成为奇安信独有的品牌符号——数据虎符。

品牌角色（图5）

以奇安信数据虎符为基础的创意形象。网安一哥主体分为虎身、虎脸和服装三部分。虎身黄色配有蓝色花纹，身材小巧。虎脸五官秀气，戴着科技感十足的VR眼镜。上衣附有0101花纹和"网安一哥"字样。竖起大拇指让人整体感觉活力十足，传递出快乐、可爱巧萌和值得信任的安全感，并在春节、冬奥等活动中通过变装，设计出唐装版、滑雪版、春节表情包、冬奥表情包等系列形象。

全面媒体化 / 元媒体开发（图 6）

数据虎符要生更要养，奇安信数据虎符与北京冬奥会联合标志运用到奇安信各类展会中，增加了曝光的频次。奇安信企业内部自媒体化，从楼体广告到公司大厅再到各类展会，从办公用品到礼物赠品，数据虎符无所不在。

持续改善（图 7）

以三现主义原理为依托，将奇安信展示内容标准化，逐步实现降本增效。2021年展位主题风格形象统一，网络安全中国代表队、冬奥安全、工业互联网安全、网安一哥形象高强度重复曝光展示，形成 6 大类 150 多项标准化展示场景内容，支撑全年 39 场品牌行动，展位每平方米搭建成本下降 54%。

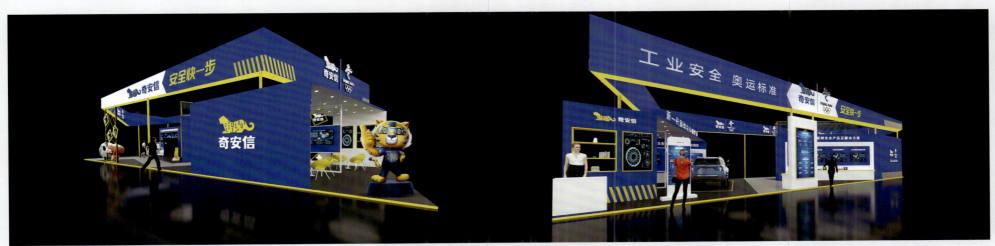

品牌传播／广告创意（图 8—15）

1. 创意设计网安一哥 IP 广告片，以京剧形式开场，结合北京冬奥会，完成网安一哥首次亮相。

2. 创意设计品牌代言人等冬奥营销系列海报。

3. 创意设计奇安信年会、中国网络安全代表队宣誓等会议活动主视觉图。

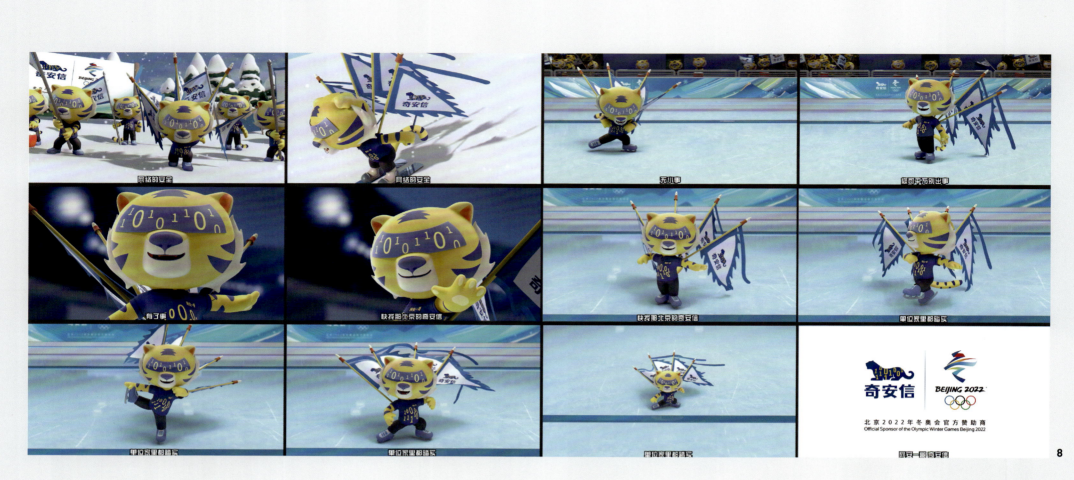

[整体防护] 冬季两项	[分析溯源] 跳台滑雪	[动态防御] 北欧两项	[智能协同] 花样滑冰	[主动防御] 短道速滑	[联防联控] 冰球	[纵深防御] 冰壶	[移动安全] 越野滑雪
金牌数11枚	金牌数8枚		金牌数14枚		金牌数1枚	金牌数3枚	金牌数12枚
国家冬季两项中心	国家跳台滑雪中心		首都体育馆		国家体育馆"折扇"	国家游泳中心"冰立方"	国家越野滑雪中心
比赛时段 2月5日-19日	比赛时段 2月5日-19日		比赛时段 2月4日-20日		比赛时段 2月3日-20日	比赛时段 2月2日-20日	比赛时段 2月5日-19日

12

13

14

15

129

内部路演 / 营销教练（图 16—18）

2019 年举办超级符号特训营，邀请奇安信品牌营销部门同事到华与华接受一天的华与华方法培训，完成了《超级符号就是超级创意》等精彩课程分享，结合华与华过往经典案例，对超级符号设计及超级话语打造进行了深入浅出的讲解，给奇安信团队带来了深刻启发。

品牌营销日历（图 19）

以年为单位，华与华为奇安信设计固定的会议营销日历，并在网络安全行业的顾客脑海中形成生物钟，每到数字中国展会、首都网络安全日、北京网络安全大会、中国国际服务贸易交易会、乌镇互联网大会、天府杯网络安全大赛等时间，客户自然会关注到奇安信的展出活动。

2021 年共举办参与 21 场线下国家级品牌活动，逐步形成"冬奥标准奇安信，网络安全快一步"和"我们是网络安全中国代表队"等主题清晰、展示风格形象统一的特点，全年 2 次《新闻联播》报道，11 次央视、新华网等头部媒体视频报道，11 次北京卫视、贵阳卫视、辽宁卫视等地方卫视报道，线上传播覆盖近 1000 万人次。

产品结构 / 产品开发（图 20—21）

华与华为奇安信开发了应急响应服务产品——95015 服务热线。创意产品口号"安全快一步 95015"，并设计了产品 logo、铃声、动图、产品启动大会画面和名片等。

在北京 2022 年冬奥会和冬残奥会期间，95015 服务短号是承载全国各地政企机构网络安全保障工作的重要支撑平台，同时也是全国各地重大网络安全事件应急响应的绿色通道，是全国冬奥网络安全保障工作中的关键一环。北京冬奥会结束后，95015 服务短号将永久保留，持续为全国各地政企机构提供网络安全应急响应、合作与咨询服务。

公关产品（图 22—25 ）

　　根据华与华企业公关产品开发思路，华与华为奇安信集团创意的"BCS 北京网络安全大会"就是一个免费的社会服务产品。华与华运用修辞学原理完成了大会命名——北京网络安全大会、大会口号——全球网络安全，倾听北京声音、大会会歌——*Welcome To BCS*，并创意每年大会主题：2019 年大会主题词"聚合应变，内生安全"、2020 年"内生安全，从安全框架开始"、2021 年"经营安全，

安全经营"，共同组成了政府和企业实施网络安全的"三部曲"。

　　奇安信在整个大会中没唱独角戏，也没有任何具体的营销和销售目的，而是广泛集合全球的网络安全技术、专家、机构和智慧，为中国网络安全提供一个世界级交流和研讨的服务平台。目前，BCS 北京网络安全大会于 2019 年、2020 年和 2021 年连续召开三届，被誉为网络安全界的"达沃斯"。

2015

案例目录

第九章

品牌三角两翼模型

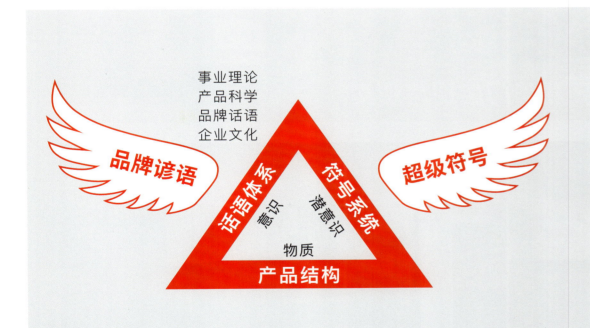

华与华方法对品牌的定义是，品牌就是产品的牌子，是一个名字、一个符号。

产品结构是物理的，话语体系是文本的，符号系统是符号的，这三条边，组成一个三角形，就是华与华方法的"品牌三角形"。

产品结构

这个牌子下面有哪些产品，就是品牌的产品结构。

话语体系

就是产品及产品结构的逻辑，是一套事业理论、价值标准、选择逻辑、购买理由、命名规则、词语和定义，是品牌的文本系统。

符号系统

一个伟大的品牌就是一个伟大的符号系统。视觉、听觉、嗅觉、味觉、触觉五大感觉都可以构建品牌的符号系统。

话语体系是文本信息，符号系统是感官刺激信号。从话语体系中提炼的一句口号，我们称之为品牌谚语；符号体系中有一个核心，我们称之为超级符号；超级符号和品牌谚语构成让品牌起飞的两翼，加起来就是华与华方法的"品牌三角两翼模型"。

产品结构本身也是话语体系，因为它是一套命名体系，命名又是符号的一种，所以归根结底都是符号系统。

产品是物质，话语体系是意识，符号系统是潜意识。物质决定意识，意识对物质有能动作用，同时致力于运用人类的集体潜意识。品牌三角形既是华与华的品牌理论，也是华与华的品牌哲学。

背景介绍

云南嘉华食品有限公司创始于 1988 年，是云南省乃至中国西南地区最大的烘焙企业，全云南有超过 200 家嘉华门店。其中嘉华饼屋首席糕点师黄淑发明的嘉华鲜花饼是嘉华的明星产品，也是来云南旅游的游客必买的旅游纪念品。

品牌谚语（图 1）

1. 嘉华鲜花饼，三朵玫瑰一个饼

一句话，把品牌名植入广告语中，让广告语与品牌名联系在一起。

一句话，用数字陈述事实，建立标准。用数字确切地陈述事实，信任感更强，

并且建立了一个好鲜花饼的标准。

一句话，呈现理由，打动购买，"三朵玫瑰一个饼"非常有价值感。

一句话，刺激味蕾，这句话有食欲感、画面感。

一句话，朗朗上口，不胫而走，"三朵玫瑰一个饼"是口语套话，便于传播，看一遍就记住。

2. 嘉华玫瑰基地话语体系

800 亩有机玫瑰真材实料，260 家嘉华门店现烤现卖。

品牌标志（图 2）

最好的 logo 是能看图说话，"嘉华鲜花饼，三朵玫瑰一个饼"，嘉华就是三朵玫瑰！

广告系统（图 3—8）

对品牌谚语进行持续的重复投资。发挥复利效应，重复投资，用"流传百年的口号"开创"传世百年的品牌"。

权威媒体发声，占领机场和火车站。

媒介的选择考虑两个要点：

1. 信号必须够贵，如果信号不够贵，则信号无效。

2. 发声的媒体要贵，要有权威性和仪式感。

媒体要能覆盖核心消费群体。

我们最终选择了机场和火车站的媒体。2017 年 1 月 1 日，嘉华鲜花饼广告强势登陆昆明长水国际机场、丽江三义国际机场、西双版纳嘎洒国际机场、昆明高铁南站。在游客的必经之地，在到达云南和离开云南的时候，用权威媒体发布最有价值的信息。

背景介绍

嘉华有一款滇式糕点产品"云腿小饼",源自云南独具特色的云腿月饼,大小约为月饼的三分之一,在云南有 300 多年历史。我们发现,这个产品具备成为一个超级爆品的潜质。所以课题是重新开发嘉华云腿小饼,将其打造成第二个鲜花饼,让云腿小饼成为滇式糕点的拳头产品。

超级符号

汉堡造型既体现了产品品类属性,又创造了熟悉的陌生感,形成独特识别力,降低被发现成本,获得极大的陈列优势。

"阵列式的小饼"强化食欲感:"阵列式的小饼"和"汉堡造型"一起最大限度地呈现了云腿小饼的产品类型和食材,极大地强化了产品的食欲感,让人看了就想吃。

话语体系（图9）

一句话强化购买理由:把超级购买理由"300 年云南老味道,一肚子的宣威老火腿"放大,强化"云南伴手礼"的属性。

包装系统（图 10—12）

包装就是产品,包装设计就是产品再开发,要用产品开发的思维设计包装。有效的包装设计,能极大地降低品牌营销传播成本。重新开发云腿小饼,就是要打造符号性的、能卖货的包装,让产品自己会说话,让产品成为我们最大的销售员、最大的广告媒体,摆上货架就开卖。

超级推广活动（图 13—15）

以老带新,借助嘉华鲜花饼的知名度,为云腿小饼带来极高关注度,降低云腿小饼的尝试成本。

自媒体系统（图16—23）

16

17

18

19

136

20

21

22

23

案例 49 肯帝亚

项目组成员 | 贺 绩　杨鹏宏　徐前程　李瑞雪　牛 欢

背景介绍

肯帝亚创建于 2003 年，公司主要生产地板、地面新材料、木门等产品，在江苏、安徽建有 2000 余亩生产基地，拥有超 2000 家品牌专卖店。2016 年，肯帝亚自主研发生产出"全新材料零甲醛地板"，上市推广一段时间，并不理想。新品类如何上市热销，是肯帝亚面临的一项重要课题。

为帮助肯帝亚超级地板产品快速占据市场、实现盈利，项目组经过市场走访和资料研究，瞄准 170—230 元是行业价格空白区，给超级地板一个恰当的空白区，制定出合理的价格区间。

在产品开发上，制定"由经销商与厂家合作开发，费用分担、花色买断"的开发流程，旨在提高经销商的推广积极性，也降低厂家的出货风险。

品牌命名

肯帝亚超级地板

全新材料零甲醛地板如何让老百姓接受、引导消费者购买，是从命名上就需要慎重思考的课题。华与华方法认为，命名就是成本，命名就是召唤，命名就是投资。对于新产品的命名，一要耳熟能详，朗朗上口，降低识别、记忆和传播成本；二要符合产品性能，体现出产品的实用性和价值感。

于是，"超级地板"的创意由此而生。

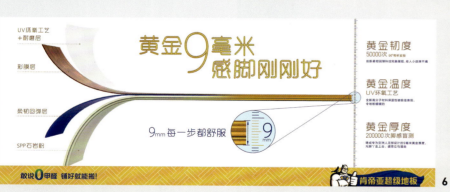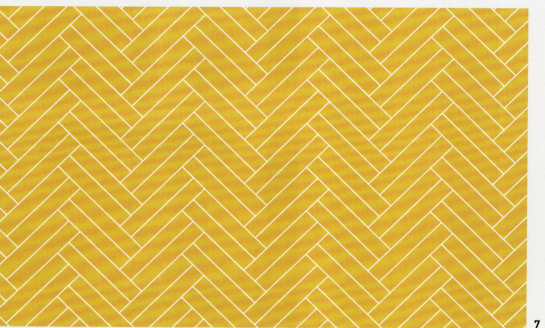

品牌标志（图 1—4）

华与华方法说，用色如用兵！项目组找到最适合地板的黄蓝建材色系。黄色代表健康、活力和强烈的视觉冲击力；蓝色代表着科技、安全和稳健。

项目组认为，人格化的形象是品牌永远的代言人，是品牌永远的文化原力，于是为肯帝亚创作了代表力量、信赖与承诺的肯帝亚先生，为肯帝亚注入超强的识别度和信赖感，竖起的大拇指超级自信，代表力量、信赖与承诺，肩膀上的喜鹊象征"健康、环保、吉祥"，增加形象亲切感。

基于此，把形象做上了门头，是建材行业首创。

品牌谚语（图 5）

敢说 0 甲醛，铺好就能搬。

这是消费者的原话，也是消费者最认可的话。"敢说"是一种承诺，也是一种断言，"敢说 0 甲醛"直击痛点，来源于消费者的诉求，更来源于肯帝亚的产品优势。"铺好就能搬"给出具体的利益和结果，打动消费者，最大程度放大超级地板的购买理由。

话语体系（图 6）

肯帝亚超级地板：黄金 9 毫米，感脚刚刚好。本质上来说是因采用新原料和发明新技术带来的产品创新，是复合地板的升级换代。"超级地板"的命名能够区隔这块地板和其他地板，唤醒消费者，使之产生购买欲，但还需要一套话语体系将产品价值显性传达。和消费者直接沟通，就是从消费者的体验角度说话，项目组创意出"黄金 9 毫米，感脚刚刚好"的产品口号，并通过"黄金韧度、黄金温度、黄金厚度"三个维度给出举证，明示产品的科学原理和使用价值。

品牌纹样（图 7）

肯帝亚地板格子

选择明度与辨识度都比较高的品牌色黄色延展成地板纹，将行业特性、品类共性变成品牌私有化的资产，让消费者能够一眼见行业，建立品牌偏好，发动大规模购买。

销售道具 / 助销系统（图 8—13）

门店水幕墙

华与华方法讲究货架思维，要求每一个人始终围绕最终目的，随时回到原点思考。如何让肯帝亚的门店在建材市场脱颖而出，让消费者对肯帝亚的地板过目不忘，产生购买的欲望，是项目组在设计助销道具时思考的重要课题。

要体现肯帝亚地板的价值感和戏剧性，首先要从消费者对地板的常识出发，从常识里找痛点。因此，项目组设计了一个不怕泡水的水幕墙，在地板的外立面设计一个水幕墙，让地板泡在里面，并设置泡水日历，让消费者能够一眼就知道肯帝亚的地板不怕泡水，缩短决策时间，打动消费者购买。

宣贯会（图 14—15）

2016 年 7 月 13 日，由华与华联合肯帝亚共同召开了主题为"卖超级地板，做超级老板"的首季度合作成果发布会。会上，项目组成员为肯帝亚员工和加盟伙伴发布了全新的品牌形象——肯帝亚先生，以及品牌谚语"敢说 0 甲醛，铺好就能搬"，首次公开肯帝亚超级门头和引流超级专区的设计方案，为加盟伙伴们定心，为肯帝亚的战略目标定向，为打造一个肯帝亚超级团队打下基础。

发布会（图 16—17）

2016 年 10 月 19 日，在人民大会堂，肯帝亚举办了隆重的"超级地板健康中国"品牌暨新品发布会。会上，肯帝亚集团董事长郦海星、中国林产工业协会秘书长石峰、中国木材与木制品流通协会会长刘能文、中国建筑装饰装修材料协会弹性地板

分会秘书长马金等嘉宾莅临现场，为肯帝亚地板开启了新的篇章。华与华相信，在"开启家装材料超级健康新时代"的使命召唤下，肯帝亚带着"超级地板"，会把"超级健康"的理念传递到每一位消费者的心中，让千家万户都健康起来。

背景介绍（图 1）

蓝白科技致力于从电子烟小烟入手，进而开发出更多帮助烟民改善身体健康的产品。结合蓝白的技术和企业资源，明确蓝白能承担的社会责任，是通过替烟、戒烟和烟民健康类的产品，保障烟民的身体健康。蓝白的战略规划和品牌建设，就是要不断巩固蓝白在烟民健康市场的竞争壁垒。

做小烟，而不是大烟

大烟市场尚不足以支持建立大众电子烟品牌。

做面向 3.5 亿烟民的大市场，还是要先做转化容易的小烟。

这也是经过美国市场验证的发展之路。

做单品，做爆款

第一次上市就做完整版的"一次性＋可换烟弹＋烟弹装"。

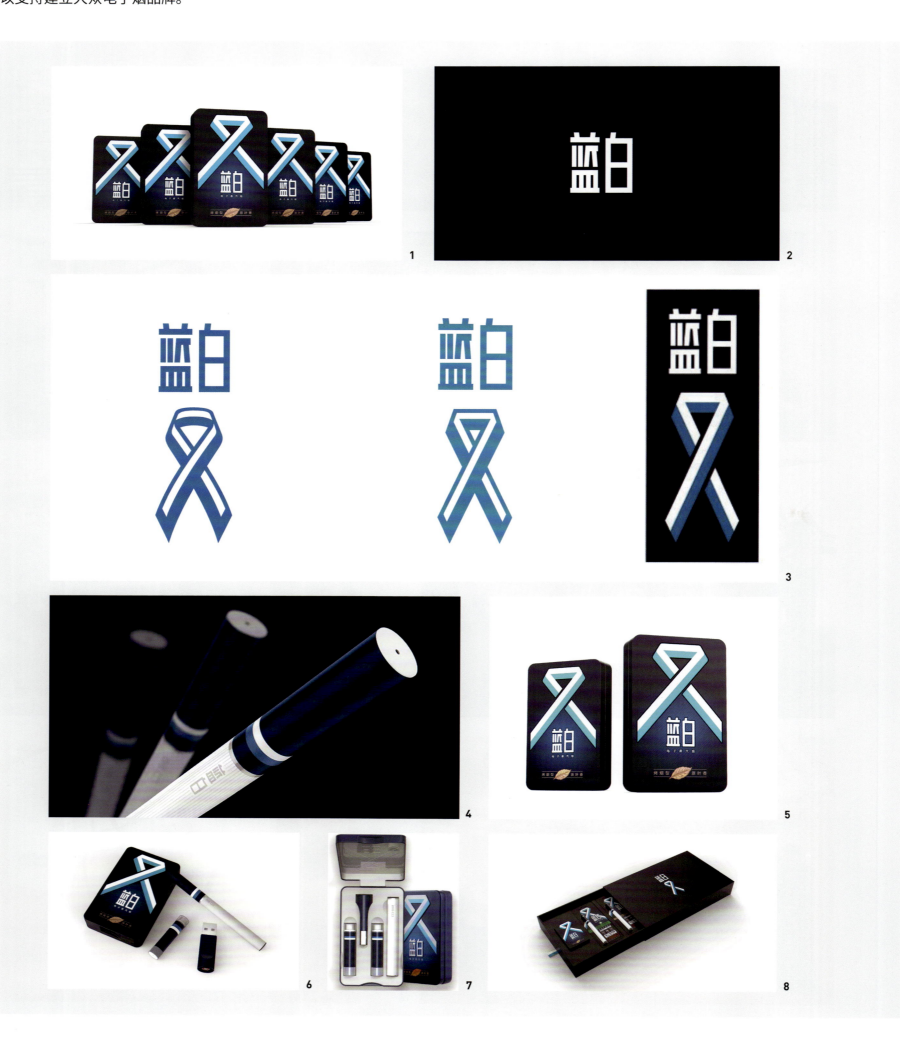

品牌命名（图 2）

颜色名词组合而成的超级词语：蓝白，极具价值性。

1. 低成本：命名极大降低营销传播的成本；
2. 符号性：做蓝白颜色的图形条纹，发挥符号在传播上的巨大威力；
3. 好联想：蓝白让人联想到健康、清洁。

超级符号（图 3—8）

从战略出发而创意的超级符号，蓝白丝带，寄生在全人类的社会文化公共符号——丝带。

终端呈现（图 9—13）

　　以北京、上海的终端店为核心终端，发挥超级符号的终端表现力，做好终端生动化的工作。

　　以样板市场的成功为前提，推进其他市场的渠道终端。

9

10

11

12

13

案例 51　莆田餐厅

项目组成员 ┃ 颜 艳　陈 俊　于 戈　程林越　刘 伟　房文雪　张泽华　刘峻豪

背景介绍（图1）

莆田餐厅是一家享誉新加坡的中餐连锁品牌，成立于2000年。凭借对好食材的坚持和脍炙人口的原味福建菜，从一家街边小菜馆成长为新加坡最受欢迎的中国餐饮品牌之一。2016年至2021年，莆田餐厅Kitchener Road店（新加坡）连续五年荣获米其林一星餐厅，是新加坡有史以来第一批荣获此殊荣的本地餐厅之一。2015年是莆田品牌发展史上一个重要节点，这一年莆田决定进军中国餐饮市场。中国的餐饮市场竞争激烈，外来餐饮品牌往往会面临巨大的风险和挑战。但莆田创始人方志忠坚信，凭借自己对好食材的坚持和传统烹饪精髓的传承，一定可以在中国餐饮市场闯出一片新天地。

莆田餐厅进入中国市场之初就与华与华展开深度合作。合作初期，我们在做品牌资产扫描时发现"食材"是流淌在莆田企业血脉里的基因。基于对莆田餐厅的理解和这一独有的资源禀赋，华与华为莆田餐厅提出了"掌握好食材，原味福建菜"的好食材战略，并按季度轮番推出以食材命名的莆田食材节；除此之外，我们还为

莆田打造了独有的莆田蓝和水波纹，通过建立强势的品牌符号系统，实现了莆田品牌的全新升级，成了餐饮界的一股清流。

产品科学

只用100秒，蒸熟一条鱼。

"蛏霸"的4大黄金标准：1.哆头村原生态黑泥放养；2.有金黄色的壳才是哆头蛏；3.霸气5厘米，够肥才好吃；4.入口鲜甜，爽脆滑嫩。

产品结构（图2）

四大食材节：哆头蛏、鳗鱼、海蛎、盆菜；

四大名果：枇杷、荔枝、文旦柚、龙眼；

快消品：辣妈酱（金角产品）。

1

荔枝

龙眼

枇杷

文旦柚　2

品牌角色 / 品牌纹样 / 品牌标志（图 3）

发布会（图 5）

2019 年首届莆田哆头蛏节发布会。

广告系统（图 4）

商圈广告系统（水牌，开业围挡，商场外立面广告牌、道旗、灯箱，电梯门、
手扶梯、中庭吊幔、户外 logo 墙。）

3

4

5

143

话语体系（图6—7）

莆田哆头蛏，蛏霸上海滩。

莆田鲜海蛎，越吃越蛎害。

山泉煮活鳗，掌握好食材。

莆田盆菜好，满盆都是宝。

新年吃莆田，财运旺一年。

莆田扁肉汤，皮比馅还香。

头水紫菜鲜，胜过吃海鲜。

中午要聚餐，莆田头等餐。

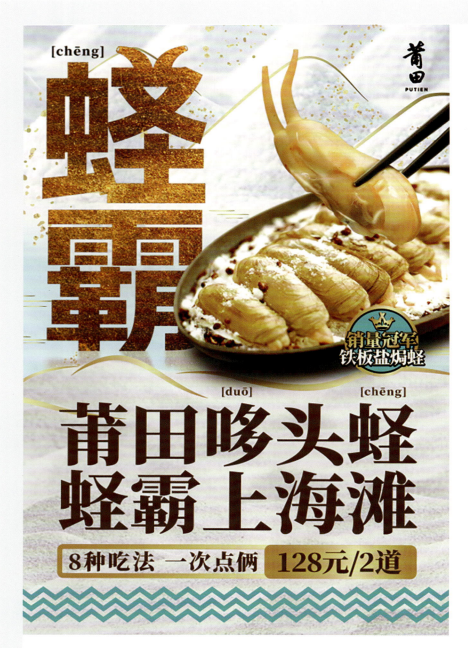
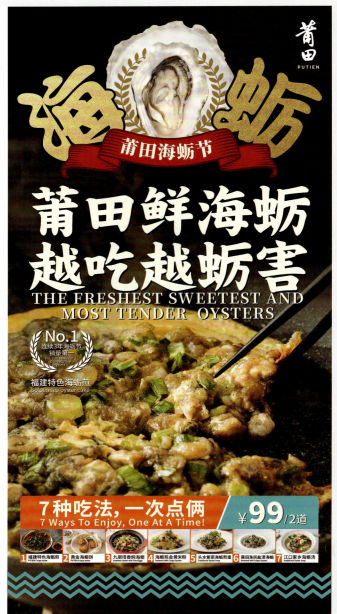

新年吃莆田
财运旺一年
FEAST TO A PROSPEROUS NEW YEAR WITH PUTIEN

莆田
PUTIEN

莆田扁肉汤
皮比馅还香
连扁肉的皮都是肉做的！

A wrapper more fragrant than its filling
Even the wrapper is made of meat

经典
福建菜

南丰城 | 5F | 米其林一星餐厅
Michelin One-Star Restaurant

莆田
PUTIEN

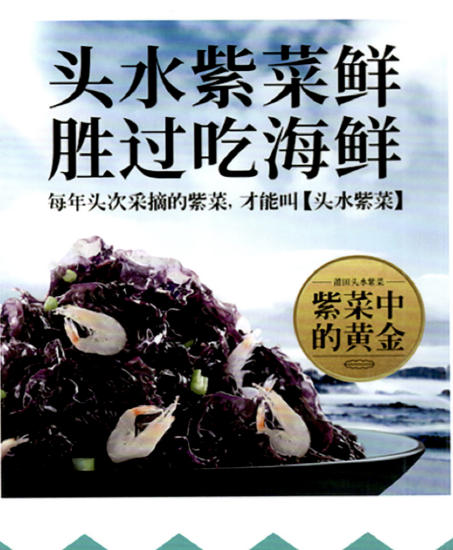

头水紫菜鲜
胜过吃海鲜
每年头次采摘的紫菜，才能叫【头水紫菜】

莆田头水紫菜
紫菜中
的黄金

南丰城 | 5F | 米其林一星餐厅
Michelin One-Star Restaurant

莆田
PUTIEN

莆田
PUTIEN

4F | 午市头等餐

中午要聚餐
莆田头等餐
Premium Lunch Hour Delicacy at PUTIEN

午市头等餐
All-in Premium Set Lunch

2人餐 ¥188
4人餐 ¥388

米其林一星餐厅
Michelin One-Star Restaurant

自媒体系统（图8—9）

店面就是门店的 CCTV，要做到店面抢眼不抢戏，即店外要抢眼，店内别抢戏。

制定门店传播组合件：海报、菜单、台卡、折页、堆头、食材报等。

440-310mm

案例 52　海底捞

项目组成员 | 陈俊　于戈　程林越　杨笑　冯金

背景介绍（图 1）

全新产品战略规划——新产品、新理念、新体系

2021 年 7 月，华与华重新接手海底捞。通过前期工作诊断，确立将产品创新作为未来重点工作方向之一，由此提出海底捞未来产品战略的全新规划。2021 年 12 月，海底捞邀请媒体及黑海会员召开"海底捞新菜来了"新品品鉴会，会上正式发布了"新产品、新理念、新体系"的全新产品规划。这是海底捞内部首次提出明确的产品战略方向，也是第一次就产品战略工作正式对外沟通。

品牌谚语（图 2）

为海底捞创作"一起嗨，海底捞"的超级口号，放大品牌与生俱来的戏剧性，将火锅围炉而坐、同食而乐的情绪通过口号表达。

吃火锅本身是一件很嗨的事：不加班，吃个火锅嗨一嗨；升职了，吃个火锅嗨一嗨；恋爱了，吃个火锅嗨一嗨。"一起嗨，海底捞"，不是说服消费者，告诉他们海底捞服务有多好，产品有多好，而是进入消费者的生活场景中，说动消费者，想嗨，就来海底捞。

话语体系（（图 3—4）

为"海底捞新菜来了"产品上新打造菜品话语体系：

1. 一头羊仅 2 块的羔羊羊排卷。
2. 一盘吃不够的内蒙古草原羔羊肉。

品牌标志（图 5）

发挥品牌与生俱来的戏剧性，找到一个中英文同音同意、世界共识的符号"Hi"，用对话框、辣椒进行私有化改造，形成海底捞超级符号。

借助"Hi"这个已经被人所记住、理解并喜欢的超级符号，将品牌文化植入其中，就能大大减少消费者记忆成本，减少品牌的宣传成本。

包装系统（图 6—9）

2017 年，华与华协助开发了海底捞啤酒，包装上实现超级符号"Hi 圈"的重复积累以及"德式精酿麦芽浓度 13°"购买理由的放大。

2018 年，为海底捞商城会员产品"口袋坚果"设计包装及礼盒版包装，将"口袋"可视化。

自媒体系统（图 10—14）

以放大菜品、场景为核心创意，设计了海底捞开业围挡、中庭吊幔等自媒体，打造海底捞开业包，实现门店提前预热与蓄客。

广告系统（图 15—19）

以商圈导视为传播主阵地，用超级符号占领商圈，一套开业宝典将聚会场景、菜单图片直接呈现。重复理解品牌资产，反复投资一个符号，以最小成本创造最大的品牌价值。

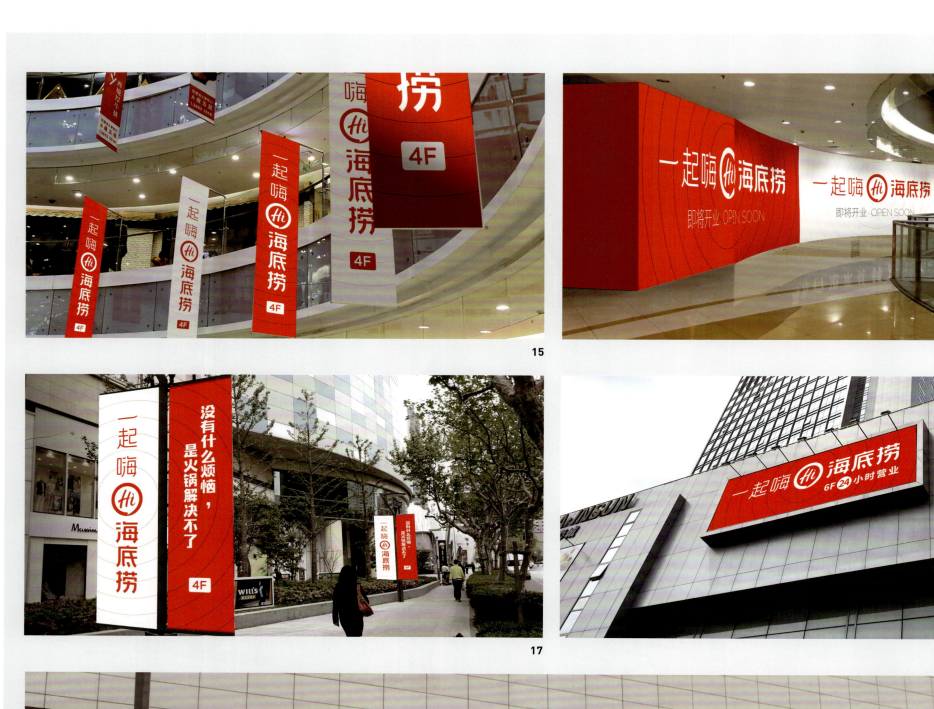

15

16

17

18

19

门店设计（图 20—25）

为了升级海底捞品牌形象，为消费者提供极致的品牌体验，我们对海底捞门店也进行了彻底的形象改造工程，督导第三方空间设计公司"朱州设计"，打造了海底捞全新形象店——上海大华店。大华店不仅采用了最新的品牌 logo，店面整体风格也区别于传统火锅店，变得非常清新明亮，就连里面的硬件设施也全部进行了升级。

菜单设计（图 26）

1. 重新规划及设计门店点单

iPad 菜单，从栏目设计规范、版面规划、交互 icon 系统规划、画面设计、菜品拍摄规范等方面升级菜单，为消费者设计更清晰的购买逻辑。

2.2022 年创作"海底捞新菜来了"纸质菜单

门店首次运用纸质菜单，凸显菜品地位，放大菜品发出刺激信号的能量。

为"海底捞新菜来了"产品上新设计更有氛围感的纸质菜单，增加刺激新品下单的信号能量。同时对门店 iPad 菜单进行了升级，增加了开机画面的下单方式，并使原本的菜单静态画面变为了有更强刺激信号的动图。

20

21

22

23

24

25

26

标准化执行手册（图 27—28）

1. 为了支撑海底捞门店品牌形象、品牌体验管理，为海底捞梳理打造品牌宪法、店面管理手册，规范超级符号在各个自媒体上的应用。

2. 针对"海底捞新菜来了"产品上新项目，对于海底捞在餐具、摆盘及门店的全面媒体化等进行了全面创新及指导。并为门店分别制作了《门店全面媒体化指导手册》与《摆盘及餐具优化指导手册》。

宣贯会（图 29）

"2022 海底捞新菜来了"产品上新宣贯

2021 年 12 月 28 日，海底捞召开内部宣贯会。华与华海底捞项目组分别就华与华方法及上新项目的全面媒体化进行教学讲解。

品牌营销日历（图 30—31）

海底捞季节菜单

为海底捞提出全年营销日历，以真香锅首发为例，规划海底捞季节菜单，一年至少做两次产品上新：一季秋冬上新，一季春夏上新。

广告片（图 32—34）

改编歌曲《热情的沙漠》，拍摄海底捞门店广告片《热情的火锅》，带领专业拍摄团队门店取景，用热闹动感的歌舞和众人围炉吃海底捞的镜头，呈现"热情的火锅"的场景，形成"一起嗨，海底捞"的传播素材。

宣传片（图 35—40）

1. 2018 年海底捞智慧餐厅开业

华与华为智慧餐厅输出核心传播创意，从餐厅预热倒计时、店内导览到线上 H5 传播，还拍摄了智慧餐厅宣传片及私人定制宣传片。

2. "海底捞新菜来了"上新视频

海底捞的产品上新并不是全国统一的，而是各区各异的。所以在宣传视频的准备上，我们面临着 1 个锅底、10 款菜品，要分别拍出 3 个版本的挑战。这就对拍摄的筹备及执行工作提出了挑战。通过前期不断的脚本磨合、拍摄团队优化，力求

精细到每个镜头、每个道具，甚至运镜等连接动作都一一明确。最终，上新视频成功完成在海底捞全国近 1300 家门店的登陆。

背景介绍

　　河南百芝源绿色饮品有限公司旗下的山果印象品牌于 2015 年和华与华达成战略合作，华与华为山果印象创作了超级符号并应用于包装上，为百芝源果汁建立货架陈列优势，积累品牌资产。

品牌标志（图 1）

　　让超级符号拥抱着品牌名，形成标准组合，在包装、物料等各个与消费者的接触点上应用。

超级符号（图 2）

　　一个品牌角色形象，是为了降低品牌传播的成本。直接找到一个文化原型——人类文化里本来就有的东西，本来就有好感、喜欢的东西。山果印象这个名字不思而得，就能想到山中大王——猴子。猴子是所有人都认识，所有人都能记住，所有人都喜欢的形象。我们把猴子的手臂放大到夸张的长度，做出一个拥抱的姿势，并且通过红色进行私有化改造！

包装系统（图 3）

　　产品包装的本质是创造能被第一眼识别、受人喜爱、极具沟通力的形象。我们把小红猴的超级符号用在产品包装上，并且围绕购买理由、购买指令、购买指南重新设计瓶贴标签，让产品摆上货架就开卖！

终端全面媒体化（图4）

　　终端为王。终端全面媒体化，在没有大广告的情况下，用好、用彻底终端物料，就能在终端提升销售额，建立品牌！

包装箱

推拉贴

地贴

封箱胶带

海报

五折页

易拉宝

背景介绍（图 1）

华与华自 2015 年至 2017 年担任浙江绿源集团全案策略顾问公司，助力绿源在行业销量下滑 15% 的大环境下，销量逆势上扬 10%。这是华与华方法在电动车产业的首次实践。服务两年期间的主要工作成果包括：

1. 基于绿源基因禀赋，解决社会问题，为绿源制定安全战略；
2. 打造绿源品牌谚语"选绿源，更安全"；
3. 创意设计绿源超级符号"安全之盾"；
4. 围绕安全战略，开发产品；
5. 终端全面媒体化，营造热卖氛围；
6. 创意拍摄广告片；
7. 策划"绿源安全万里行"主题公关活动；
8. 策划设计电动车展会。

战略方向

电动车在解决中国人短途代步问题的同时，电动车事故也屡屡发生，带来了巨大的社会问题——电动车不安全！企业的本质是为社会解决问题。

绿源 19 年来积累了众多安全资源，也围绕安全研发了几十项技术与专利，还发布了《电动自行车快速发展对交通安全的影响研究》白皮书，深入研究了电动车的安全问题。

因此华与华与绿源一同明确了"解决电动车安全问题"的企业使命，制定安全战略，即以安全为核心，涵盖安全产品、安全终端、安全中心、安全大会四大板块，为全社会提供人、电动车、交通环境三位一体的安全解决方案。并以"绿源安全万里行"为主题，致力于全国范围的安全理念和安全知识的普及和推广。

1

2

3

4

5

产品开发（图 2—4）

围绕安全战略，开发安全型载物电动车。

洞察经典款电动车使用场景中的安全隐患，挖掘购买理由——超能装、超能跑、还安全。

产品即命名，产品即购买理由，将产品命名为"超级载物王"。

翻新现有产品，满足购买理由——升级储物功能，保障载物安全。

卖点升级设计应用于绿源所有储物系列电动车，带动储物系列售价提升、销量提升。

品牌谚语（图 5）

基于安全战略，华与华为绿源提炼了品牌超级话语"选绿源，更安全"。

"选绿源，更安全"是行动句，直接下达购买指令；"选绿源，更安全"是口语，能够被转述，能让员工、经销商、导购、消费者为我们播传；"选绿源，更安全"是俗话，俗语不设防，能够直接打动消费者；能够广泛地应用在所有传播场景中，持续为绿源积累品牌资产，并且保证绿源品牌在对外传播上的一致性和整体性。

超级符号（图 6）

　　绿源安全之盾，由盾牌、绿色和黑白格组成。

　　盾牌符号蕴含着安全的文化原力，千百年来深深根植于消费者的心智中，能够让消费者不思而得联想到安全；绿色是绿源的品牌色。花边符号黑白格是消费者熟知的 F1 赛车的代表符号，能够天然地将消费者对 F1 顶级赛车的喜爱嫁接到绿源品牌上。盾牌、绿色、黑白格三者结合起来，共同塑造出"绿源电动车"的安全形象。

店招设计（图 7）

　　1 年半 2000 家门店门头全面翻新，门头的"安全之盾"全面翻新，让进店率噌噌往上涨。

终端全面媒体化（图 8—10）

　　终端全面媒体化打造热卖氛围。终端物料从配件对比展架、自媒体车贴到产品海报，每一个都能完成一次完整的进攻！为店员介绍绿源电动车提供全方位素材，提高成交率。

公关产品（图 11）

公关即产品，策划"绿源安全万里行"，全国 660 个城市中的 500 个城市，车辆安全点检为消费者提供有价值的服务。提醒安全骑行，传播安全知识。

展会／发布会（图 12）

策划设计"安全展会""安全发布会"，成为行业风向标。

11

12

产品全面媒体化（图 13）

　　每一辆车的每一个细节，不断重复超级符号"安全之盾"，让绿源产品成为最大的媒体。

安全帽

仪表盘

坐垫

反光车轮

减震

帽子

门头

形象墙

纸箱

电子门栏　13

2016

案例目录

第十章

品牌三大原理

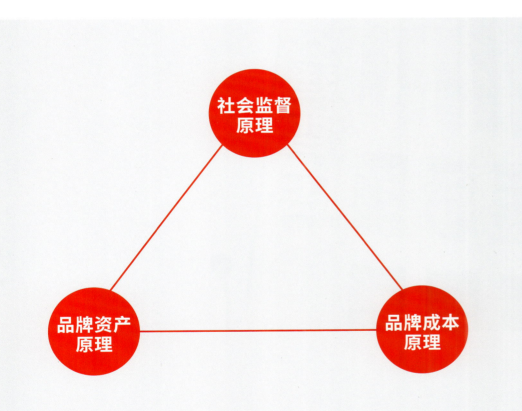

品牌第一原理：社会监督原理

品牌不仅是一种商业思想，还首先是一种社会机制。

品牌能够成立，不是因为你想要品牌就有品牌，而是因为社会需要品牌来降低监督成本。社会监督原理是指，品牌的本质是社会监督企业，保护消费者的一种风险机制。这个原理是从管理经济学的角度来对品牌做的解释。经济学理论讲，品牌是企业为了给顾客惩罚自己的机会而创造的一种重复博弈机制，即企业授权客户有机会来惩罚自己，这样就永远保证自己吃亏，而不让顾客吃亏。

品牌第二原理：品牌成本原理

品牌存在的意义在于降低三个成本：

第一，降低社会监督成本；

第二，降低顾客选择成本；

第三，降低企业的营销传播成本。

我们在进行品牌策划的时候，一切创意的创作原则也是降低成本，降低识别成本、记忆成本、阅读成本、理解成本、传播成本。这个成本原则，可以用在品牌创意的一切科目，例如品牌命名、标志设计、广告口号、广告创意、包装设计、展览设计等。

品牌第三原理：品牌资产原理

看企业的两大维度，一是成本，二是投资。品牌资产原理就是以投资的角度、资产的角度来看品牌。花的钱不但要少，而且不是花掉之后就没了，而是让广告变成储存罐，还能作为资产攒下来，50 年后还能够从中得到利息。有了资产以后，可以不断地用新产品的开发去贴现资产，再把它变出钱来。

品牌资产就是能给企业带来效益的消费者的品牌认知。我们要找顾客要两个效益：

第一，买我产品，即购买我的产品或服务；

第二，传我美名，你得出去跟别人说我好。

背景介绍

汉庭酒店的创始人季琦先生在 2005 年用蓝海战略的方法创办了汉庭酒店，在中国开创了经济型酒店的先河。在产品设计上，汉庭剔除了传统星级酒店的豪华大堂、大型会议室、娱乐、餐厅等不必要设施，选择把客房作为唯一的产品，减少房间的面积，增强"洗好澡，睡好觉，上好网"的体验。然后把价格降低，只要 200 元就能住一晚。这就开创了一个新蓝海，让汉庭迅速在中国酒店市场崛起。

汉庭之后，各大经济型酒店品牌也如雨后春笋般出现。到 2015 年底，汉庭酒店的数量就已经达到了 2000 多家，全国经济型酒店的总量已经接近 2 万家，此时的经济型酒店已经成为一片红海。汉庭正面临行业不景气、RevPAR 连续 4 年下滑、产品老化、入住率下降、价格竞争激烈等问题。

战略方向

华与华每做一个项目，首先会看这个企业的基因是什么。汉庭使用"蓝海战略"的方法开创了经济型酒店这个行业的先河。因此，汉庭最大的基因就是坚持"蓝海战略"。作为一家国民酒店，汉庭服务的对象是最广大的普通消费者。它的蓝海战略，就是要把消费者对酒店最基本的需求做到极致。经过消费者的走访调查和汉庭在"干净"上的一系列超配投入和能力基因，让我们坚信了之前的判断：汉庭的"第二次蓝海"就是在干净上继续加强，通过压倒性的资源投入，把干净做到极致，做到比五星级酒店还要干净，形成新的蓝海。

1

超级口号（图 1）

一个好的战略要有一句清晰且令人信服的口号。好的口号不仅要传达清晰的信息，还要切合实际地宣传产品。华与华为汉庭第二次蓝海战略设计的超级口号，就是"爱干净，住汉庭"。一个"爱"字一下就突破了所有人的心理防线。而且这句超级口号的传播成本是极低的，它能快速在人们的口耳之间流传开来。

2

3

4

5

门头设计（图 2—5）

　　"爱干净，住汉庭"是一个行动工程，要说到做到。当企业喊出这句话的时候，就是倒逼企业自身必须建立一套"干净"的行动计划，用行动来实现"干净"。当我们有了这句口号之后，我们唯一需要做的，就是把"爱干净，住汉庭"这六个字尽可能多地竖立在汉庭酒店的楼顶，让所有受众，无论白天黑夜都能看见这六个大字。

　　汉庭已经在全国 25 个城市 300 多家汉庭酒店楼顶竖起了这 6 个字，目前这一数字还在增加。当汉庭把这句话像招牌一样矗立在酒店楼顶上时，就是直接立下了丰碑，创造了能传 100 年的品牌资产。

四大干净行动（图6—9）

1. 干净誓师行动：诞生全行业首个"首席清洁官"（图6）

2016年11月，汉庭举办了"爱干净"誓师大会，华住集团一众高层与来自全国各个城市的汉庭酒店总经理、店长，以及一线的清洁师们共同誓师。各大区未能到场的一线员工，都通过视频的方式献上了为汉庭干净事业的宣誓承诺。

此次大会诞生了行业首位首席清洁官CCO（Chief Clean Officer）。在华住CEO张敏的带领下，汉庭人许下庄严的承诺："净心净力，净在汉庭，爱干净，住汉庭！"表达了汉庭人将干净进行到底的决心。

2. 清洁师行动：清洁阿姨是执行蓝海战略的关键（图7）

在过去，清洁阿姨们是最不被重视的一群人。她们收入微薄，工作时间长，非常劳累，没有得到应有的重视和尊重，也看不到职业发展的前景。一旦发生了清洁事件，她们却又被推向风口浪尖，承受舆论的压力。

汉庭要实施干净战略，清洁阿姨就要由"后卫变前锋"，成为主角。华与华提出六大创意，彻底实现清洁阿姨职业生涯和地位尊严的转变。

（1）行业首创"清洁师"命名——提升清洁阿姨地位；

（2）行业首创清洁师代言人——提升清洁阿姨荣誉感、自豪感；

（3）行业率先提升清洁师待遇——打扫房间少了，到手的钱更多了；

（4）行业首次邀请"清洁之神"指导——培养清洁匠人精神；

（5）行业首创清洁师等级晋升制度——拓宽清洁师职业空间；

（6）行业首创清洁师打赏机制——增加清洁师成就感。

3. "净"字评级行动:让加盟商成为干净战略拥护者(图8)

上海一家只有 86 间客房的汉庭加盟店,在没有投入客房翻新改造的情况下,仅仅实施了干净工程,门店的 RevPAR 就上涨了 14 元,客房收入一年增长了 43 万元。这一方面是因为干净提升了顾客的满意度,回头客更多了;另一方面是因为汉庭推出的酒店"净"字评级,让这家门店获得了更多的客源,预订客源的比例从 40% 上升到了 50%。

华与华为汉庭设计了"净"字标。汉庭对干净达标的门店会在官网和 app 上以"净"字标显示,"净"字标越多,"干净指数"越高,排名就越靠前,越能让消费者优先看到。汉庭告诉消费者,选酒店有了一个新标准——认准"净"字。

获得干净认证的酒店,汉庭会授予门店一套"净"字认证系统。从大门、形象墙、前台到电梯、房间,从你接近汉庭的那一刻开始,就能感受到它的"干净"气质。

这些举措,极大激励了加盟商的积极性,使他们纷纷投入干净战略中。而对于达不到标准的门店,汉庭则非常坚决地进行淘汰,绝对不让加盟商的个人行为影响汉庭的干净战略。

4. "洗涤龙"行动：投资上游洗涤行业，带动全行业品质升级（图9）

干净战略不仅要对人进行投入，还要对上游洗涤环节进行硬件投入。

床单、毛巾干不干净，关键在洗涤供应商。华与华建议汉庭加大对上游洗涤供应商的投入，让更多供应商采用全自动的"洗涤龙"设备，从源头保障床单、毛巾的洁净。汉庭要求加盟店也都采用高标准的洗涤龙供应商，并给予优惠补贴政策，让越来越多的门店采用洗涤龙设备。

如今汉庭的洗涤供应商已经计划去汉庭较多的城市再开分部。通过这种方式，汉庭可以带动上游洗涤行业的发展和酒店洗涤品质的提升。

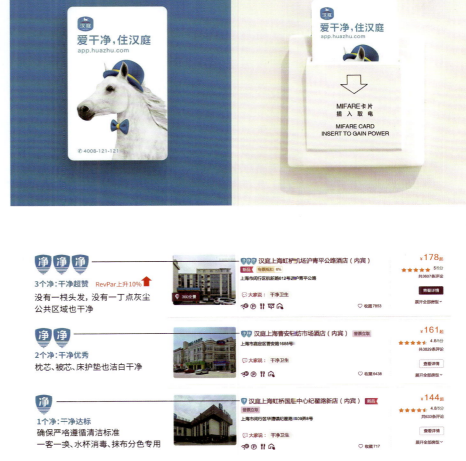

9

背景介绍（图 1）

　　文新茶叶于 1992 年成立，专注于信阳毛尖品类茶叶的种植加工、生产及销售等。合作两年来，华与华为文新创作了品牌话语"信阳毛尖信文新"，一战而定、垄断品类。同时寄生文化母体——中国印，设计了"信"字超级符号。

产品开发（图 2—3）

1

"信"字罐 - 栗香型 40g 135 元　**2**

"信"字罐 - 花香型 40g 195 元　**3**

包装系统（图 4—7）

一张信阳毛尖产区地图，茶叶来自哪里、是否来自核心产区，一目了然，这是文新信阳毛尖最强的信任状。产品即战略，用超级符号和货架思维，为文新开发超级产品——"信"字罐，成为信阳毛尖第一个伴手礼产品，打开全新的伴手礼市场。

4

5

6

7

门店设计（图 8—10）

8

9

10

信阳毛尖 信 文新

30年来 文新坚持只做原产地信阳毛尖

喝上一杯真正好的信阳毛尖

是信阳毛尖的原始生长带

文新 只采信阳毛尖4月春茶一季

信阳毛尖古法炒茶工艺 被列为非物质文化传承项目

刘文新
文新信阳毛尖创始人、董事长
从茶园到茶杯 文新用"信"承诺

【河南伴手礼】

文新 信字伴手礼

11

背景介绍

　　久久丫是江浙沪地区知名鸭脖品牌。作为鸭脖行业第一个品牌，扎根市场多年，深入人心，有着较高的知名度。但从 2014 年开始，品牌从鸭脖走向全品类，扩张到熟食便利，造成了消费者认知的分散。华与华基于久久丫的基因禀赋，建议久久丫聚焦鸭脖品类，建立"啃鸭脖就啃久久丫"的品类认知。

品牌谚语（图 1）

　　爱我你就啃我呀，啃我啃我久久丫。

　　自 2002 年创立以来，久久丫一直在用"喜欢就啃我吧"作为广告语。消费者有一定认知度，已经是久久丫的品牌资产。"啃"一词双关，有"吻"的含义，找到"品牌与生俱来的戏剧性"。久久丫的"啃文化"要寄生到年轻人互相传达爱意的生活场景中创造连接，让品牌与消费者"发生关系"，"爱"这个字，本身就具有"原力"。这句话寄生到了年轻男女传达爱意的文化母体中，押韵，朗朗上口，好记忆，好传播，能传起来。

产品科学（图 2）

1. 熬足 2 小时，骨头都入味；
2. 武汉鸭脖开创者，30 年秘制配方；
3. 28 味天然香料，原产地直采；
4. 无添加香精，无添加人工色素，无添加复合调味剂；
5. 每段足足 4 厘米，大口啃更过瘾；
6. 每天 9 点新鲜上架，全程冷链配送。

品牌角色（图 3—6）

　　两只互啃的鸭子：久久和丫丫。

品牌标志（图 7）

　　两只鸭子互啃。

　　久久丫是一个卖鸭脖的品牌，文化原型符号一定是鸭子，但只有鸭子还不够，鸭子只是一个公共符号。我们要为这只鸭子打上久久丫品牌的烙印，成为一只让人一看到就能想到"爱我你就啃我呀"的鸭子，不仅成为久久丫品牌专属的"超级符号"，更成为年轻人之间传达爱意的"文化符号"。

店招系统（图 8—10）

    1. 红色门头；

    2. 副门头上广告语；

    3. 门口电视机。

包装系统（图 11—12）

视频广告（图 13—17）

8

9

10

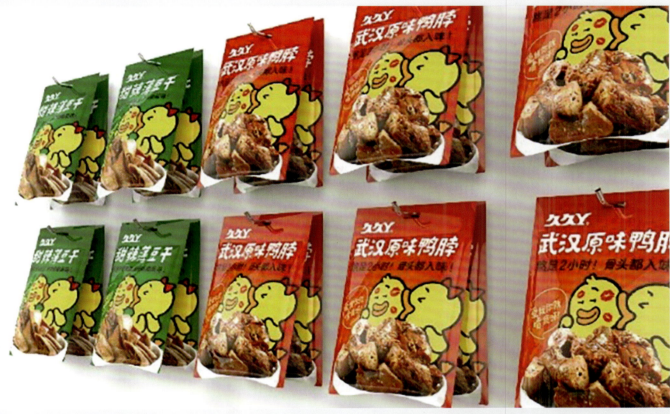

11

12

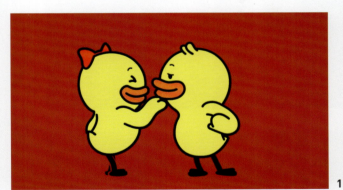

13

14

15

16

17

背景介绍

　　七欣天餐饮管理有限公司创立于 2001 年，"迷宗蟹"的创始者。华与华为其
创意了"螃蟹＋七"的超级符号，并创意规划了门头设计。

背景介绍

2017 年，云米和华与华达成合作。云米成立于 2014 年，主要产品是互联网家电，如净水器、冰箱、热水器等。作为初创型品牌，云米希望通过新的品牌战略升级提升品牌影响力。

超级符号（图 1）

华与华为云米创意设计了"大 V"的超级符号，因为净水器是云米成立之初最核心的拳头产品，我们将水滴符号和"V"字做了结合。

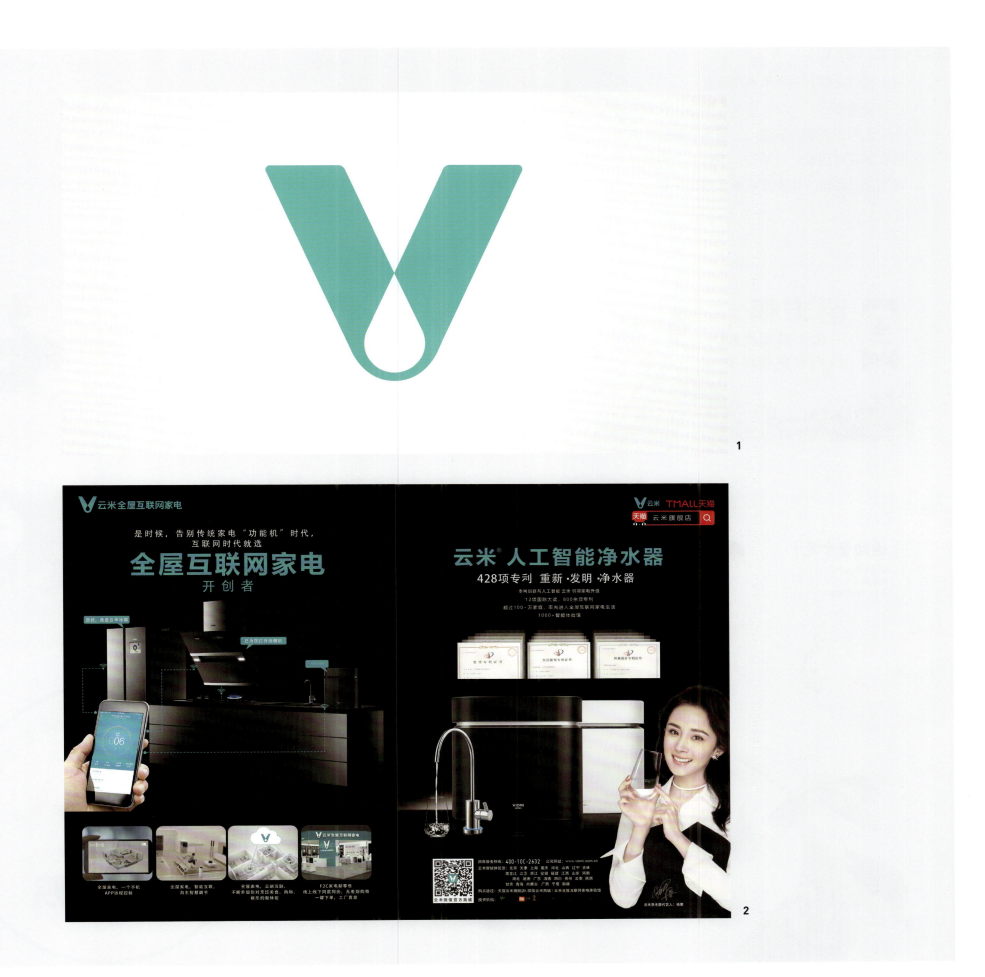

话语体系（图 2）

我们提出"告别传统家电，就用云米全屋智能家电"，将智能家电作为云米品牌命名的一部分。在净水器的拳头产品上也提出了核心的广告语，如在净水器上就是"重新发明净水器"。

为什么要说"重新发明净水器"，基于以下五点理由：

1. 敢说重新发明一定是有技术创新，并且是大面积的创新。

2. 重新发明就是和所有竞争品牌不同，在竞争环境中跳出。

3. 作为一个新品牌如何和市场中的老品牌抗衡？用一个"新"字攻击他们的软肋，新是好的，旧是不好的，赢得行业标准和行业趋势的解释权。

4. 刺激反射，勾起好奇心，引到店里来。

5. 听一遍就记住，降低传播成本。

背景介绍

留夫鸭是江、浙、沪地区知名的餐桌熟食品牌，有超过 800 家门店，土鸭是其拳头产品。华与华建议留夫鸭聚焦土鸭及鸭附件产品，聚焦家庭餐桌健康熟食，开创"熟食家宴"的新品类。

品牌谚语（图 1）

一只土鸭留夫鸭，熟食家宴带回家。

1. 广告语的原则：一定要带有品牌名，只用陈述句和行动句；
2. 一只土鸭留夫鸭，陈述句，明确我们的拳头产品；
3. 熟食家宴带回家，行动句，下达一个购买指令，发动顾客购买；
4. 带回家，和留夫鸭家庭餐桌属性相关联。

产品科学（图 2—5）

土鸭 4 句话

1. 养足 400 天

100 天长肉，300 天长香。

2. 散养吃鱼虾

天性爱玩水，以小鱼、小虾、小泥鳅、小螃蟹、小螺蛳为主食。

3. 运动十足

会飞会跑会游泳，少油少脂有嚼劲。

4. 来自鱼米乡

产自广东湛江生态水库，平均每只土鸭拥有 33.3 平方米自然水域。

品牌命名（图 6）

400 天招牌土鸭：养足 400 天，才有鸭肉香。

品牌角色（图 7—8）

一只土鸭，戴着农夫帽，背着鱼竿。

留夫鸭超级符号，嫁接的文化原型：土鸭。

挖掘"土鸭"与生俱来的戏剧性。

"土"的外形：农夫帽；"土"的内涵：吃鱼、原生态、健康。

品牌标志（图 9）

品牌纹样（图 10—13）

蓝白格子布纹：

  1. 有家庭餐桌属性；
  2. 精致、高品质；
  3. 易于延展使用。

自媒体系统（图 14—17）

外箱设计沿用超级画面，用超级放大术放大刺激信号，用超级放大术给消费者最强的刺激反射，在终端建立留夫鸭的陈列优势。

店面系统全面媒体化（图 18—21）

销售道具 / 助销系统（图 22—24）

店内助销海报。

包装系统（图 25—31）

气调包装、礼盒包装、休闲食品包装。

22

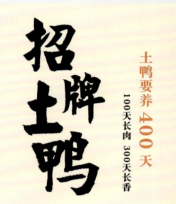

23

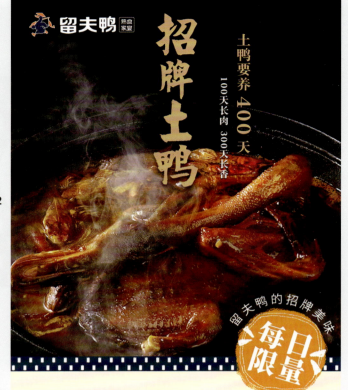

24

25

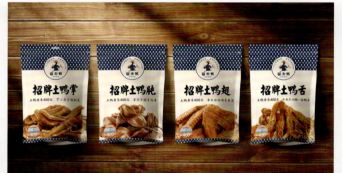

26

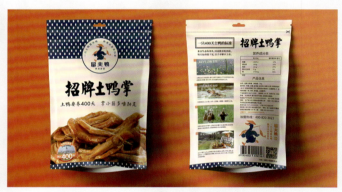

27

28

29

30

31

宣传片（图32—43）

土麻鸭俗称「土鸭」
土麻鸭 32

「400天以上」生长周期
生长周期在400天以上 33

每到土鸭成年的季节 34

褚翠红 留夫鸭总经理
顿十一 留夫鸭采购经理
当地养鸭人有个说法 35

「养足400天的土鸭」 36

37

38

留夫鸭 熟食家宴 39

「土鸭出锅」 40

留夫鸭「招牌土鸭」 41

留夫鸭
发掘创新民间传统工艺 42

遵循严格的生产标准 43

背景介绍

李先生加州牛肉面大王，是面类快餐的领导品牌。从 1987 年第一家店诞生，35 年时间，凭借一碗牛肉面，已在全国 71 座城市布局 800 余家餐厅，其中有超过 41% 是火车站店，火车站店营收占据总销售额的 71%。

战略方向（图 1—3）

用华与华方法来帮助李先生构建品牌资产：

1. 一个超级符号：用超级符号引爆超级创意；
2. 一个传播系统：门店系统、菜单系统。

品牌纹样（图 4—6）

李先生铁轨花边战略理论依据

1. 条纹是一种带有魔力的图案，它的规律性和指向性有很强的视觉控制力。横向宽条纹，不仅能够丰富视觉的层次感，更能有助于在视觉上对空间进行拉大，给予空间膨胀感和视觉冲击力。

2. 条纹在视觉上给人无限延伸的感觉，简约大方。条纹作为超经典的元素，无论是粗线条还是细线条，是横条纹还是竖条纹，通过用不同的搭配技巧来处理，总有让人耳目一新的感觉。

3. 条纹是最基本的几何纹样。在人类艺术发展过程中，条纹是最能表现设计师运用技巧及技能的一种方式。条纹之美在于它的简洁、理性、规律，以及它的秩序和可重组性。

4. 李先生有大量的火车站店，铁轨花边有很强的场景感，尤其是在晚上的时候，动态的铁轨能形成有效的视觉拦截。

2017

案例目录

第十一章

企业战略菱形模型

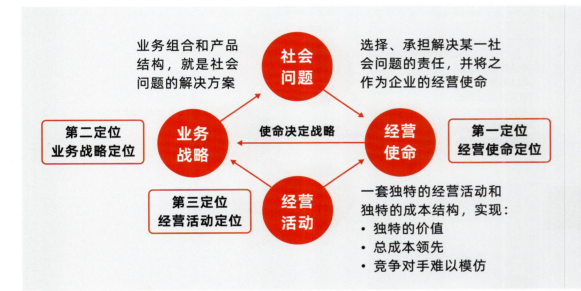

业务组合和产品结构，就是社会问题的解决方案

社会问题

选择、承担解决某一社会问题的责任，并将之作为企业的经营使命

第二定位 业务战略定位

业务战略

使命决定战略

经营使命

第一定位 经营使命定位

第三定位 经营活动定位

经营活动

一套独特的经营活动和独特的成本结构，实现：
- 独特的价值
- 总成本领先
- 竞争对手难以模仿

企业战略不是企业的战略，而是企业为承担某一社会责任、解决某一社会问题，为社会制定的战略。企业的产品和服务，即组成该社会问题有效的、全面的、可持续的解决方案。

菱形模型分为上下两个三角，上三角是降低外部交易成本，为社会解决问题，是社会效益；下三角是降低内部交易成本，为企业创造利润，是企业效益。

模型发展阶段

阶段一：华与华企业战略"三位一体"模型

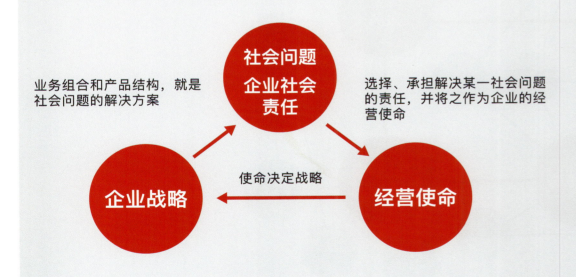

业务组合和产品结构，就是社会问题的解决方案

社会问题 企业社会责任

选择、承担解决某一社会问题的责任，并将之作为企业的经营使命

企业战略

使命决定战略

经营使命

企业的战略，即企业为解决该社会问题而制定的战略。企业的产品和服务，即组成该社会问题有效的、全面的、可持续的解决方案。

华与华企业战略等式

社会问题＝商业机会＝企业社会责任＝经营使命＝企业战略＝业务组合和产品结构＝社会问题的解决方案

阶段二：企业三大定位

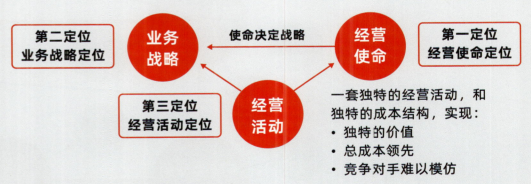

第二定位 业务战略定位

业务战略

使命决定战略

经营使命

第一定位 经营使命定位

第三定位 经营活动定位

经营活动

一套独特的经营活动，和独特的成本结构，实现：
- 独特的价值
- 总成本领先
- 竞争对手难以模仿

第一定位：经营使命定位

这是定位"我为社会解决什么问题"，也是社会分工定位，定位自己一生的使命。

第二定位：业务战略定位

我们的业务是什么？我提供哪些产品和服务，就是在华与华"三位一体"战略模型里的企业战略，用一套产品和服务，去解决社会问题。

第三定位：经营活动定位

就是迈克尔·波特的战略定位，是一套独特的经营活动组合，实现独特价值，总成本领先和竞争对手难以模仿。第三定位支持第二定位，第二定位实现第一定位，第一定位是最终目的。

背景介绍

足力健品牌创立于 2015 年，是一个全国连锁的专业老人鞋品牌。足力健找到了老年人的痛点——"老人没有合适的鞋穿"这一问题，其背后的原因是"随着年纪变大，脚会发生变形，进而找不到合适的鞋码"。2017 年，足力健同华与华达成合作，希望华与华助力足力健大规模快速化发展。2017 年，足力健年销售额是 5000 万元，到 2019 年，年销售额突破 40 亿元。足力健成了近年来鞋服行业的创新者，也成了老人鞋行业当之无愧的领导品牌。经欧睿咨询认证，2020 年，足力健老人鞋销量在全国老人鞋行业中排名第一！

企业战略

1. 足力健企业战略菱形模型

企业战略不是企业的战略，而是企业为解决某一社会问题，为社会制定的战略。华与华为足力健提出了"企业战略菱形模型"，模型分为上下两个三角，上三角是降低外部交易成本，为社会解决问题；下三角是降低内部交易成本，为企业创造利润。通过构建"企业战略菱形模型"，也形成了足力健的三大定位：

（1）经营使命定位：让每一位老人都穿上专业老人鞋。

（2）业务战略定位：通过老人鞋产品、门店、足部科学研究院等产品结构和业务组合，形成老人穿鞋的解决方案，解决"老人穿鞋难"的社会问题。

（3）经营活动定位：通过"平价策略""款少量多，自主生产""压倒性广告投入"等经营活动，创造独特的价值和总成本领先，使得其他品牌难以模仿。

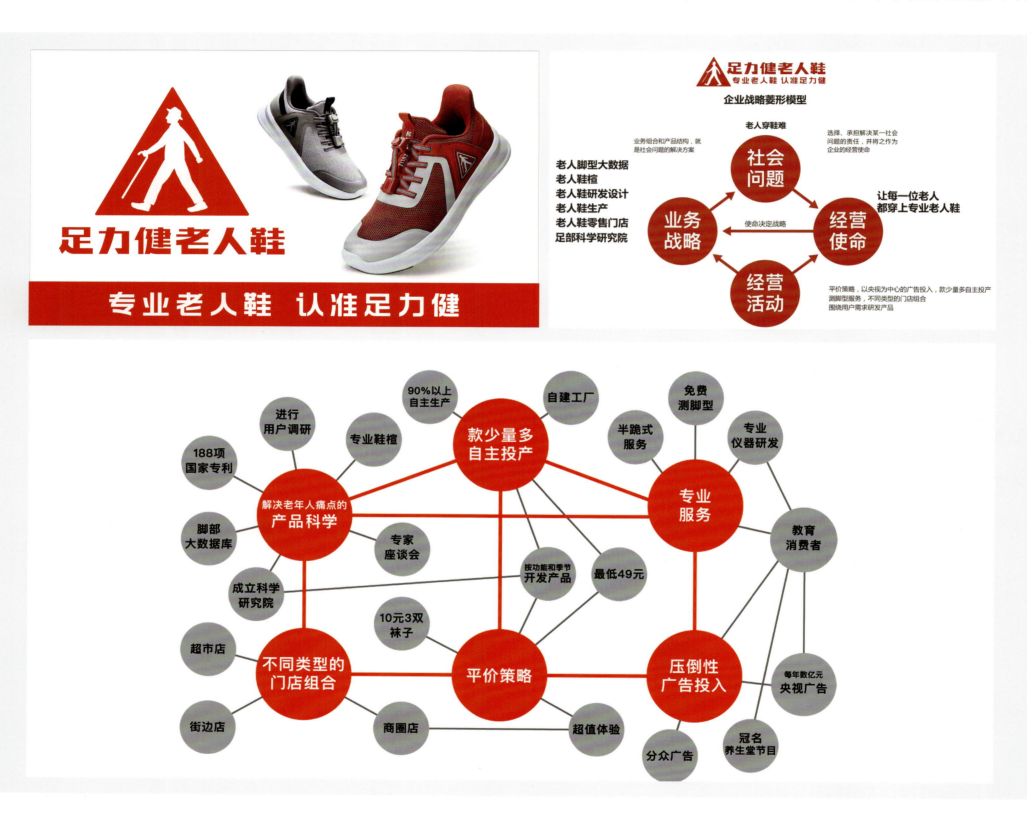

2. 足力健经营活动图

在企业战略的指引下，足力健构建了 6 大经营活动：

（1）围绕用户需求研发产品：足力健鞋前加宽、鞋腰加高，放大鞋内空间；元宝鞋帮保护脚踝；大花纹鞋底防滑等。

（2）采取平价策略：最低 49 元就能买到一双专业老人鞋，既让利给消费者，又有效阻挡了新进入者的威胁。

（3）款少量多，自主生产：保证产品品质，最大化降低生产管理成本。

（4）极致服务："半跪式服务""送货上门""包邮到家"等服务，降低消费者决策成本。

（5）"3 + 2"的渠道模式：3 就是超市店、商圈店、购物中心店 3 类门店，2 就是直营店和代理店两种经营模式。

（6）以央视为中心的广告投入：足力健老人鞋每年斥资数亿元在央视打广告，而且上去了就不下来，日日不断，滴水穿石。

足力健通过 6 大经营活动的打造，带来了三个结果：1. 创造独特的价值；2. 实现总成本领先；3. 使竞争对手难以模仿。这才有了足力健今天的成功！

品牌命名（图1）

老人鞋不是足力健的品牌"定位"而是"命名"，"足力健老人鞋"成了一个完整的命名，建立了一个新的品类。

这就是华与华方法的语言哲学：命名就是成本，命名就是投资，命名就是召唤。"足力健老人鞋"，就比"足力健是老人鞋"更具召唤力，更有力量。它降低了企业的营销传播成本。所以你会看到，不管是门店还是物料，有足力健的地方，后面必然跟着"老人鞋"三个字。长久以来，就实现了足力健和老人鞋的绑定，老人鞋就成了足力健的品牌资产。

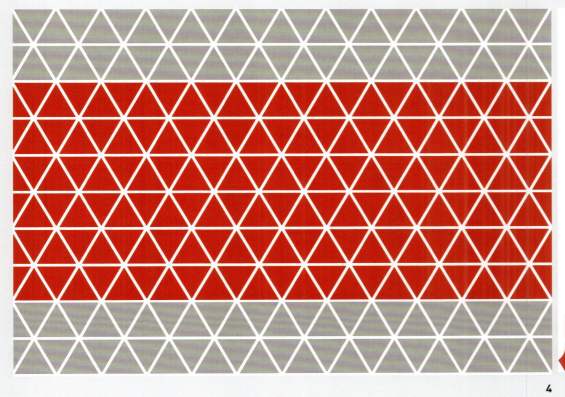

品牌谚语（图2）

专业老人鞋，认准足力健。通过"专业"和"认准"两个超级词语，树立了足力健老人鞋的权威，同时通过朗朗上口的句式帮助足力健更好地进行播传，最终实现让消费者买我产品，传我美名，不断地积累足力健的品牌资产。

话语体系（图3）

足力健有一整套话语体系，从"专业老人鞋，认准足力健"到"老人要穿老人鞋"，这是下定义和判断，承担起教育消费者的责任。当老年人看到"老人要穿老人鞋"就会产生刺激反射："我是老人，我当然要穿老人鞋。"除了"老人要穿老人鞋"，足力健的话语体系还有"妈妈要穿妈妈鞋""过新年，穿新鞋；送长辈，足力健"等活动广告语，它们共同组成了足力健的话语体系。

品牌纹样（图4）

通过汲取三角形的超级符号元素，组成具有视觉强制性的花边系统，具有强烈的阵列感，让品牌设计更加灵活和抢眼！

品牌标志（图5）

足力健原先的符号比较抽象，难以识别和理解，没有积累下品牌资产；更核心的问题是，它缺少品类信息！第一次看到它的人，根本不知道它是卖什么的！

华与华为足力健创作了全新的超级符号：红色的三角形边框内，有一位正在行走的老人，老人头戴绅士帽，手持文明杖，大步向前走，浑身有劲，呈现出积极健康、乐观向上的精神状态。底部则是品牌名——足力健老人鞋，让那些第一次听说和看见这个品牌的人，也能够清晰地明白产品是什么，品类信息一目了然。

门店设计（图6—7）

街道是货架，门店是包装，门店就是品牌最好的广告。华与华对足力健的门店进行了整体升级。首先是足力健的门头，醒目的红白门头和顶天立地的符号，让远处路过的消费者也能清晰地识别，一眼就记住。另外，在门口处设置了一台电视机，播放足力健的电视广告，声音加视频的刺激唤醒了消费者脑海里的记忆。一方面，电视里的央视广告成了品牌背书；另一方面，消费者也许在家里的电视上看到过足力健老人鞋的广告，如今在门店也看到了，这种陌生的熟悉感会立马给他一个刺激反射和惊喜感，将他一步步吸引进店。走到店内，通过产品陈列、发光灯箱广告位设置、代言人张凯丽老师的广告画面，配合销售人员的话术和服务，不断地刺激消费者购买。最终带来门店业绩的整体提升！

足力健《极致服务七字咒》（图8）

由于老年人群体身体机能退化，试鞋等动作对部分老年人而言会存在一定的困难，普通的服务模式并不能完全满足老年人的需求。

为了让老年人感受到更加贴心和专业的服务，华与华设计了《极致服务七字咒》：问、拿、跪、摸、试、买、送，帮助足力健打造标准化服务体系。后来又根据《极致服务七字咒》的内容创作了《极致服务七字咒》歌曲，让七字咒更加好记好用。《极致服务七字咒》不仅是一个服务指南，更成了门店的一个重要销售道具。

门店持续改善（图9）

华与华为足力健进行了门店持续改善。通过店外引流6件套提升消费者的注意率和进店率，通过店内助销4件套促进消费者做出购买决策，提高转化率和客单价，最终提升门店整体的营业额。经过改善，足力健门店的注意率提升73.94%，进店率提升20.55%，成交数量提升27.37%，销售额从3615.43元提升到4272.07元，提升18.16%。通过本次持续改善，华与华为足力健摸索出了门店改造的方向，帮助足力健在单店盈利能力上获得了显著提升！

广告片

华与华为足力健创作了一系列广告片。根据产品及使用场景的区别，从老年人穿鞋难的痛点切入，引入具体的产品购买理由，再到老年消费者的使用体验证言和代言人张凯丽老师的推荐，不断强化"专业老人鞋"的品牌资产。

9

10   11

营销日历（10—11）

"品牌营销日历"就是在每年固定时间，重复同一主题活动，打造"品牌节日"。营销日历年年都要做，"驯养"消费者，培养消费习惯。

华与华基于老年人的生活习惯和消费场景，打造了足力健的"营销日历"。以"母亲节""父亲节""重阳节"和"春节"4大节日为核心，用4场活动，引爆销售。这4个节日，现在已经成为足力健一整年中销售额最高的4个时间段。

背景介绍

　　斯利安药业是中国叶酸品类制药企业，单一叶酸片市场占有率高达 85%。自 2010 年起，斯利安连续 6 年复合增长率超过 35%。但同时它也面临叶酸品类的市场渗透率高，未来发展疲软的困境，需要明确未来发展方向。华与华为斯利安提出"预防出生缺陷，保护孕婴健康"，打造"中国孕婴健康第一品牌"的企业战略。

产品结构（图 1）

　　按照"备孕期、孕初期、孕中期、孕后期、产后、哺乳期"六个阶段，为斯利安制定了五大产品结构，分别是：1. 孕妇药品、医疗器械；2. 孕妇保健品；3. 孕妇食品；4. 孕妇护理品；5. 其他孕婴相关产品及服务。

产品开发（图 2—6）

1. 斯利安叶酸片

　　创意"斯利安就是叶酸，预防出生缺陷的标准叶酸"购买理由，为斯利安打造拳头产品，确立了斯利安"孕婴专家"的专业形象。

2. 金斯利安多维片

　　创意"含 0.4mg 国际标准叶酸的复合维生素，专为中国准妈妈设计"购买理由，打造第二个金角产品，让斯利安进军孕婴保健品市场。

3. 斯利安钙片

　　创意"孕妇要用孕妇钙"购买理由；进行产品以及礼盒装的产品创意设计；打造银边产品，巩固斯利安在孕婴保健品市场的地位。

4. 花参子露抑菌洗剂

　　创意"花参子露抑菌洗剂"产品命名，确定"孕妇抑菌专用"购买理由，用购买理由对包装进行创意设计，这款产品帮助斯利安进驻孕婴洗护用品市场。

品牌谚语（图 7—8）

华与华洞察了孕妇的基本心理状态是因对未知的恐惧，产生焦虑和不安，需要确定性来让自己心安。由此我们得出斯利安的品牌价值关键词"心安"，"有斯利安，怀孕好心安"。

超级符号（图 9）

在创作斯利安的超级符号时，华与华希望用孕妇符号制造"孕妇效应"，并通过心形这一象征爱和新生命且与母婴品类高度相关的符号，对孕妇符号进行私有化改造，打造出"孕妇小红人"这一"心形身体的孕妇"的超级符号，具有独特性和自明性，是没有国界、全世界通用的符号。

7

8

9

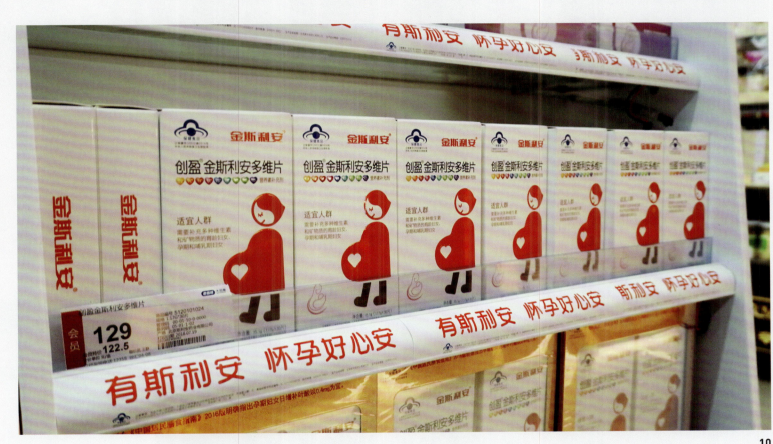

10

11

12

销售道具／助销系统（图 10—12）

坚持货架第一的终端自媒体建设，为斯利安设计孕妇健康专柜、端架货架、收银台小货架、堆码货架。并对货架媒体进行再开发，设计货架贴、货架插牌、爆炸贴、跳跳卡等物料。

改善机关（图 13—15）

　　"药店终端"的品牌传播对斯利安来说至关重要。华与华根据销量对终端进行分级，分为旗舰店、强化店、基础店三个级别；寻找最有效的物料，列出斯利安药店物料清单，分为必备清单和自选清单；并且设计了孕婴专柜。

斯利安品牌升级发布会（图 16）

"西普会"展会（图 17—18）

13

14

15

17

18

16

广告片（19）

准备怀孕了，吃叶酸了吗？应该说吃斯利安了吗？斯利安就是叶酸，预防出生缺陷的标准叶酸，零点四毫克，国际标准，有斯利安，怀孕好心安，斯利安。

背景介绍

　　先锋电器创立于 1993 年，是国内老牌的电器品牌。2017 年，先锋找到华与华，希望通过品牌升级提升品牌影响力和销售。华与华的战略起手势，是帮助先锋建立品牌资产。因为先锋的产品主要是取暖器和电风扇，季节性的消费属性比较强，首先就需要统一的口号、符号来统领品牌战略。

超级符号 / 品牌纹样（图 1—4）

　　华与华找到北极熊的文化母体，创意出了"先锋熊"，成为先锋的品牌资产。北极熊是人人都认识、熟悉和喜欢的符号，更重要的是，它代表冬天，消费者一看到它就形成刺激反射，感到"冷"，需要取暖。到了夏天，先锋熊穿上短裤，一看就清凉！通过一个符号，解决品类认知和传播问题，并用箭头纹作为超级花边，带来视觉强制性。

品牌谚语（图 5）

　　华与华创作广告语的最高标准：一句广告语，能用一百年。华与华为先锋创意了品牌谚语：今年取暖用先锋，全屋热透分分钟。通过"今年"来唤醒消费者，创造新的流行，每一年都是"今年"；"全屋热透"传递购买理由，刺激消费者购买；"分分钟"则是口语，让人读了就忘不了，还能帮助传播！

产品广告（图 6）

　　先锋夏天的产品主要是电风扇，结合先锋电风扇"双层风叶"的专利技术，华与华创意"双层风叶双层风，风扇升级用先锋"产品广告语。

销售物料（图 7—12）

　　决胜在终端。华与华将全新的符号和话语系统投入终端，建立压倒性优势，打造先锋超级终端。

包装系统（图 13—15）

　　产品即媒体，包装即信息，包装不只是印上产品参数，更是一个购买理由的集合包！把包装当详情页来设计，做到事无巨细，提供尽可能多的信息。

7

8

12

9

10

11

13

14

15

展会设计（图 16—19）

把展会当超级符号道场来设计！整个展会都是超级符号和品牌颜色的主场，给人强力的刺激反射，一看就"热"。

16

17

18

19

广告片（图20）

电视广告就是"耍把戏"，是产品演出。华与华设计了先锋电器的广告片。

今年取暖用先锋，全屋热透分分钟，

先锋热浪取暖器，全屋热透分分钟。

今年取暖用先锋，全屋热透分分钟。

先锋热浪取暖器，还能烘衣服哟。

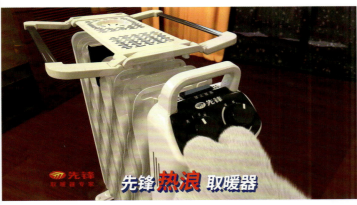

背景介绍

　　重庆江小白酒业有限公司是一家集高粱育种、生态农业种植、技术研发、酿造蒸馏、分装生产、品牌管理、市场销售、现代物流和电子商务为一体，拥有完整产业链布局的综合性酒业公司。

　　原来的江小白包装缺乏符号性，除了特殊的瓶型，其他包装元素难以唤起消费者对品牌的统一识别。华与华通过蓝白格子花边来制造视觉上的占位，既给消费者一个符号记忆点，降低消费者对品牌的识别成本，同时也能获得在货架上的陈列优势。

超级符号

　　开发产品超级符号，"撕成碎片也能认出你"。

　　基于使用场景，瓶盖既是消费者打开酒瓶时首先接触的材料，也是在酒桌上最容易被丢弃的材料。不管被扔在哪里，甚至被踩扁，其蓝白格子的符号依旧醒目，即使是碎片也依旧能够被识别。

包装系统

　　江小白的最大特点就是"单纯高粱酒"，放大"纯"字，让消费者一眼看到产品特征。

背景介绍

　　赛普健身教练培训基地是中国首家上市的健身教练培训学校，是华与华首次涉足健身培训领域。

战略方向（图 1—6）

用华与华方法帮助赛普构建了三大品牌资产：

1. 嫁接健身动作，设计超级校徽；
2. 创作"0 基础，到赛普，赛普健身教练培训基地"的超级话语；
3. 创作超级角色"牛教练"。

1

2

3

4

5

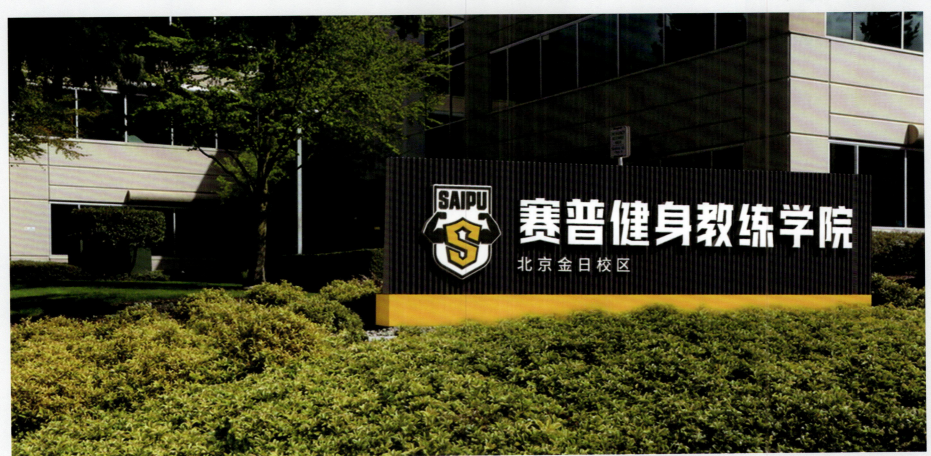

6

背景介绍

2018 年，我国实行了被称为"史上最严"的奶粉新政，对奶粉配方的管理由备案制改为注册制。这一年，原食药监总局共批准了 148 家工厂的 1138 个婴幼儿配方乳粉产品配方，与注册制实施前市场上 2700 余个配方存量相比，锐减了千余个。晨冠找到我们的时候，只有两个月的时间，时间非常紧迫，且只有一次申请注册的机会，市面上没有成功的样本可以参照，如果不合格，晨冠就会被淘汰出局。企业处在生死边缘，把所有的赌注都压在了华与华身上。对于晨冠这样一个没有资源、没有品牌资产的企业来说，不是奇迹就是死亡！

品牌角色（图 1—2）

新出台的国家婴幼儿配方奶粉注册制对产品标签进行了严格的规定。第一是不能放大品牌名称，大大减少了品牌露出的机会。并且晨冠不像大品牌，即使品牌不能露出，也能靠广告的投放去弥补，它没有任何资源去做广告投放。同时，它和贝因美一样，基本没有任何可以利用的品牌资产，所以本质是创造能被人第一眼识别、受人喜爱、极具沟通力的形象，因此找到了体现健康和身体强壮的形象——小老虎，并进行私有化组合，设计出了"皇冠虎"的形象。

1

2

3

4

5

6

7

包装设计（图 3—6）

该款包装设计就是要在资源有限的情况下，为客户建立品牌资产。充分利用晨冠奶粉最大的传播媒体——包装，运用包装的媒体来进行品牌营销的一切工作。我们要在符合配方注册制新规的基础上，为聪尔壮建立品牌资产。

品牌谚语（图 7）

"宝宝聪尔壮，全家都兴旺！"这就是真真实实的消费者的消费心理——家业兴盛，人丁兴旺。

终端陈列（图 8—13）

店面是剧场，超级货架要营造销售氛围：卖货！卖货！卖货！

大——大创意就是做到最大；

高——占领制高点，第一眼被发现；

少——内容集中、突出核心，只说一句话；

场景——营造终端销售氛围。

背景介绍

2016 年 1 月，氪空间从 36 氪母公司拆分出来独立运营，转型为以联合办公为载体的企业服务平台。依托于 36 氪完善的创业生态平台，创新联合空间、联合服务、联合社群三位一体的全周期联合办公模式，为中小团队定制办公场景。

空间产品体系包括能容纳不同人数的独立办公间、移动办公桌、开放工作区等，同时为入驻企业提供覆盖企业生命周期的企业级服务和覆盖员工生活轨迹的个人级服务，全方位推动入驻企业发展。

截至 2018 年 4 月，氪空间在全国 10 座城市拥有 40 个联合办公场所，分布在北京、上海、广州、杭州、南京、武汉、天津、苏州、成都、厦门等城市。

氪空间的管理面积已接近 20 万平方米，提供超过 30000 个工位，有 2000 多家中小微企业在氪空间办公，真正成为中国的联合办公领头羊。

2018 年 5 月 26 日，中国联合办公标杆企业——氪空间，发布了华与华为其设计的全新品牌符号和品牌口号。

品牌标志（图 1—2）

氪空间的超级符号，本身是一个黄色的路牌，黄底黑字。黄色路牌在交通标志中的含义是警示色，相对于蓝色路牌，在实际应用的过程中更加醒目。

坐着的办公小人，参考的是公共标志的排列方式，显示氪空间所处的行业和特性。标注"联合办公"，明确传达氪空间是做联合办公，与传统写字楼办公有所区分。在联合办公还没有全民普及，市场还需要教育的时候，明确自己是卖什么的再重要不过了。

品牌命名（图 3—4）

根据氪空间围绕商圈拿物业并形成组团的打法，在命名上华与华也使用了降低营销传播成本的一级命名体系，就是"核心地标＋氪空间"，比如静安寺氪空间、陆家嘴氪空间等。把商圈位置标注在前面做区分，以氪空间品牌名称为主，统一所有空间的命名，不断重复形成规模感。

品牌谚语（图 5）

华与华发现，客户租办公室，都是先看位置。说到位置的超级词语，就是商圈。因为有了商圈，就有了一切配套，比如地段、交通、生活等。

氪空间的产品开发战略也是以商圈为主，可以从产品战略一直贯穿到品牌口号。但只有商圈，还称不上超级词语，再超级一点就是"全城商圈"，这能够体现出氪空间的规模和氪空间的购买理由——全城商圈任你选。

"氪"是个生僻字，考虑很多人不熟悉，为了降低"氪"的传播成本，就在"氪"字上面标注了拼音。然后根据前面的品牌超级符号——路牌，做了口号的标板应用，从符号到产品开发到口号，一以贯之。

广告系统（图 6—10）

确定符号和口号后，氪空间在高铁、电梯、商圈等场合开启广告投放。

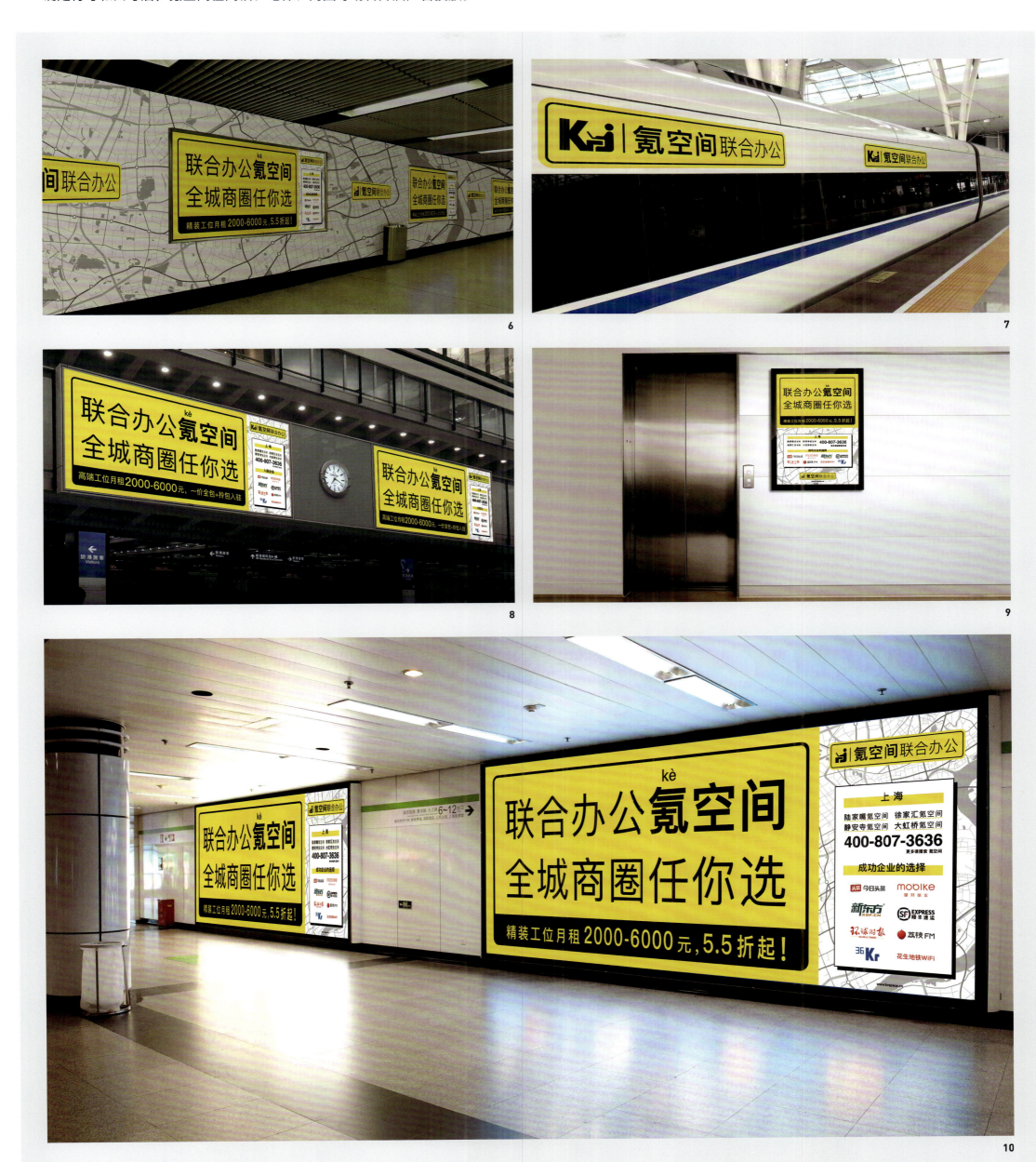

元媒体开发（图 11—16）

　　简单来说，元媒体就是我们自己身上的、不花钱就可以使用的媒体。氪空间每一位员工、每一次参展、每一次促销礼赠，都是一次元媒体传播的机会，也是建立流量主权的最佳媒介，将氪空间每一个主体与消费者接触的点都变成一个媒体。

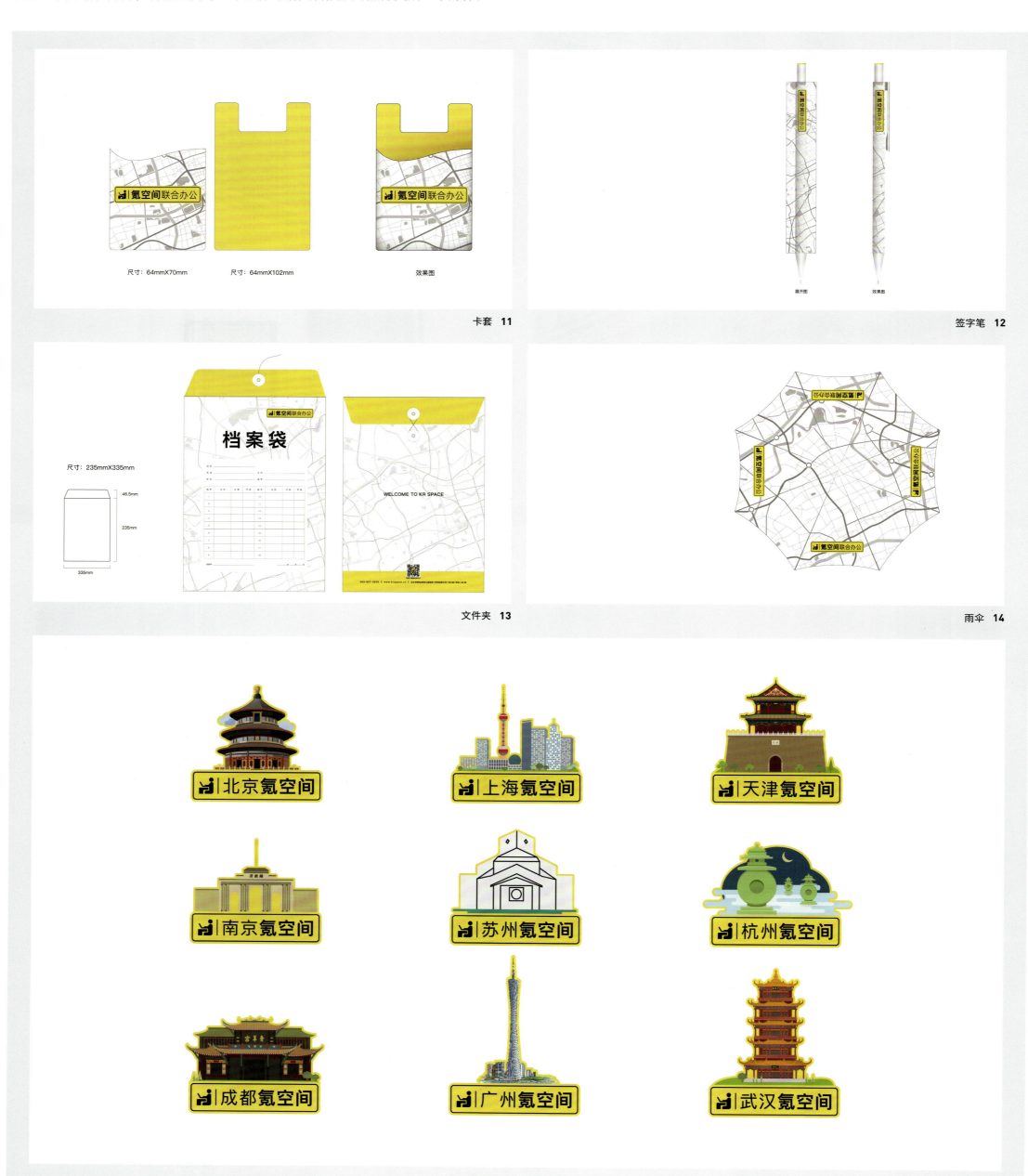

尺寸：64mmX70mm　　尺寸：64mmX102mm　　效果图

卡套　11

展开图　　效果图

签字笔　12

尺寸：235mmX335mm

档案袋

WELCOME TO KR SPACE

文件夹　13

雨伞　14

北京氪空间　　上海氪空间　　天津氪空间

南京氪空间　　苏州氪空间　　杭州氪空间

成都氪空间　　广州氪空间　　武汉氪空间

logo 贴纸　15

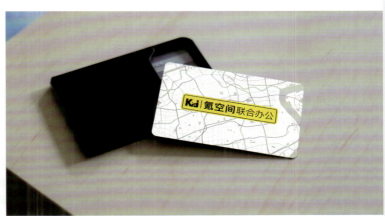

背景介绍（图 1）

三品王是广西米粉连锁第一品牌。三品王主营贵州牛肉粉，在广西做到了市场规模第一。从一开始，三品王就对标麦当劳，狠抓 QSCV，在广西形成了绝对的优势，如今已经开到广州和深圳，向全国牛肉粉第一品牌进发。

产品开发

1. 产品科学：所有牛肉粉都采用牛肉熬制的原汤。
2. 产品结构：拳头产品是原汤牛肉粉；同时兼具广西各地特色米粉，形成完整的米粉产品结构。
3. 产品工业设计：重新设计三品王的碗，将超级花边应用在碗上，实现了品牌符号和产品餐具的完美结合。

品牌谚语（图 2）

每天都吃三品王，每次都把汤喝光。

品牌纹样（图 3）

同样从品牌的戏剧性出发，把"三"延长，在门头上形成强势的战略花边，让门店在街道上脱颖而出。

1

2

3

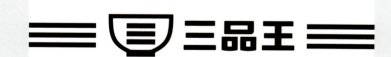

4

5

品牌角色（图 4）

发挥三品王产品的戏剧性，打造"三牛哥"的超级形象。三牛哥手拿筷子，头顶碗，两个牛角上翘，造型源自北欧维京海盗。配合炯炯有神的双眼，一出现就获得了客户的赞赏和消费者的喜爱。

品牌标志（图 5）

把极具餐饮行业属性的"碗"，结合三品王与生俱来的戏剧性"三"，打造出三品王超级符号：占三为王。

店招系统（图6）

三品王超级店招，品牌名顶天立地，超级花边具备视觉强制性，让品牌在街道上脱颖而出，吸引顾客眼球。新门店设计落地后，门店销售额普遍增长30%。

除了超级店招，门店整个外立面都是品牌的自媒体。把整个外立面当成大菜单，通过食欲感吸引顾客，打出价格，降低顾客决策成本。让灯箱发光，提高夜间和顾客的沟通效率，让门店获客成本降到最低。

门店设计（图7）

门店内部空间、座位排布、墙画、灯具，以及点餐台菜单、服务员服装体系，都由华与华整体设计。让门店从内到外焕然一新。

6

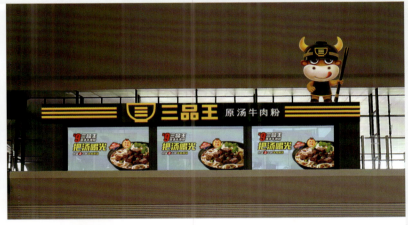

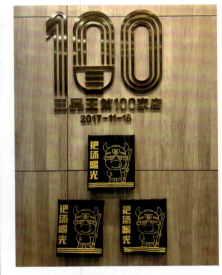

7

菜单设计（图8）

　　重新梳理产品结构、产品命名，重新梳理顾客的选择逻辑。将原汤牛肉粉系列作为拳头产品来打造，给顾客购买理由、购买指令、购买指南。

招牌原汤系列

100%新西兰进口牛肉

秘制原汤牛肉粉
套餐 ¥**13.5**　单点 ¥**9**

超级原汤牛肉粉
套餐 ¥**15.5**　单点 ¥**11**　**1.5倍牛肉**

本店王牌

老坛酸菜牛肉粉
套餐 ¥**15.5**　单点 ¥**11**　老坛酸菜 酸爽开胃

人气推荐

牛五福原汤牛肉粉
套餐 ¥**17**　单点 ¥**12.5**

番茄牛肉粉
套餐 ¥**15.5**　单点 ¥**11**

牛三宝原汤牛肉粉
套餐 ¥**19.5**　单点 ¥**15**

超值套餐

包含：

① 任意米粉

② 大杯饮料　**3选1**
1. 冰爽绿豆沙　2. 鲜磨豆浆　3. 酸梅汤

③ 1.5元配菜　**5选1**
1. 白灼青菜　2. 卤蛋　3. 白灼豆芽
4. 卤豆干　5. 油果

立省1元

地方特色系列

5小时厚味螺蛳粉
套餐 ¥**12**　单点 ¥**7.5**　熬足5h

双拼卤菜粉
套餐 ¥**12**　单点 ¥**7.5**

卤菜干捞粉
套餐 ¥**12**　单点 ¥**7.5**

特色饮品

中杯 ¥**3** ｜ 大杯 ¥**4** ｜ 超大杯 ¥**5**

No.1 销量冠军

冰爽绿豆沙

鲜磨豆浆

明星特饮

酸梅汤

必点小吃

牛肉肉夹馍
¥**8**　**新品推荐**

煎蛋
¥**2**

鸭掌
¥**2.5**

卤牛肉 **必点**　卤牛肚/卤牛腱
卤牛筋/卤牛舌/脆皮
¥**5**　**No.1 销量冠军**

白灼青菜/卤蛋
白灼豆芽/卤豆干/油果
¥**1.5**

8

206

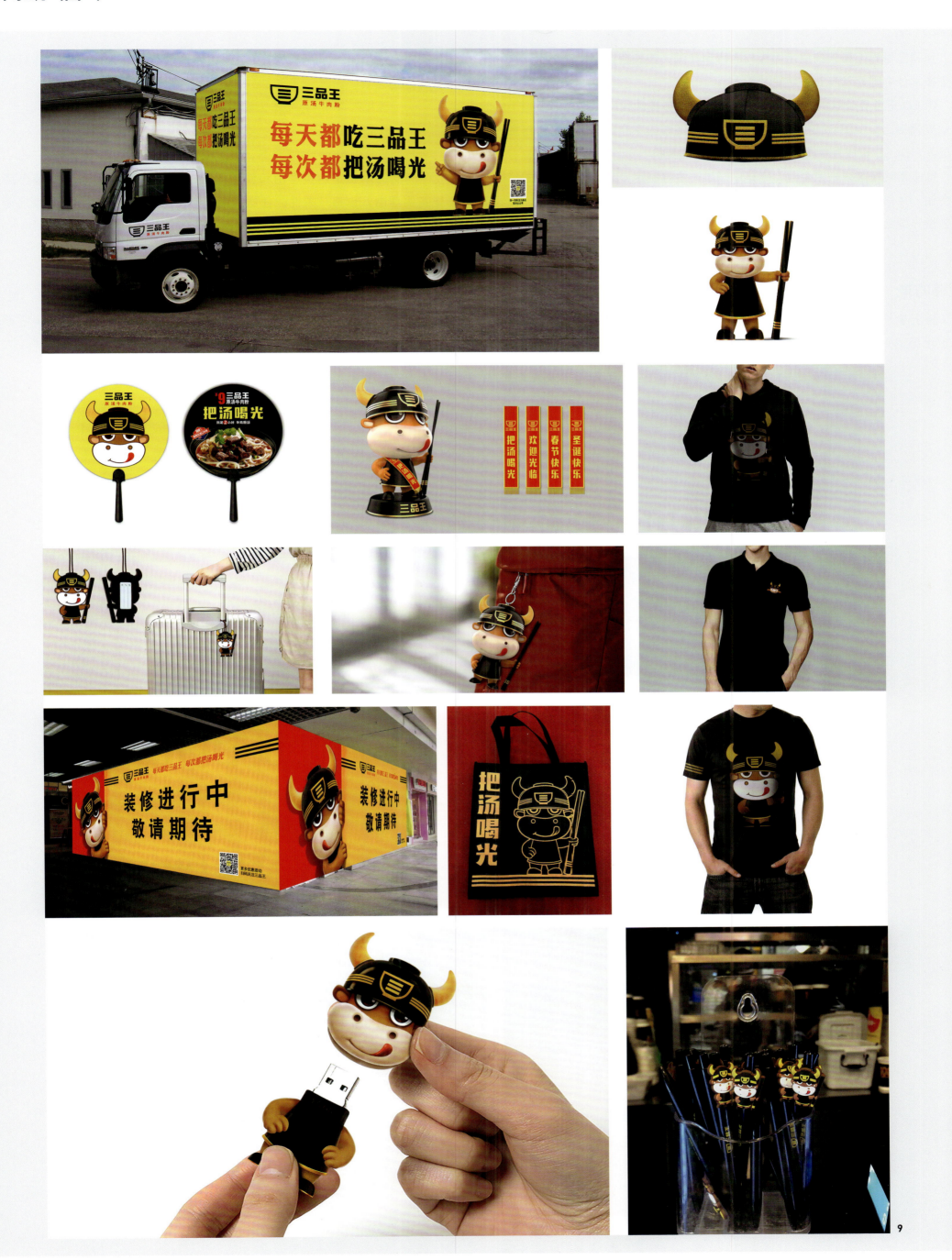

背景介绍

　　我国是世界上最大的显示面板与芯片消费国，但长期以来，缺芯少屏、缺乏自主技术让中国显示产业长期受制于人。

　　OLED 是世界公认的"下一代显示技术"，与其他国家少则百亿多则千亿的产业规模相比，中国 OLED 产业差距明显，但随着国家产业政策及企业自主的创新投入，OLED 正成为中国显示企业弯道超车的契机。

　　维信诺就是这样一家企业，它是中国唯一主导制定 OLED 柔性显示国际标准的企业，凭借 OLED 技术创新和产业化实践，推动中国 OLED 产业发展，代表中国在世界舞台发声。

战略方向

　　基于华与华方法"企业社会价值论"三个层次——拳头产品、权威专家、梦想化身的逻辑，华与华重新命名维信诺的拳头产品 Amoled- 柔性 OLED 显示屏——维信诺·柔性屏，并将企业核心价值点提炼为"制定柔性显示国际标准的中国企业"。

　　拳头产品——维信诺·柔性屏

　　权威专家——维信诺：制定柔性显示国际标准的中国企业

　　梦想化身——拓展视界，提升人类视觉享受

　　产品的本质是购买理由和使用体验，"维信诺·柔性屏"既是产品命名又是购买理由，也将"柔性、任意折叠"的使用体验嵌入其中，为维信诺"重新开发"全球首款任意折叠屏，用拳头产品代言企业。

品牌标志（图 1—7）

　　以维信诺·柔性屏的产品特性——任意折叠为创意出发点，将英文名 Visionox 首字母"V"做立体化折叠设计，辅以多色渐变处理，从色彩到造型体现品牌核心特点。

品牌角色（图 8—10）

从产品特性——柔性出发，挖掘产品本身的特性与戏剧性，为维信诺创意设计"柔性屏卡通小人"——小 V。

产品即品牌角色，最大化代言产品、呈现产品特色。角色营销——创造品牌的角色感和产品的戏剧性，让品牌有可积累的基础，让每一分投资都能形成资产！发掘与客户接触的每一个环节，创造品牌的角色感和产品的戏剧化体验！

凭借具体的形象，打造品牌超级代言人，极大降低品牌传播的成本，让品牌依托符号爆发出巨大的能量！

华杉先生曾说："一个成功的品牌角色 IP，能奠定一个品牌的品牌资产，能成为一个品牌的超级代言人，能现在顶 1 亿广告费，将来顶 10 亿广告费！"

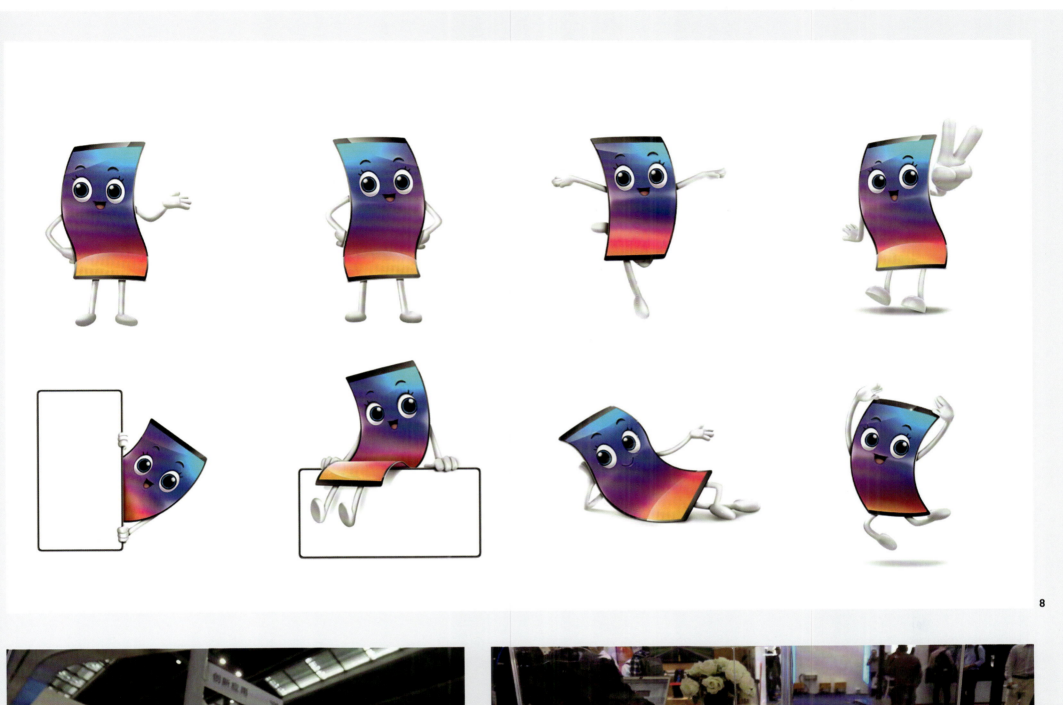

8

9

10

背景介绍（图1）

华与华自 2017 年至 2018 年担任拉卡拉集团全案策略顾问公司，同时服务拉卡拉总部、拉卡拉支付、拉卡拉金融三家公司。服务两年期间的主要出街成果包括：

1. 创意设计超级符号"招财考拉"
2. 为拉卡拉支付集团创意品牌谚语"不管付钱用什么，收钱都用拉卡拉"
3. 翻新支付系列产品——拉卡拉全能收钱码、拉卡拉收钱宝盒

超级符号（图2）

华与华创作超级符号不是开发符号，而是寻找符号；不是创造新符号，而是继承发扬旧符号。华与华通过企业寻宝，发现拉卡拉原有的品牌吉祥物考拉形象，通过手机刷卡器、app 等产品，至少为 1 亿用户所熟悉！

并且考拉是全球人人都认识、喜爱的动物形象，天然就很讨喜。用考拉的形象，一下子就把原本冰冷有距离的互联网金融公司和消费者的距离拉近了！

找到考拉形象还不够，还要进行私有化改造，为拉卡拉所用。华与华又找到一目了然、代表金融的文化符号——铜钱，将人类 5000 年文明的核心梦想和重大关切符号化到品牌上，打造了双手拉着铜钱耳朵的拉卡拉品牌形象"招财考拉"。

品牌谚语（图3）

整个生意的链条，就是从支付一直链接到金融。在推广支付业务时，相当于也在推金融。

拉卡拉的支付业务是拉卡拉整个集团业务的流量入口，并且支付产品广告没有那么多监管限制和政策，所以华与华选择以支付业务作为整个集团推广的切入口。

华与华创意设计了拉卡拉支付业务的品牌谚语，"不管付钱用什么，收钱都用拉卡拉"。助力拉卡拉避开与支付端微信、支付宝的竞争，牢牢占领收款受理端，牢牢夯实拉卡拉在收单服务市场份额第二的地位。

全面媒体化（4）

将拉卡拉的超级符号招财考拉应用在全线支付产品上，积累品牌资产，并用拳头产品投资"收钱都用拉卡拉"这一品牌价值。

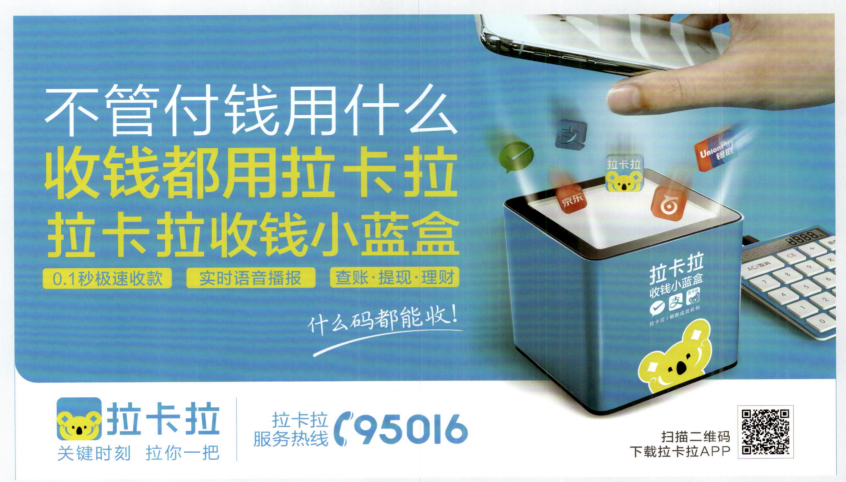

背景介绍

立高是中国烘焙原辅料供应商。2015 年，立高与奥昆、美煌（昊道）两家公司战略组成立高食品股份有限公司，形成了集烘焙原辅料、冷冻半成品、烘焙酱料于一体的全产业链供应商。

业务扩大的同时，公司面临一个问题：虽然 3 家公司同时做烘焙店生意，但未能形成合力。3 家分公司各自有品牌视觉系统，6 大业务也有各自投放的重点，并且 20 多个品牌产品的包装设计风格各异。这就使得所有的投资难以聚焦，耗费着巨大的营销成本，同时又难以形成品牌资产。

品牌标志（图 1）

在圆体字体基础上，将"立""高"两字的起笔做出"奶油"特征，让人产生强烈的食欲；色彩上，采用纯净的蓝色，让人联想到食品的新鲜品质。

同时，采用"立高＋子品牌"的形式统一旗下所有品牌，既能保留原有品牌资产，又可以一眼识别与立高的母子品牌关系，互为借力。

产品开发罗盘（图 2）

运用"铁打的符号，流水的产品"的华与华方法，提出"产品品牌化"的产品开发方法论，将原料产品和应用产品打通，运用数字排列组合的方式，形成无数系列，并从消费现场往后推，洞察购买理由，再进行产品的创意开发设计，形成立高的产品矩阵，用符号创造流行，不断落实"款款都畅销"这一战略口号。

品牌谚语（图 3）

1. 烘焙找立高，款款都畅销。
2. 饮品要升级，就用新仙尼。
3. 开心就要表情逗。

品牌纹样（图 4）

作为国内烘焙行业知名品牌，"立高蓝"在烘焙店和经销商中具有极高的品牌辨识度。因此，在设计中保留了立高原有标志中的"蓝色"。结合立高原有的品牌色——蓝色，华与华创作了专属于立高的条纹，并将其命名为"立高蓝条纹"。

航机杂志（图5）

　　立高压倒性地投放了3大航空航机杂志广告，成为烘焙业首次投放航空杂志的品牌，为品牌建立势能。

5

包装系统（图6）

通过对蓝条纹的压倒性投入，创造蓝条纹的最大重复，提高蓝条纹在终端的露出频次，从而引起客户对立高的强烈注意，建立其对立高的品牌关注度和认知。

对立高来说，经销商的仓库就是货架，产品包装就是最大的媒体。3家公司，20多个品牌，上百个产品，全部铺上蓝条纹，一眼望去，整个仓库都是立高的产品。

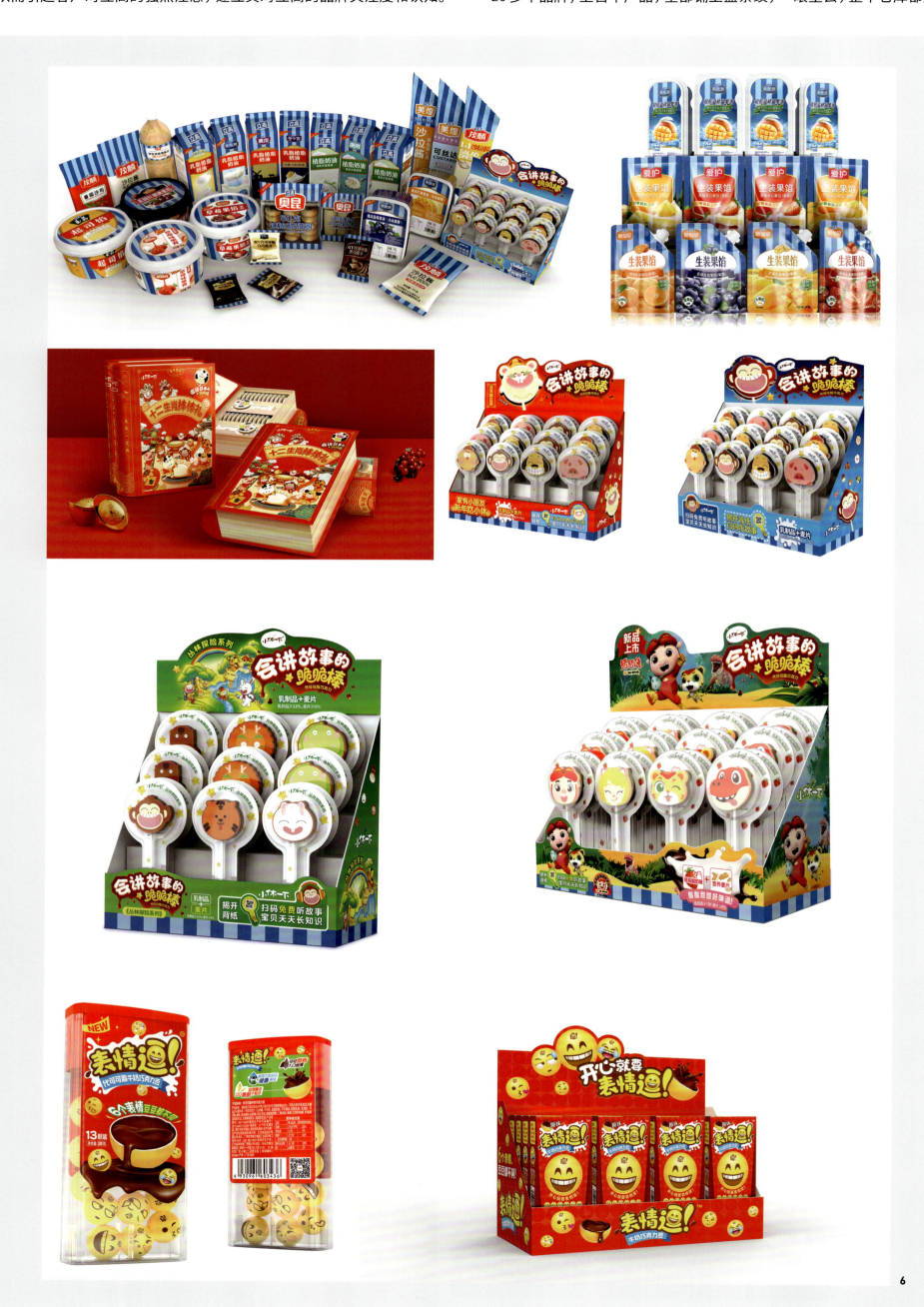

行业展会（图 7）

　　2019 年 5 月上海国际烘焙展，华与华为立高设计的超级展位强势亮相，以一条蓝条纹贯穿始终，将展会现场变主场，让立高在众多展位中脱颖而出。从上海烘焙展再到广州烘焙展，从春季烘焙展到秋季烘焙展，立高始终坚持投资一个蓝条纹，重复投资一个蓝条纹。立高蓝条纹，是管用 100 年的品牌资产！

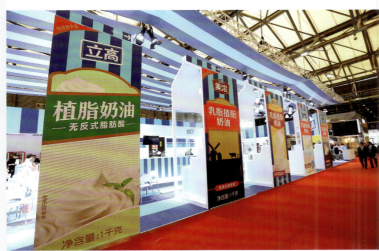

展会户外广告（图 8）

压倒性广告投放，提升品牌位势。

超级广告牌，铺满蓝条纹，发挥蓝条纹几何纹样的视觉强制性，建立货架优势，让人一眼就发现。

渠道会议（图 9）

立高烘焙百家讲坛

为下游企业提供品牌营销咨询服务，建立江湖地位。

话语体系（图 10）

1. 有芝有味美芝芝。
2. 儿时味道，多点芝士。
3. 开心就要表情逗。
4. 会讲故事的脆脆棒。
5. 饿得发慌，来块小方。
6. 奶油好不好，先看配料表。
7. 绵绵奶油心，一咬爆出心。

品牌角色（图 11）

为凸显乳酪奶油的芝士风味特性，将"奶牛"与"芝士"相结合，创作了"三角芝士牛"的品牌角色。

10

11

背景介绍

　　读客文化是中国书业品牌影响力领先、营销模式领先、生产方式领先的专业出版机构。自 2006 年创立以来，读客以"激发个人成长"为使命，不断创造书业奇迹，连续推出《藏地密码》《岛上书店》《无声告白》《教父》《巨人的陨落》《丝绸之路》等超级畅销书。

　　2021 年 7 月 19 日，读客文化股份有限公司（股票代码 301025）正式在深交所创业板敲钟上市，这标志着读客文化成功登陆 A 股资本市场，即将迎来一个发展的新纪元。

品牌纹样（图 1—3）

　　用黑白格作为品牌纹样，统一所有图书的书脊和终端陈列，让读者在书店一眼就看到读客出版的图书。

1

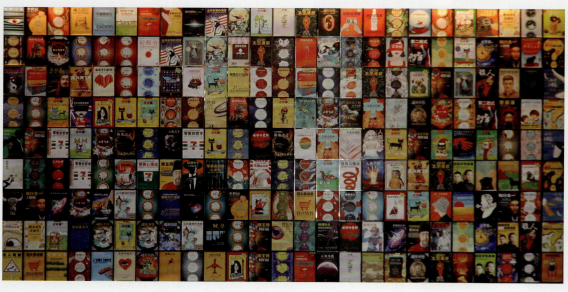

2

3

原创作品开发（图4—17）

连续出版《藏地密码》《半小时漫画中国史》《知行合一王阳明》等百万册级超级畅销书。《中国企业家》《中国经济周刊》《21世纪商业评论》《中国经营报》《新京报》《福布斯》等著名财经媒体专题报道"读客现象"，读客文化的影响力超越了传统书业，不断创造畅销奇迹！华与华创始人之一华楠先生，将华与华方法引入出版界，并提出"要像卖牙膏一样卖书"。将书的封面设计，当成包装设计来做。

1.《藏地密码》

原名《最后的神庙》。设计包装就是设计购买理由，设计书籍封面，也是设计购买理由。"藏地密码"这个名字，找到了西藏相关的文化母体，体现它是一部关于西藏的百科全书式小说，书名＋产品价值，就是向读者发出了最热情直接的购买邀请。我们在藏族服饰中得到灵感，发掘出一个既能一下子吸引眼球，又能表达产品价值的核心符号——藏族彩条，作为图书封面元素。藏族彩条符号携

带着单纯强大的意义，冲击人们的眼球，这本书在引起人们注意的同时，也强化了自己的价值。在全国各地的终端长期将《藏地密码》打堆陈列，将货架打造成传播媒体。

　　要想赚得快，《藏地密码》摊开卖；

　　要想发大财，《藏地密码》摆一排！

这是读客给终端书店的"赚钱指令"，也是《藏地密码》的陈列标准。如今已经成为终端书店口口相传的销售顺口溜；将终端陈列的媒体效应最大化。

2."半小时漫画"系列

"半小时漫画"是一个致力于用漫画普及通识教育的国民级品牌，问世至今已受到数千万中国读者的欢迎。读客选用漫画小人组成五角星、圆形、三角形等负形，作为提供稳定价值的符号系统。

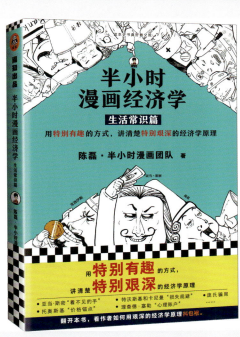

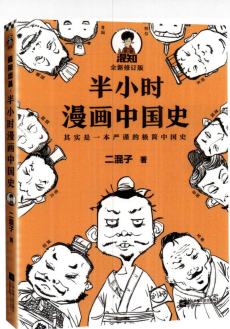

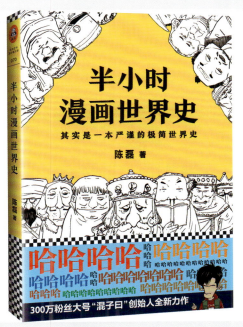

3."知行合一王阳明"系列

通过讲述王阳明的辉煌传奇,为读者剖析知行合一的无边威力。这是一本深入解读知行合一及其创始人王阳明的通俗全传。因此在封面上读客选用了王阳明的头像作为超级符号,并放到最大。

全球版权书（图18—24）

2010年到2016年,读客开始进入全球版权市场。通过对封面的设计和购买理由的设计,读客成了全球版权市场的大玩家。商品即信息,包装即媒体,封面做对了,产品自己就会说话,放上货架就开卖。

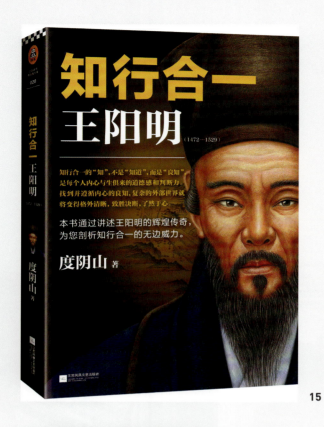

15

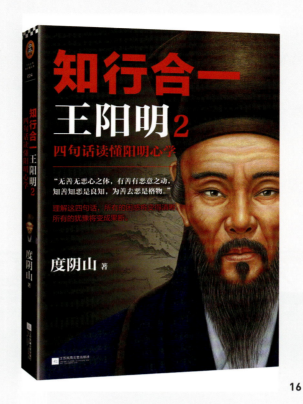

16

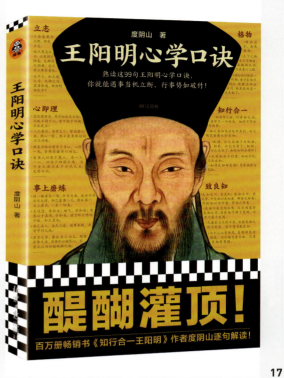

17

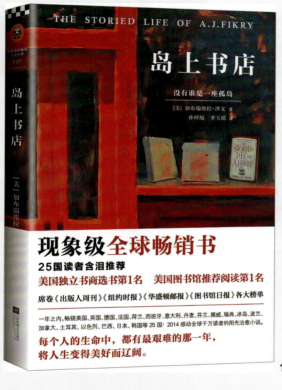

18

19

20

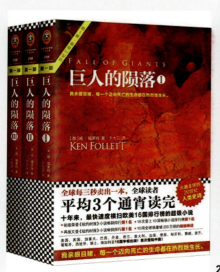

21

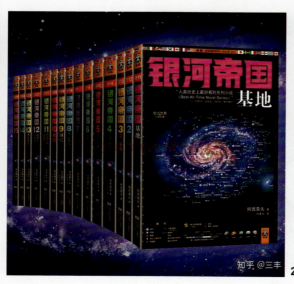

22

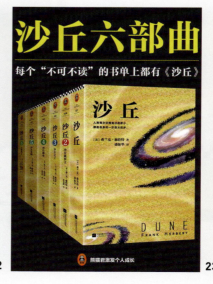

23

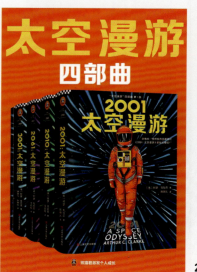

24

公版书（图 25）

做公版书，往往都会变成打价格战，于是我们找到了一个新的方式，就是用超级符号做公版书。因此形成了读客"三个圈"系列，打造出购买理由：经典就读三个圈，导读解读样样全。

第一个圈：书名、作者、作者签名

第二个圈：这本书在文学史上的地位和价值，读者只需读几十本"三个圈"的中间圈，就等于读了一部浓缩文学史。

第三个圈：购买理由。

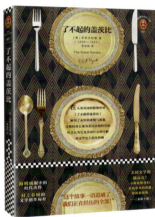

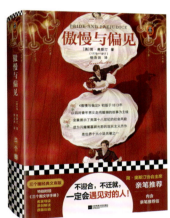

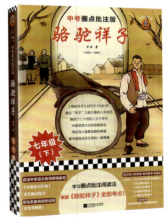

品牌角色（图 26—29）

　　读客文化旗下拥有 3 个文化界超级 IP：书单来了、影单来了和读客熊猫君。2017 年，华与华为兄弟公司读客文化成功创作了品牌角色：书单狗、影单猫和熊猫君，被粉丝们戏称为"读客三宝"。

1. 书单狗

口头禅：如果你不知道读什么书，关注书单狗就对了！

职业：每天为 500 万粉丝推荐书单狗牌书单！

愿望：接管你下半生的全部阅读计划。

爱好：看书！写书单！影单猫！

2. 影单猫

口头禅：如果你不知道看什么电影，关注影单猫就对了！

职业：除了吃饭睡觉就是看电影。

愿望：在被烂片砸晕后发誓要把看过的好片——挑出来，推荐给你！

爱好：看电影！

3. 熊猫君

口头禅：熊猫君只推能激发个人成长的好书！

职业：每晚推一本好书。

愿望：每天用好书伴你成长！

爱好：推好书！

读客三活宝

26

书单来了（微信号：shudanlaile）

如果你不知道读什么书
就关注「书单来了」

如果你不知道读什么书，关注书单狗就对了

书单狗将接管你下半生的全部阅读计划。书单狗每天为500万粉丝推荐书单狗牌书单，看过你就会爱上我。

扫码关注书单来了

27

影单来了（微信号：yingdanlaile）

如果你不知道看什么电影
就关注「影单来了」

扫码关注影单来了

如果你不知道看什么电影，关注影单猫就对了

如果你不知道看什么电影，关注我就对了。到了这里，你的余生将告别"烂片"两个字。影单猫这辈子除了吃饭睡觉就是看电影，在被烂片砸晕后发誓要把看过的好片——挑出来，推荐给你。

28

读客熊猫君

（微信号：maishukuangmo）

每晚一本好书，激发个人成长。

扫码关注熊猫君

每晚一本好书，激发个人成长

熊猫君只推能激发个人成长的好书！只有当一本书提供了精神成长、知识结构成长、工作技能成长中的某一价值，才会被推荐！每晚9点用好书伴你成长，不见不散。

29

公关活动（图30—32）

上海书展上的读客展位。

30

31

32

背景介绍（图1）

华与华为美业直营连锁品牌"奈瑞儿"建立"超级美养院"的全新品类，摆脱同质化！

以超级符号为起手式统领集团业务，打造独家"7年美养法"、O2O服务模式，4年奠定美业首席知识官地位。策划举办奈瑞儿超级美养师大赛，打造销冠教材化栏目《冠军说》，降低内部交易成本，推动品牌快速发展！

1. 提出3.0时代转型——超级美养院

确立"让变美少走弯路"的使命，实现三美一体化转型。

2. 提出奈瑞儿医美顶层设计

确立"奈瑞儿会员制医疗"，设计顾客决策的营销循环。

3. 提出奈瑞儿美养院顶层设计

形成美养院话语体系，成为美业入行第1站与美容行业的商学院。

事业理论

《中国妇联报告（2017）》显示，中国女性就业比例超70%，居亚洲首位。但所有年龄段女性平均每人面临着4个以上亚健康问题。行业现状就是小散凌乱

蚂蚁军团，缺少龙头品牌为行业树立标准。奈瑞儿联合多方权威团队，与四川省中医药科学院合作，与临床推拿执业中医师专家团共同建立女性保养的有效科学，让女性变美变健康少走弯路。

产品科学

对症进行体质调理，为女性顾客提供一站式健康美丽调理的超级美养院。

产品结构

超级美养院是经营美丽和健康调理知识与人才的机构，奈瑞儿与四川省中医药科学院共同成立了女性亚健康管理中心，自建奈瑞儿美养院，培养美养师和健康调理师，致力用专业人才为中国女性提供更专业的健康调理服务。以女性美颜美养、痛症调理为主营产品。

产品命名（图2—3）

超级美养院的王牌调理服务：美颜美养、痛症调理。

品牌谚语

超级美养院，更美更健康。

话语体系（图4）

"奈瑞儿美颜美养、痛症调理""奈瑞儿会员制医疗""奈瑞儿会员制中医诊所"三大业务板块，专家量身打造客制化服务，全方位满足美丽和健康的需求。

不同需求，一站搞定！不用到处办卡，也不用到处找卡！奈瑞儿超级美养院，一站式健康美丽调理服务！

奈瑞儿超级美养院，全国200＋机构售后保障，服务不满意退全款！

品牌标志（图 5）

占领一个行业公共符号，降低奈瑞儿的品牌营销成本，大大提升被发现的概率。超级符号是品牌资产的储钱罐和价值镰刀，统一奈瑞儿生美和医美两个品牌。

电商页面设计（图 6）

所有的行业都是咨询业，营销就是信息服务，通过一本不推销的菜单，摆脱行业价格战和强销乱象，奈瑞儿的菜单帮助美养师更好地为顾客提供资讯。

品牌营销日历（图 7）

通过寄生在换季护肤的文化母体上，逐步建立奈瑞儿的营销日历。

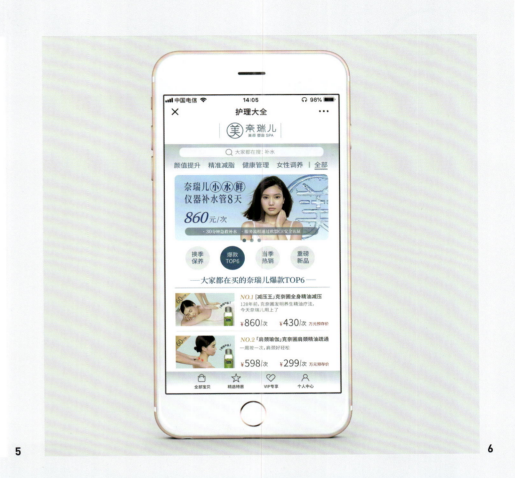

自媒体系统（图8）

　　打造奈瑞儿的四大自媒体系统，从形象系统、办公系统、体验系统、包装系统开展更新工程，实现了奈瑞儿品牌形象的全面升级。用超级符号思维，管理好品牌每一个接触点，"美"字标也成为员工乐于使用的超级符号。

帆布袋　　　　　　　　　　　感谢卡　　　　　　　　　　　火漆印

记事本　　　　　　　　　　　　　　　　　　　　　　毛巾

贴纸　　　　　　　　　　　　　　　　　　　　　拖鞋封条

信息表　　　　　　　　　　　　　　　　　　　　　T恤

培训（图9）

奈瑞儿超级美养师大赛，已经连续举办三年，通过超级美养师大赛，持续精进美养手法和服务；所有奈瑞儿美养师和健康调理师，都需经过"奈瑞儿美院官方专业认证"才能上岗服务。

奈瑞儿美养院被誉为"中国美业人才摇篮""美业黄埔军校"，13年来为行业输出近10万人才。

一年一度的超级美养师大赛，也成为影响全行业的固定赛事。

发布会（图10）

每年5月20日是美容师节，奈瑞儿在这一天向全员及顾客同步发布每年的品牌战略重心。奈瑞儿认为，先有员工满意，后有顾客满意。每年的"5·20"是奈瑞儿全员盛典。

9

陈俊 上海华与华合伙人

10

2018

案例目录

第十二章

企业三大原理

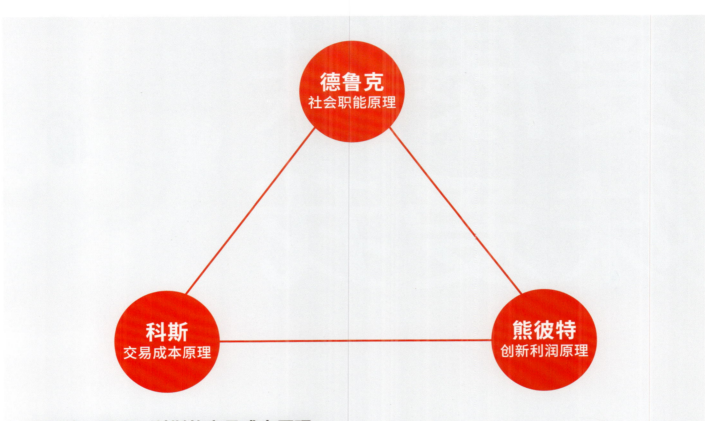

企业第一原理：科斯的交易成本原理

企业所有工作都是降低两个成本：外部交易成本和内部交易成本。

1. 企业之所以存在，是因为它降低了社会的交易成本。

2. 当企业的内部交易成本大于外部交易成本时，企业的规模就停止扩张了。

企业第二原理：德鲁克的社会职能原理

1. 企业是社会的重要器官，为社会解决问题。一个社会问题，就是一个商业机会。

2. 任何一个组织机构都是为了某种特殊目的、使命和某种特殊的社会职能而存在的。

企业第三原理：熊彼特的创新利润原理

企业没有利润是常态，所获得的维持企业继续生产经营的"利润"，不是利润，只是社会付给企业承担社会分工的"管理者工资"。企业家只有创新，才能获得利润。而创新获得的利润是短暂的，因为对手会学习赶超，以至于消灭创新利润。所以要想获得利润，就需要持续创新。

项目组成员 | 　宋雅辉　　周庆一　　张高云　　陈　远　　项乐双　　王绮钰

背景介绍

傣妹火锅成立于 1997 年，至今已经发展 20 多年，是一家名副其实的经典火锅老品牌，有着深厚的市场基础。但随着时代的发展和大众消费市场的升级，来吃傣妹火锅的人却越来越少，曾经被大家津津乐道的老品牌、好品牌，也一度沦为大家心目中"便宜"火锅的代表。即使是在人流量的中心，还如此实惠，但是傣妹火锅已经不再是很多消费者会选择的品牌了。在傣妹火锅找到华与华的时候，傣妹火锅的 CEO 说："我找到你们就是希望，怎么将我们这个村姑变成一个时尚的白领。"

2018 年，傣妹火锅携手华与华，开启品牌老化之后的全面焕新工作。通过华与华的餐饮"四大天王"——超级符号、品牌谚语、超级菜单、超级产品，实现了傣妹火锅华丽转身，在短短 9 个月的时间就翻新了 45 家超级门店，落地一家火一家。

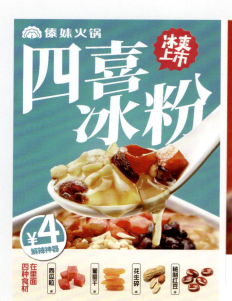

拳头产品开发（图 1）

四喜冰粉、巴掌大肥牛、大块嫩牛肉、巴掌大毛肚、大块牛油锅、爆汁鱼子虾滑……打造傣妹拳头产品，不断驯养顾客，降低门店的获客成本，建立傣妹好食材的品牌认知。

品牌谚语（图 2—3）

超级口号是设计一句话让消费者说给别人听，形成品牌的自传播。在创作的过程中，我们找到了一个超级句式，就是"我爱傣妹，傣妹爱我"，消费者会无意识、自发回去说的。并通过改编《我爱台妹》这首歌，创作了《我爱傣妹》超级 MV，在门店进行播放，快速积累品牌资产。

2

3

4

5

6

7

8

话语体系（图 4—6）

傣妹好食材，不好不上桌

1. 直采产地食材；
2. 严格品质检测；
3. 自建生产中心。

傣妹好调料，只用大品牌

傣妹调味料使用的全部是大品牌，品质有保证。

品牌角色（图 7）

超级角色小傣妹，就是傣妹品牌的代言人。创作思路主要来源于品牌名"傣妹"，充分发挥品牌名的戏剧性，加强与门店顾客的互动，持续不断地积累品牌资产。

品牌标志（图 8）

孔雀开屏超级符号，从消费者记忆中提取对傣妹火锅"孔雀"的认知，并创意设计了孔雀开屏的超级符号，加深顾客对傣妹的品牌认知。

全面媒体化（图 9—13）

1. 店招系统（图 9—10）

超级店招就是要创造惊鸿一瞥的视觉效果，只有这样才能一眼被识别。

傣妹火锅 1.0 版本：我们将傣妹超级符号"孔雀开屏"做出动态效果应用在门头上，让消费者远远就能看到，降低了识别成本，成为这条街最靓的崽。

傣妹火锅 2.0 版本：渠道转型，3M 灯箱材质全发光，打造傣妹超级店面。

9

10

11

12

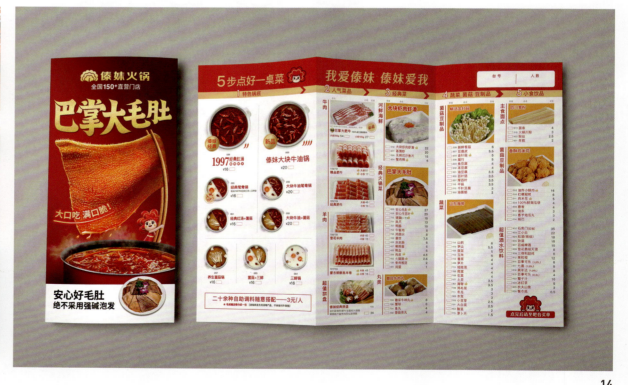

13

14

2. 广告系统（图 11）

围绕着商圈进行傣妹火锅的广告投放。

3. 门店设计（图 12—13）

所有的物料都是品牌的元媒体，把整个物料都运用到门店，进一步加大品牌传播效应。

4. 菜单设计（图 14）

超级菜单就是一分钱不花的超级广告位，是承担着傣妹品牌营销的战略性道具。在对菜单进行设计时，第一招：把封面当作海报；第二招：呈现好食材证供，加速购买决策；第三招：5 步点好一桌菜，提供消费者选择逻辑；第四招：货卖一张图，释放食材价值；第五招：价格由高到低排序，凸显价格优势；第六招：提供推荐菜品，让消费者无须思考。

改善机关（图 15—24）

　　终端物料就是信息炸药包，吸引来往顾客的注意力，提高门店的进店率，华与华为傣妹做了十大物料改善：

1. 长效品牌传播工具"傣妹小扇子"，品牌扇子在手，门店顾客常有；

2. 购买理由大字报，顾客分分钟看到；

3. 全息动态广告机，店外引流大神器；

4. 店内打广告，店外引流量；

5. 产品吊旗店里挂，门店氛围就靠它；

6. 拳头产品上隔档，顾客点单不迷茫；

7. 收银台上放立牌，产品销量自然来；

8. 台卡上餐桌，买它准没错；

9. 产品异形地贴，专治低头族；

10. 傣妹六大特色菜，道道必点都好吃。

宣传片（图 25—26）

《我爱傣妹》超级 MV 由洗脑神曲改编，在每一个傣妹门店进行重复播放演绎，成为消费者在享用傣妹火锅时的品牌体验，为傣妹品牌的腾飞插上另一只飞翔的翅膀。

营销日历（图 27—29）

毕业季、中秋节、春节肉山，打造傣妹三大营销日历，年年都重复去做，不断驯养客户，形成品牌生物钟。对外，降低了顾客的获客成本；对内，降低了内部的沟通成本，还可以进行自下而上的改进。

25

26

27

28

29

标准化执行手册（图 30）

　　持续改善《标准化物料手册使用指南》，帮助客户持续改善，更高效率、更低成本落地。

三大店外物料

03 玻璃贴

01 产品异形海报　　02 巨型菜单

五大店内物料

01 菜单

02 桌面台卡

03 餐垫纸

04 收银台立牌

05 吊旗

背景介绍

2012 年，罗振宇（人称"罗胖"）创办了知识脱口秀视频节目《罗辑思维》，以极具魅力的人格，传递知识与认知，吸引了上千万粉丝观众，成了现象级节目。罗振宇也积累起一套生产知识服务产品的手艺和心法。2015 年底，罗振宇用这套方法创办了得到 app：一个为终身学习者提供高效知识服务的 app。然而，得到 app 也面临一个问题：用户主要来源于《罗辑思维》的粉丝，增长主要靠老用户推荐。那么，应该如何向普通的陌生消费者讲清楚得到 app 是什么呢？

2017 年底，得到找到了华与华。罗振宇对华与华早就有过了解，开门见山地说："得到是一个成立两年的新品牌，如何用华与华超级符号、超级口号的方法，击穿消费者的'认知账户'，为得到品牌打下几个 50 年不变的桩子？"

此时，开创不到两年的知识服务行业赛道已经人满为患，市场上出现了很多模仿得到的产品。得到必须旗帜鲜明地把自己和其他品牌区别开，让消费者能够一下子识别出自己，建立起品牌认知的壁垒。

战略方向

在华与华看来，得到 app 的事业，是一场人类学的宏大叙事，要放在 100 年的时间长度去看。面对这样一个以 100 年为价值思考尺度的新物种，华与华提出"两个 100 年"的品牌战略：为得到设计管用 100 年的"超级口号"，以及管用 100 年的"超级符号"。

超级口号

得到拥有最好的老师、最好的品控和课程质量，可以说已经成了高品质知识的代名词，得到就代表了"知识"。

我们找到了一句已经流传了 400 多年的超级句式——来自 16 世纪英国哲学家培根的名言"知识就是力量"。我们将这句耳熟能详、大家从小听到大、蕴藏着人类文化集体潜意识"原力"的俗语，注入得到品牌，就创作出了得到品牌的超级口号：知识就在得到。

"知识就在得到"，这句话一出来就让人一目了然，过目不忘，脱口而出，不胫而走。一下子就建立了得到的权威性和熟悉感。学知识不用去其他地方，

上得到 app 就行了，牢牢地把"知识"这个词给占据了。而且，这句话的文化母体"知识就是力量"已经有了 400 多年的生命力。华与华方法中说，文化母体过去有多长的历史，未来就有多长的生命。

"知识就在得到"，这句话管用 100 年，没问题。

超级符号（图 1—3）

1. 品牌角色

在希腊神话中，雅典娜是古希腊的智慧女神，而作为她消息来源的圣鸟就是猫头鹰，猫头鹰也就成了智慧与知识的象征。

猫头鹰作为代表知识的文化母体，已经有 2000 多年的历史。如果能占有这个文化母体，我们就能获得已经积蓄了 2000 多年的代表知识的符号能量。找到原型符号，我们的设计师开始着手对其进行"私有化改造"，打造成得到品牌专属的超级符号。

一是把猫头鹰的头部放大，眼睛也突出放大。因为大眼睛有沟通力，在盯着你看，人们一眼看过去就能发现，视觉冲击力强，刺激足够强，令人过目不忘。二是把猫头鹰身上的羽毛剔除简化，颜色改为橙色，色彩更鲜亮，穿透力强。就这样，得到的超级符号——大眼睛橙色猫头鹰诞生了！

2. 品牌标志

得到的愿景，是要成为一所为终身学习者服务的新型通识大学。既然是大学，我们对标的就是哈佛、牛津、耶鲁这样的世界百年名校。

于是我们把代表知识与智慧的"猫头鹰"、代表知识的"书本"，以及名校的"盾型"轮廓和品牌名"得到"做了"四合一"的设计组合。就这样，一个堪比世界百年名校，能管用 100 年的 logo：得到猫头鹰 logo 就诞生了。得到猫头鹰 logo 让人看一眼就能记住，而且能记住一辈子。更重要的是，它是一个听觉化的设计、可描述的设计，这就降低了传播的成本。

自媒体系统（图 4—9）

品牌工作的本质，就是打造符号、强化符号、增值符号、保护符号。有了超级符号，就要通过投资，不断积累品牌资产，持续壮大超级符号。

1. 首先在企业自身办公环境使用

得到在办公楼打造了超级符号体验点，每个体验点都是一个合影点，成为拍照打卡点，供来访者合影留念。

2. 让超级符号走进 app 用户体验旅程

截至 2018 年底，得到 app 的总用户量已经突破 2600 万，平均每天都有 100 万用户打开得到 app。我们在 app 的开屏页、首页、新手礼包、勋章系统等用户体验旅程中植入超级符号，提升用户体验。

3. 用超级符号打造线下课仪式感

得到把超级符号应用在线下大课中，打造名校课堂的仪式感。在导视系统、签到区域、互动区域、课堂现场，以及学员学习物料等方面植入超级符号，为学员带来得到品牌的认同感和归属感。

4. 将超级符号开发为超级商品

2018年"双十一"期间,得到app商城上线首批得到猫头鹰衍生品,吸引了大批用户购买。得到还和小米跨界合作,联名推出"得到 × 小爱听书音箱知识礼盒",礼盒上线仅20小时,15000台现货就售罄了。

5. 超级符号进入得到大学开学典礼

2018年9月,"得到大学"成立,采用线上线下联动式学习形式:线上交付学习内容,线下交付社交内容。2018年10月,得到大学举办了首期开学典礼,得到品牌也从一个线上app走到线下,来到真实世界中。得到大学的成立,标志着得到朝着新型通识大学迈出了新的一步。

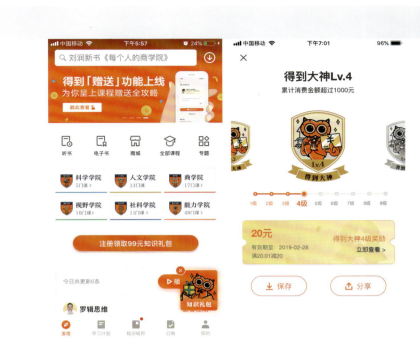

7

6. 超级符号走进罗振宇《时间的朋友》跨年演讲现场

在 2018 年罗振宇《时间的朋友》跨年演讲现场，布置了诸多猫头鹰符号的合影打卡点，吸引了大批观众排队与得到猫头鹰进行合影。得到的猫头鹰形象也随着跨年演讲的传播，被更多人熟知。

背景介绍

广誉远作为贵细中药材代表，旗下有龟龄集和定坤丹两款拳头产品。因为龟龄集是处方药，不能对外打广告。为了提高品牌知名度和丰富产品线，广誉远推出龟龄集酒这一 OTC 产品，希望华与华能给龟龄集酒做品牌顶层设计，帮助广

誉远企业发展更进一步。针对传统中药炮制工艺失传、高品质药性好的中药缺乏这一社会问题，华与华为广誉远提出"为中药炮制工艺继绝学，为最尊贵的人做最好的中药"这一经营使命，为广誉远制定中药奢侈品战略。

产品结构

华与华为广誉远规划了七大产品结构：知识服务产品、高端零售业务、高端线下服务业务、高端中药饮片、高端成品药和保健品、高端线上服务产品、食品。

独特性和记忆度，成为产品最大的识别符号。

产品开发

华与华为龟龄集酒这款产品进行再开发，龟龄集酒源自"龟龄集"，寻找"龟龄"与生俱来的戏剧性。"龟龄集"起源于1536年，为嘉靖皇帝赐名。寓意广"集"天下珍品，如"灵龟"一样长寿，故名"龟龄集"。龟自古以来就被视作长寿的象征，改造并占领"龟"这个文化母体中的符号——龟形的酒瓶设计，具有视觉

包装系统

包装设计就是设计阅读顺序，在龟龄集酒的包装设计上，第一层级：龟龄集酒瓶型，注意到这个龟形的瓶子，很别致、很新奇；第二层级："龟龄集酒"产品名；第三层级：放大"广誉远国药"品牌名，在包装上建立品牌资产，为以后卖其他产品创建品牌平台；第四层级：中华老字号，加深对企业的信任。

背景介绍

2018 年 5 月，爱好文具找到华与华，希望能够为其提供品牌升级以及营销推广规划的服务。在初次会面的沟通中华与华了解到，爱好文具成立于 1995 年，是中国第一批制笔企业之一，以下沉市场为核心，在全国拥有 10 万家文具店。

爱好文具的核心优势在于强大的生产制造能力和自主研发能力，为广大中小学生提供高性价比的书写工具。但是由于缺乏在品牌营销上的经验，爱好这个品牌并没有被消费者记住，导致有好产品却说不出的问题。

所以，在爱好和华与华展开合作后，项目组第一个要解决的课题就是"升级爱好品牌形象，并积累爱好品牌资产"的课题。让消费者认识爱好，购买爱好，传播爱好。

企业战略

由于整个文具行业都在升级，越来越多日本高品质文具品牌进入中国市场，以及消费升级导致人均文具消费额不断上升，消费者对文具质量、附加值的要求越来越高。我们基于爱好强大的生产制造和自主研发能力的资源禀赋，提出了"从高品质走向高品质"的战略，提升爱好规模化生产高品质产品的能力，以及研发高品质、高附加值产品的能力。

爱好不脏卷考试笔系列　**1**

爱好摩易擦系列　**2**

爱好摩易擦系列　**3**

爱好办公系列　**4**

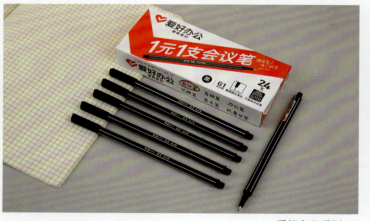

爱好办公系列　**5**

爱好办公系列　**6**

产品开发（图 1—6）

文具行业的特性就是 SKU 非常多，我们的起手式是选择爱好最强势的"书写工具"和"儿童画材"这两大品类，建立爱好拳头产品，进行主题化开发，形成拳头系列。

一方面通过洞察购买理由，实现产品的再开发来帮助爱好积累长线长销的产品，年年好卖，年年卖。降低企业生产制造的成本，提高企业硬实力和价值感。在合作的 4 年中，我们为爱好先后开发和翻新了"不脏卷考试笔系列""摩易擦系列""爱好办公系列""1 秒速干笔芯系列""专业儿童画材系列"，为

爱好未来沉淀积累长销产品打下坚实基础。另一方面我们也为爱好寻找知名的流量 IP 进行联名合作，将爱好产品和品牌寄生上去，获得 IP 的流量和知名度，以此降低企业的营销传播成本，让更多人认识爱好品牌和产品。同时也为爱好开拓更多精品市场。

在 IP 联名上，我们为爱好推荐了"轻松小熊"和"名侦探柯南"这两大 IP。同样一支笔，贴上 IP 就热卖，上市当年销量就破千万。

品牌谚语（图7）

发挥品牌与生俱来的戏剧性。爱好品牌名的起源，来自企业家的情怀。用心做好每支笔，爱就是好。因此，爱好的品牌谚语就是"爱好文具，爱就是好"，它是一句陈述句，陈述事实的同时又情感充沛，突破消费者心理防线。

品牌标志（图8—9）

爱好原来的 logo 是拼音"AIHAO"，消费者的识别成本和记忆成本很高。我们的超级符号从爱好的名字中来，"爱"，不思而得就是一颗红心，"好"就是学生最熟悉，试卷上代表"好"的对钩，将两者结合，并且进行私有化改造，就成了爱好独一无二且容易识别传播的超级符号。

品牌谚语在爱好门头上的应用 7

8

9

全面媒体化（图 10—13）

在为爱好建立新的超级符号和品牌谚语后，我们做的第一件事就是全面媒体化，梳理品牌和消费者能够接触到的每一个点，让包装、门店、工厂、车辆、员工都成为不花钱的广告位。

1. 店招系统

文具店是消费者接触到爱好品牌、购买爱好产品最核心的场所。那么文具店的门头就是刺激信号最强的广告位。我们将爱好的超级符号刷上门头，大大的爱心获得陈列优势，在提高品牌传播效率的同时提升注意率，全国已经有一万多家文具店升级为全新形象。

2. 广告系统

相比于花钱投电视广告，爱好的广告全部都是围绕"门店"和"市场"这两个和消费者接触最密切的场所展开。既是品牌宣传的广告，又是指示广告，指引消费者跟着广告就能走到门店。

3. 包装系统

我们从不花钱的元媒体入手，来提高爱好在终端被发现、被记住的概率。产品包装就是爱好最大的元媒体。我们对爱好的包装进行了整理，规划清晰的品牌区域，放大品牌符号，放大购买理由。通过三现主义，蹲点文具店，发现消费者选择笔芯的逻辑是"颜色""粗细""笔头类型"，但是现在市面上所有的笔芯

袋设计是无法让消费者一目了然地进行选择的。所以我们在笔芯的包装上，规范了标准的版式，通过大色块表达颜色，然后放大"笔芯的粗细"和"笔头类型"。获得笔芯袋在货架上的陈列优势，让消费者能够先看到爱好笔芯，加速购买决策。

标准化执行手册（14）

为了保证终端物料执行不走样，我们形成了两本标准作业手册，一本是《爱好代理商门店物料应用手册》，确保业务员在门店当地制作物料，物料不变形。另一本是《爱好代理商门店改善操作手册》，总结改善经验，手把手教业务员如何进行门店改善。业务员一看就懂，一看就会做。

营销日历（图 15—18）

华与华为爱好规划了清晰的营销日历，一年抓好五个节点：面对 B 端的 6 月大学汛和 11 月小学汛，以及 C 端 3 月的考试季、6 月 1 日的画材季以及 9 月 1 日的开学季。

1. 3 月考试季

2021 年，华与华为爱好策划了考试季。首先，我们洞察到考生考试前最希望听到"一定能够取得好成绩"的祝愿的心理，提出了一句能年年重复年年用的活动口号"考得好，用爱好"，并且将这句超级传播话语依托于传播物料和产品上，让每个消费者知道爱好考试季、买爱好考试产品，并且口口相传，让更多人知道、购买。

动作 1： 服务于产品的销售，率先推出一款考试系列拳头产品，如不脏卷考试笔，让它代表爱好考试笔。

动作 2： 发起一场面向代理商的直播订货会，线上介绍考试季新品购买理由，让代理商足不出户就能了解新产品特性，听爱好宣贯。加速购买决策，提升销售效率！

动作 3： 围绕考试笔核心的宣传形式和销售场所，进行产品推新和门店造势。

2. 大小学汛订货会

大小学汛是文具行业在一年之中最重要的两个销售节点。爱好一般的做法就是召开大小学汛线下订货会，召集所有代理商集中在订货会现场看产品、订货、听品牌宣贯。订货会就是爱好销售产品最重要的场所。华与华持续改善爱好订货会，形成标准宣讲套路和物料，排除各环节的浪费，由此达到加速代理商完成购买决策，降低选择成本，最终提升销售额的目的。

华与华为爱好设计了 11 项物料：

物料 1： 像设计单页一样设计订货单，机关算尽，充分发挥订货单的广告效用

物料 2： 发布流程改善，发布新品的同时培训代理商、强化代理商信心

物料 3： 分区吊旗，不同颜色的分区吊旗清晰地指引产品位置，让代理商对号入座，快速找到所需产品位置

物料 4： 话语桌围，利用配套的分区桌围上显眼的区域名称和话语，清晰地告诉代理商这个区域有什么产品，同时给出购买理由

物料 5： 订货会主 KV

物料 6： 产品陈列，把产品在门店实际的陈列效果直接呈现在代理商面前，指导代理商如何使用物料并进行产品陈列

将爱好端架与订货长桌进行组合，端架还原产品在门店的陈列效果

将所有要铺设进终端的氛围物料 1:1 还原，布置在订货会现场

物料 7： 产品推荐 KT 板

物料 8： 菜单式易拉宝

物料 9： 销量排名榜

物料 10： 返利促销 KT 板

物料 11： 试写纸

订货会 **15**

主 KV **16**

小学汛订货会长桌 KV 板 **17**

店外实景 **18**

企业宣传片（图19—26）

爱好全面升级新形象后，华与华为爱好创意并拍摄了中英两版的企业宣传片，充分展现爱好强大的生产制造能力、产品开发能力和渠道建设能力。提升爱好品牌价值的同时也为渠道注入活力，增强客户信心。

19

20

爱好笔业前身长生制笔诞生于上世纪八十年代

21

产品远销全球100多个国家与地区

22

爱好自主研发的第一支直液式水性笔2000A

23

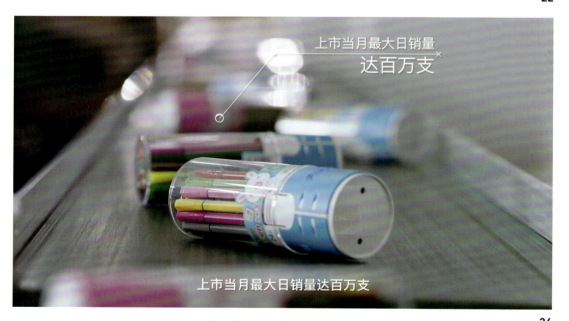

上市当月最大日销量达百万支

24

融入爱好笔 爱就是好的品牌理念

25

爱好笔 爱就是好！

26

产品宣传片（图 27—38）

　　为帮助爱好更好地宣传新产品，华与华为其核心拳头产品策划了产品宣传片，通过视频的形式充分展现产品价值。在订货会现场播放，营造热销氛围，增强代理商对新品的期待感和信任感。同时在爱好微信公众号、淘宝旗舰店播放，打动消费者购买。

27

28

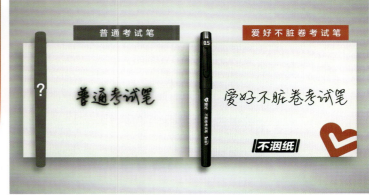

29

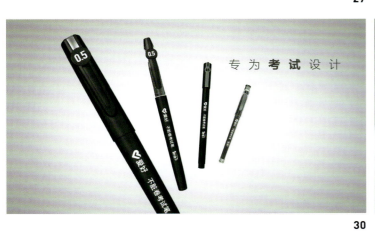

30

31

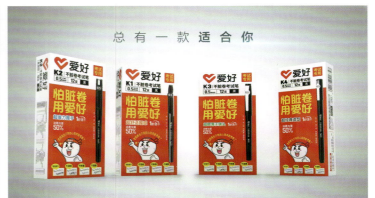

32

33

34

35

36

37

38

背景介绍

味多美是 1996 年成立的北京连锁烘焙品牌，在全国拥有 380 家门店。找华与华合作，是想从北京区域品牌发展为全国连锁品牌，味多美的愿景是做中国最受欢迎的面包坊，成为中国国民烘焙品牌，希望华与华能为味多美做品牌顶层设计。

品牌谚语（图 1）

寻找品牌与生俱来的戏剧性。味多美的名字非常棒，是食品、烘焙行业天然的好名字。我们需要做的就是把味多美"锚定"在一个更具体的价值上，那就是"好面包"！华与华为味多美打造了品牌谚语"好面包，味多美"，只有 6 个字，信息够简单、有力量。直接把好面包和味多美画等号，有垄断性、权威性、排他性。

超级符号（图 2）

为味多美设计的可以无限延伸的大麦穗花边是一个类似几何的图形，非常简洁、好用，方便大规模使用。只有在与消费者最广泛的接触点大规模地使用，才能发挥超级符号的威力。

超级花边不是装饰，而是强势的视觉战略，这种形式比视觉冲击力更强势，我们称之为"视觉强制性"，能把路过的人目光抓过来，获得无与伦比的视觉优势。除了视觉优势之外，还具有强大的心理优势，这种线条性、同一性的、可重复的、准确的形象，创造出一种盛大的仪式感，就像国庆节的阅兵仪式一样，能释放出一种巨大的心理和社会能量，这是巨大的"视觉权力"。

品牌标志（图 3—4）

在为味多美创作超级符号的时候，华与华找到了麦穗这个文化母体中的符号，麦穗是世界三大粮食作物之一，人人都认得和熟悉，且历史悠久。麦穗还是权力和富贵的象征，从大量的钱币、女王配饰、珠宝、国徽中都能看到麦穗的身影。最重要的是，麦穗是代表烘焙品类的符号，是具有品类统治地位的符号，非常有规模感，是代表行业属性、有统治力的超级符号。

产品开发（图 5—12）

1. 老婆饼产品再开发

华与华在寻找味多美老婆饼的购买理由时发现，味多美老婆饼的创新饼皮制作工艺，80 层酥皮，比普通的老婆饼更酥松。给味多美老婆饼重新命名"味多美老婆饼"，要让消费者提到老婆饼就想到味多美，提到味多美就能想起老婆饼。并且用"80 层酥皮，酥才好吃"的超级口号传达产品的购买理由，建立老婆饼好吃的新标准。数字"80"体现真实感，重复"酥"创造一种事实感。

2. 吐司产品再开发

（1）将金砖面包重新命名为"80 层乳酪金砖"，命名就是召唤，产品命名一定要有画面感。提出"撕着吃才过瘾"的购买理由。

（2）对不同口味的吐司进行产品再开发，在包装上放大产品口味，并对口味进行价值化命名，如"健康全麦""黄金椰蓉""经典红豆"等。此外，在包装上放大购买理由，降低消费者的选择成本，提高购买效率。

3. 早餐产品开发

将产品进行组合，形成 6 元套餐、10 元套餐、12 元套餐、15 元套餐，推出"味多美现做早餐 6 元起，送豆浆"的推广口号，打造味多美在早餐市场的新增长点。

店招系统（图 13—14）

门店设计原则是"店外要抢眼"，将大麦穗的超级符号放到门店的门头上，可以无限延伸和放大的大麦穗有强大的视觉强制力，加以发光效果，真正做到了超级大麦穗，秒杀一条街。

自媒体系统（图 15—22）

超级大麦穗符号，除了在门店招牌超级好用，在所有的消费者接触点上都好用。我们将超级大麦穗运用到门店物料系统、服装系统，让门店里的每一件物料都成为我们的品牌广告位。

13

14

15

16

17

18

19

20

21

22

持续改善（图23）

在服务期间，华与华一共为味多美进行了三次持续改善：

第一次持续改善

2018年12月10日至23日，对上海门店进行第一次持续改善，设计了店外引流3大件、店内加速决策3大件，门店周销售额提升14.8%，老婆饼单品销售额翻番。

第二次持续改善

2019年6月15日至21日，针对北京门店进行了第二次持续改善，设计了

TOP5产品海报，加速消费者选择和购买。设计早餐车、菜单和门贴，重新设计饮品海报。周总销量提升10.1%，早餐销售额提升24.61%，饮品销售额提升21.05%。

第三次持续改善

2019年10月14日至29日，针对吐司产品进行了第三次持续改善，在包装上放大产品口味，并对口味进行价值化命名，在包装上放大购买理由。吐司周总销量提升12.96%，吐司销量占比提升83.66%。

营销日历（图24）

我们将味多美的老婆饼产品寄生在七夕节这个文化母体上，创作出"过七夕节，吃老婆饼"的推广话语，进店任意消费即送限量装老婆饼，并在门店内通过

活动物料营造浓厚的节日氛围，七夕节当天全国营业额提升28.8%，老婆饼销量提升19.08%。

背景介绍

上上签是一家电子签约云平台，为企业提供电子合同全生命周期智能管理服务，主要解决纸质合同效率低、成本高、合同管理难度大等问题。

通过"SaaS 软件服务年费＋合同费用"的经营模式，始终坚持平台的中立立场，为签署双方提供更安全的合同签署服务。

2018 年 9 月，上上签与华与华达成合作，CEO 万敏提出，希望华与华帮助上上签实现品牌被更多的人知道的目标，进而可以获取更多的优质销售线索，让客户主动联系我们，促进销售增长。

品牌标志（图 1）

一个伟大的品牌，就是一个伟大的超级符号，用品牌嫁接文化符号，激发人的整体性经验，人们往往只记得他们已经记得的东西，只认识他们已经认识的东西。占领一个文化原型，就相当于占领这个文化所代表的所有财富。将超级符号运用于品牌建设与营销传播中，爆发不可思议的力量。

超级符号有三条标准：一见如故有原力、不胫而走可描述、一目了然见行业。而"上上签"名字本身就是一个强大的超级符号，蕴含着大吉大利的超级口彩含义，并且人人都认识、人人都喜欢。因此，我们确定了做"字标"的策略，将"对钩"这一符合上上签好彩头、在签约场景中广泛运用的符号，做到"签"字里，充分发挥上上签名字彩头的戏剧性，放大"选对"的原力。

事业理论（图 2）

以终身 SaaS 为事业理论——

终身服务：为所有客户提供终身服务体系。

终身客户：建立与客户的长期博弈的基业长青之道，创造终身客户。

终身信用：构建智能数字时代的契约规则，不断积累企业信用数据，驱动整个社会形成终身信用。

产品科学（图 3）

电子签约企业分两种：一种提供本地化部署服务，合同内容全部储存在本地，风险自担，既当运动员，又当裁判员，存在法律瑕疵和安全风险；另外一种是合同上云，产品设计完全按照法律要求，平台承担安全有效责任。

上上签坚持第三方电子签约平台的中立性，提供"软件即服务"的 SaaS 服务模式，合同上云，不明知有害而为之。

产品结构（图 4）

以大流量 API（CRM、ERP……）以及旗舰版（Web、API、app）匹配售前咨询、全周期运营管理，为不同行业的企业客户、不同场景需求，提供综合解决方案。

品牌谚语

电子签约上上签，合同终身保安全。

话语体系（图 5）

定义品类：电子签约云平台

世界互联网大会指定服务商

500,000 ＋客户选择上上签

安全保证技术实力

安全失效赔付

品牌纹样（图 6）

花边的作用在于，让品牌在惊鸿一瞥中被识别，即便被撕成碎片也认识。我们将超级符号中的"对钩"提取出来，组成阵列花边，运用到延展物料当中。

全面媒体化（图7—13）

単页 7

単页 8

画册 9

画册 10

三折页 11

三折页 12

app 13

背景介绍

　　蜜雪冰城创立于 1997 年，总部位于河南郑州，是专注新鲜冰淇淋与茶饮的全国连锁品牌。25 年来始终坚持"让全球每个人享受高质平价的美味"的经营使命，成功打造 2 元新鲜冰淇淋、4 元冰鲜柠檬水两大拳头产品，以连锁加盟形式，从区域走向全国。

　　2018 年，蜜雪冰城拥有门店 4500 家，与华与华达成品牌战略合作。4 年时间，成为茶饮连锁品牌的规模冠军，门店数量突破 1 万家，并走出国门，开拓海外市场。

超级符号

　　蜜雪冰城是华与华文化母体四部曲的标杆案例，找到全世界人都认识的"雪人"这一全球文化母体，并提炼母体元素回到母体；后通过冰淇淋权杖、皇冠，实现了私有化，让雪王本身成为母体；通过门店推广与顾客播传，壮大了母体。

品牌谚语

蜜雪冰城品牌谚语，嫁接了全人类表达爱意的"你爱我""我爱你"。通过组合"你爱我""我爱你""甜蜜蜜"这些母体词组，形成叠音与韵律，并将这些文化原力赋能于"蜜雪冰城"品牌名，使品牌谚语一目了然、易于传播。

传播推广

2019年基于品牌谚语，华与华为蜜雪冰城创作了品牌歌舞，改编自美国乡村民谣 *Oh Susanna*，在全国门店播放。2021年，这首醒脑神曲火遍全网，实现了600亿次播传，被业内誉为"2021年中国最火爆的营销事件"。

全面媒体化

　　4 年时间，将雪王符号系统全面覆盖蜜雪冰城的元媒体，从店招到包材，从物料到视频，全面覆盖与顾客的接触点系统。

持续改善

    持续改善是华与华的第三大核心技术,蜜雪冰城门店持续改善的关键动作在"企业寻宝"。在蜜雪冰城发展历史中找到了门店卖货的招数,结合华与华的"三个购买":购买理由、购买指南、购买指令,提高物料转化效率。2018 年,蜜雪冰城将持续改善系统推广至全国门店,门店年度营收平均增长 30%。

产品开发与推广

　　洞察每一款产品的购买理由，进行产品命名、产品广告、产品海报等创意设计，推动产品上市就畅销。充分利用蜜雪冰城门店有效售卖空间，提出"茶包"等零售产品开发，奠定了"雪王魔法铺"的基础。

营销日历

　　根据季节属性设定春、夏、秋冬三大推广主题，形成蜜雪产品推广节奏，完善产品营销日历。

　　每年 1 月，"蜜雪福袋节，把福带回家"；每年 5 月，"今年 520，去蜜雪冰城领情侣证"；每年 11 月，"百变雪王，创意大赏"。通过营销日历，给品牌形成固定的营销节拍和主题，重复积累，把营销活动做成品牌资产。

建立营销日历，驯养顾客：产品营销日历&活动营销日历

春天（3月—5月）　　　夏天（6月—9月）　　　秋冬（10月—1月）

1月—福袋节　　　　　5月—蜜雪 520　　　　10月—雪王杯创意大赛

蜜雪营销日历

蜜雪福袋节　　　　　　　　　　　蜜雪冰城营销日历　　　　　　蜜雪冰城营销日历

蜜雪冰城营销日历　　　　　　　　　　　　　　　　　雪王杯创意大赛

背景介绍（图1）

云集是社交电商领域的独角兽，是华与华第一次涉足电商领域。我们用华与华"创意成本法"帮助云集构建了三大品牌资产：设计超级快递盒和"盒子鸡"超级符号；创作"注册云集app，购物享受批发价"超级话语；嫁接经典儿歌《ABC

歌》打造超级广告歌。2018年是云集品牌历史上最具爆发力的一次品牌资产积累。合作三个季度，云集会员数从400万增长到1300万。

品牌谚语（图2）

基于云集禀赋，创作"注册云集app，购物享受批发价"超级口号。口号改变行动，"批发价"倒逼云集转型会员电商，继续发挥云集优势，为消费者提供"极致性价比"的精选商品，把"批发价"做实、做专。

品牌角色／超级符号（图3—5）

把社群吉祥物"小云鸡"嫁接在每月1000多万使用量的快递盒上，设计了小云鸡快递盒和"盒子鸡"超级角色。客户快速执行，并在线上线下全面媒体化，创造品牌符号的最大重复，持续积累品牌资产。

广告片（图6）

嫁接经典儿歌《ABC歌》为云集创意品牌超级歌曲，听一遍就记住，听一遍就会唱。并拍成15秒广告片，在全国10多个城市的楼宇电梯投放。

持续改善（图7—8）

提升云集2C地推效率，提供一套"摆哪儿都好用的地推工具包"。

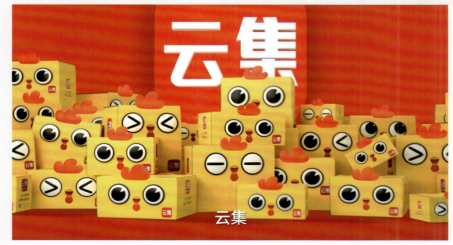

6

云集地推工具包：2—3人地推套餐　7

云集地推工具包：单人地推套餐　8

案例 83　太郎花子

项目组成员 ｜ 陈 俊　杨红超　杨 笑　程林越　林 微

背景介绍

太郎花子，苏州婚纱摄影第一品牌。经过 17 年稳扎稳打的发展，全国拥有 5 座 20 000 平方米的超级婚纱摄影专属基地，覆盖苏州、上海、无锡、三亚、昆山、常熟、泰州、太仓 8 个城市。

2018 年是太郎花子和华与华合作的第一年，我们为太郎花子创作了"一生一世只爱她，太郎花子拍婚纱"的超级口号和摄影取景框的超级符号，奠定品牌持续发展的基础。

品牌谚语（图 1—2）

"一生一世只爱她，太郎花子拍婚纱"。作为一个婚纱摄影品牌，太郎花子的超级口号寄生在中国人办喜事要讨好口彩的母体，特别增加了中国人喜闻乐见的吉利话，用韵律语感创造事实感，以"好口彩＋押韵"的修辞手法，打破心理防线，以实现"人人都爱听、人人都爱说、人人都爱传"的传播效果。

这句话让"一生一世的爱情"和"太郎花子"直接产生联系，但又避免了生硬的承诺。这句话也赞美了消费者，让消费者和自己对应起来，成为示爱、表忠心的一句话。爱她，就带她来太郎花子拍婚纱，也成为介绍太郎花子最实用的一句话，夯实品牌基础，建立可以持续投资、持续积累的品牌资产。

品牌角色（图 3—10）

超级角色发挥品牌与生俱来的戏剧性，将"太郎"和"花子"角色化、具象化，"太郎先生"爱"花子女士"实现品牌生动化表达。为了加强沟通的丰富性和应用的方便性，我们把超级角色应用在跟消费者有亲密接触的体验系统、礼品系统、微信端，实现品牌亲切的沟通，打消消费者的心理防线。

品牌纹样（图 11—12）

　　太郎花子超级符号是彩色取景框，来源于摄影的取景框，具备行业自明性的同时，有强大的视觉强制力，能够聚焦注意力，在终端占便宜。在应用上可以实现不同色彩、粗细线条的灵活应用。

品牌标志（图 13—14）

　　品牌命名的本质是降低传播成本，太郎花子面临的一个现实是：品牌名经常被记错，"花子太郎，太花郎子，花太子"。品牌 logo 的设计发挥品牌与生俱来的戏剧性，太郎和花子中间增加了一个象征爱意的心，将"爱意"融入品牌，体现行业属性，同时避免了不好记、容易记错的问题，并以双色心提高整体辨识度。

11　　　　　　　　　　12　　　　　　　　　　13

14

背景介绍

　　福鞍重工股份是一家集铸钢、铸铁、机械加工及大型装备制造为一体的 A 股主板上市公司。2017 年，福鞍引进俄罗斯燃气轮机技术和专家团队，研发国内自主知识产权的燃气轮机，打破西方国家的技术垄断。福鞍是一个不断开拓创新的企业，是大国重器的杰出代表。

　　但福鞍在资本市场没有获得相应的认知度，资本市场对于福鞍接下来要做什么并不清楚，市值被低估。华与华认为福鞍面临的机遇是从传统重工铸造行业，向高端绿色能源领域的转型升级，改变在资本市场的想象力，实现品牌资产升值。

品牌标志（图 1）

福鞍 FA 超级符号

　　1. 以福鞍首字母 FA 来设计，好记易传播，能描述。

　　2. 敦实厚重的字体也契合了福鞍作为"大国重器"的形象。

　　3. 以蓝绿为主色调，突出绿色、环保、低碳特征。

战略方向（图 2）

　　从传统重工铸造，转型为"绿色能源运营商"，推动中国绿色能源发展。

用"三个先进"来看

　　1. 代表先进的生产力。福鞍是掌握中小型燃气轮机核心技术的中国企业。

　　2. 代表先进的文化。福鞍能够为天然气分布式能源提供整体解决方案。

　　3. 代表顾客的根本利益。推动中国绿色能源发展。

产品结构（图 3）

绿色能源运营商，提供的产品和服务

　　1. 提供核心硬件设备。

　　2. 提供天然气能源整体解决方案。

　　3. 提供能源运营投资管理服务。

品牌谚语（图 4）

　　煤改气，找福鞍。

话语体系（图 5）

1. 福鞍股份——掌握中小型燃气轮机核心技术的中国企业

2. 专门为分布式能源设计，专注于 **50MW** 以下中小型燃气轮机

3. 技术资源——引进俄罗斯工业燃气轮机的设计专家团队

4. 20 多年设计经验，为绿色能源提供整体解决方案

自媒体系统（图 6—10）

1. 企业网站
2. 工厂自媒体系统
3. 企业大巴车
4. 手提袋
5. 安全帽

6

7

8

9

10

销售道具／助销系统（图 11—12）

1. 福鞍股份企业宣传册
2. 福鞍燃机产品画册

展会（图 13—17）

1. 福鞍成都展会
2. 福鞍伊朗展会

11

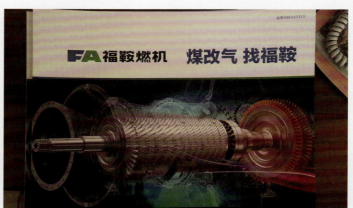

12

13

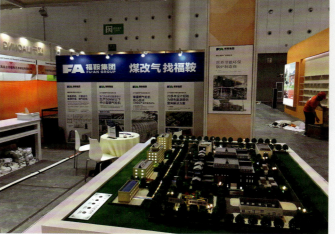

14

15

16

17

宣传片（图18—19）

1. 福鞍企业宣传片
2. 福鞍燃机宣传片

国家的能源发展

2013年 国务院印发了《大气污染防治行动计划》

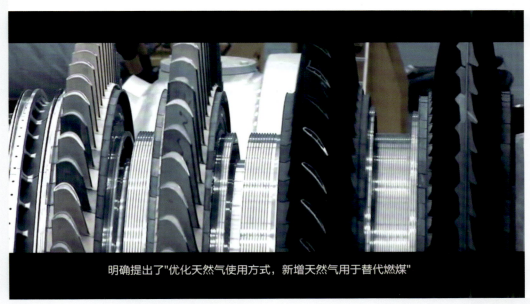

明确提出了"优化天然气使用方式，新增天然气用于替代燃煤"

这比传统供能方式节能33.6%

18

新增天然气用于替代燃煤

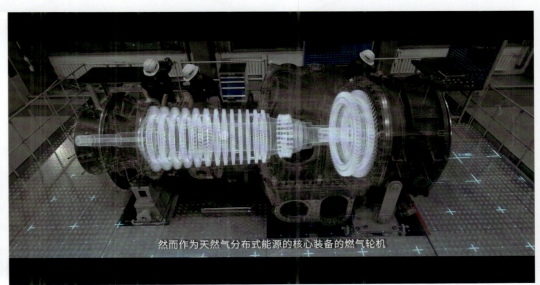

然而作为天然气分布式能源的核心装备的燃气轮机

严重制约我国天然气分布式能源的发展

是国内第一台拥有自主知识产权的

19

背景介绍（图1）

衡阳是湖南第二大城市，省域副中心城市，湘南地区中心城市，是国家级产业转移示范区。衡阳的发展目标是要成为三个目的地城市："产业投资目的地城市""旅游度假目的地城市""安居乐业目的地城市"。

衡阳的产业定位是"承接东部产业转移"，衡阳的城市品牌定位是"承接东部产业转移的领头雁"。

话语体系

衡阳城市品牌七句话：

1. 大雁南飞目的地城市
2. 东部产业转移目的地城市
3. 南岳衡山祈福旅游度假目的地城市
4. 中国制造2025示范城市
5. 水陆空立体交通枢纽城市
6. 中国抗战纪念城市
7. 湖湘文化发源地城市

品牌谚语（图2—4）

1. 衡阳城市品牌口号：雁城衡阳，展翅飞翔
2. 衡阳城市产业招商口号：产业转移到衡阳
3. 衡阳茶油品牌口号：高端茶油在衡阳

品牌角色（图5—7）

每一个城市都需要一个超级角色。它能大大有助于提高城市品牌的记忆度，并能为城市带来直接或间接的经济效益。

1. 衡阳的城市超级角色，就是小男孩骑大雁。
2. 衡阳城市产业招商超级角色，就是西装革履的企业家骑大雁。
3. 衡阳茶油品牌的超级角色，就是大雁含着油茶花。

品牌标志（图8—9）

1. 衡阳城市品牌 logo 符号

衡阳称为"雁城"，大雁是衡阳的图腾和象征，唐诗中有许多关于"衡阳雁"的诗句，已经有1300多年历史。衡阳城市品牌超级符号，就是一只大雁承载着孩童，向着朝阳前进，象征城市活力与腾飞。

2. 衡阳茶油 logo 符号

大雁＋油茶花＋油滴，组成衡阳茶油超级符号。

自媒体系统（图 10—11）

打造城市品牌，首先要用好城市自己的元媒体。

衡阳的城市高炮、围挡，就是最佳的元媒体广告。

广告系统 （图 12—13）

城市广告分两种，一种是旅游广告，一种是产业招商广告。产业招商广告，是给上级领导长官看，给潜在的招商对象和投资者看。

衡阳的广告，就是产业招商广告，在北京首都机场户外高炮投放产业招商广告：产业转移到衡阳。一句话说清衡阳产业招商的目标对象——产业转移，直接下指令，刺激投资者行动，并向投资者发出邀请。

品牌营销日历（图 14—21）

衡阳国际马拉松赛

2020 年 3 月 29 日，首届衡阳国际马拉松开幕，参赛者穿着雁城衡阳符号的服装，领取雁城衡阳符号的奖牌，将雁城衡阳品牌传递到五湖四海。

发布会（图 22—33）

衡阳茶油博鳌发布会

    2020 年 11 月 26 日，首届衡阳茶油博鳌论坛在海南博鳌拉开帷幕。"衡阳茶油"的精彩演绎吸引了全世界的目光。以"高端茶油在衡阳为主题"，力争实现衡阳打造"中国茶油第一强市"的战略目标。

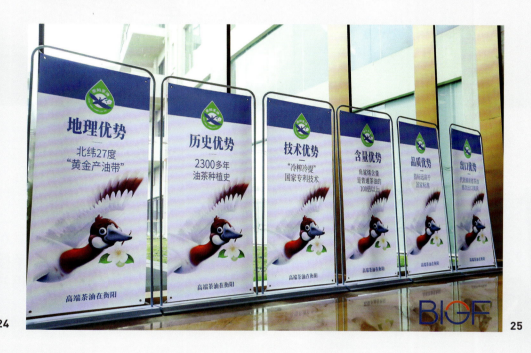

28

29

30

31

32

33

背景介绍（图1）

　　绝味鸭脖是中国卤制品第一品牌，鸭脖为其拳头产品。经过十几年的发展，绝味在全国拥有了二十几个工厂，10 000 多家门店，800 辆物流车每天配送新鲜鸭脖。绝味也是 A 股市场市值最高的卤制品品牌。集团除绝味鸭脖的主营业务外，利用自身的供应链资源，进行了广泛的休闲食品和餐饮的投资。

产品科学（图2）

　　每天清晨，新鲜送达。保质期只有 3 天，保证口感最佳。

产品结构（图3）

　　绝味鸭脖菜单以辣度和鸭脖的工艺来区分。各地区又结合当地饮食特色和上游原材料，提供本地化的产品。

品牌谚语（图4）

　　我现在就要绝味鸭脖！

1

2

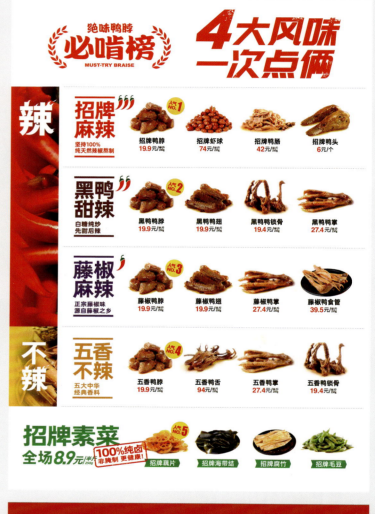

3

4

话语体系（图 5）

没有绝味鸭脖，逛什么街？

没有绝味鸭脖，上什么网？

没有绝味鸭脖，聚什么会？

没有绝味鸭脖，旅什么行？

没有绝味鸭脖，加什么班？

没有绝味鸭脖，追什么剧？

品牌标志（图 6）

绝味鸭脖成功地注册了"绝"字作为自己的商标。我们将"绝"的价值在门店放大，让"绝"能够真正代表绝味鸭脖，就像"M"之于麦当劳。

销售道具 / 助销系统（图 7）

外卖已成为卤味越来越重要的销售渠道。华与华为绝味重新设计外卖系统，重新分类、规划，让消费者外卖点单更容易，更符合外卖渠道的点单习惯。

5

6

7

菜单设计（图8）

持续改善（图9—10）

我们将门店当作绝味的自媒体进行重新设计。改造了冷柜外立面，把它变成发光灯箱，把 39.8 元 / 斤改成了 19.9 元 / 半斤，降低消费者选择成本。增加了 TOP5 菜单、横幅等物料，让顾客更容易选择、购买。华与华的"持续改善"产品即源自绝味鸭脖项目。

广告片（图 11）

　　绝味广告片，采用真人转漫画的形式，让人记忆深刻。6 个不同的影片，场景不同，形式一致。

11

背景介绍

　　牛小灶是牛杂煲第一品牌。牛杂煲是牛杂品类的创新，牛小灶把牛杂从一个街边小吃，变成了可以坐在干净的门店里享受的正餐。把牛杂这种很难清洗的食材，通过工厂自动清洗，既保证了食品安全，又提高了效率。牛杂煲是标准化程度极高的产品，门店备餐简单，运营效率比火锅更高。

产品开发（图 1—2）

　　1. 事业理论：做干净、好吃的牛杂煲。

　　2. 产品科学：牛杂超干净，量大超满足。

　　3. 产品结构：以牛杂煲为主，以配菜涮菜为辅。

　　4. 品牌命名：广州是牛杂的发源地，华与华将"传统牛杂煲"改名为"广州牛杂煲"，放大了产品的价值。

　　5. 产品工业设计：华与华为牛小灶重新设计了就餐体验的关键道具——牛角锅。直接把超级符号做成了实物，成为用户体验和拍照传播的重要道具。

品牌谚语（图 3）

　　广州牛杂煲，就吃牛小灶。

品牌标志（图 4）

　　发挥牛小灶品牌与生俱来的戏剧性，结合产品的特性，华与华为牛小灶创作了超级符号红色大牛角，极大地提升了牛小灶的品牌势能，让牛小灶在行业内迅速出圈，开始被众多竞品模仿。

店招系统（图 5）

　　超级符号在门店招牌上顶天立地地应用，帮助牛小灶在街道上脱颖而出，秒杀一条街。

品牌营销日历（图 6）

　　新年到，牛小灶。华与华为牛小灶打造了春节营销活动。同时，开发"新年牛 8 煲"，采用了最高的定价，在春节期间获得了 20% 以上的点单率，大获成功。

菜单

店外海报

吊旗

门店

卫衣

门形展架

6

门店设计（图7）

　　门店内部空间设计、座位排布、墙画设计、灯具设计、服务员服装体系，都由华与华整体设计。让门店从内到外焕然一新。

菜单设计（图 8）

重新梳理牛小灶的点单逻辑，通过菜单的设计，做到对食材的管理、对消费者点单顺序的管理、对客单价的管理。

背景介绍（图 1）

2018 年 8 月，淘车找到华与华，希望华与华为其提供品牌战略和形象定位服务，明确业务布局，找到传播发力点，通过整体营销传播，提高淘车品牌的市场知名度。合作后，华与华通过学习、理解客户的业务，通过大量行业研究，洞察出淘车所处的二手车行业面临的最大社会问题就是"二手车是非标品，车源、车况、车价不透明"。华与华判断提供让消费者可信任的产品是行业突破口，所以合作展开后，华与华首先为淘车提出了"保真"战略，提出三个"保真"，向消费者承诺：保真车源、保真车况、保真车价。改善品牌产品结构，驱动淘车向消费者和社会提供保真二手车产品。其次，淘车当时的品牌资产只有品牌名。行业同僚瓜子、人人车和优信通过大广告投资和代言人建立了一定品牌知名度。在激烈的竞争环境下，淘车需要快速建立品牌知名度。华与华用超级符号的方法，让淘车在短时间内成为消费者的老朋友，并建立淘车的品牌新资产。

战略方向

企业战略不是企业的战略，而是企业为承担某一社会责任，解决某一社会问题，而为社会制定的战略。企业的产品和服务，即组成该社会问题有效的、全面的、可持续的解决方案。基于"二手车是非标品，车源、车况、车价不透明"的行业痛点，华与华为淘车制定了"保真战略"，确立了"让更多人拥有放心二手车"的经营使命，并建立"淘车保真二手车"新品类，推动品牌提供一系列保真服务，制定《淘车保真标准及车源打标范围》，并设计《淘车品牌手册》指导保真战略落地。

话语体系（图 2）

梳理出"保真车源、保真车况、保真车价"三大保真承诺，并与客户共同讨论制定了"先开后买"的产品政策和核心宣传话语"先开满意后付钱"，以及线上 app 核心话语"下载淘车 app 买保真二手车"，线上线下形成传播联动。

品牌命名

重新定义二手车，建立"淘车保真二手车"新品类，并赢得解释权。针对线下门店业务，以改善"二手车线下交易市场鱼龙混杂、体验差"等问题为目的，重新命名、设计线下门店"淘车线下二手车广场"。

品牌谚语（图 3）

基于"保真战略"、业务组合和产品结构，提出品牌谚语"淘车保真二手车，先开满意后付钱"：1. 我是谁——淘车保真二手车；2. 我提供的价值，即购买理由——先开满意后付钱。

品牌角色 / 品牌标志（图 4）

品牌，不仅是一个商业思想，更是一种文化现象。这种文化现象基于消费者的底层潜意识运用。

超级符号的本质是嫁接文化原型。通过超级符号把淘车品牌寄生于一个文化母体。淘车的品牌符号，不思而得，就是一辆车，那我们如何占有这辆车呢？就是品牌寄生，寄生到人们熟悉的生活场景和文化中，找到一个点和车结合。我们发现一个跟车结合比较多的场景——就是狗和车，比如小朋友拉的小狗玩具车，比如超市门口的狗狗造型音乐摇摇车。在搜集参考的过程中，我们发现很多汽车广告片都使用了狗的形象，比如美国的 CARMAX 和日本的 Honda。小狗是很多家庭的家庭成员，是人人都认识、人人都喜欢的动物。小狗与车的改造可以拉近消费者与淘车品牌的距离，体现淘车的行业属性，让符号私有化。

具体动作：1. 找到原力符号的原型，找到狗；2. 加入行业企业属性进行编辑，将狗与车结合；3. 三现应用及检验，在广告、门店、app 和网站上应用检验。

全面媒体化／元媒体开发（图5）

基于超级符号打通线上线下信息传播、构建。

线下：打造样板门店，设计门店体验、提升品牌和产品信息传达效率，设计全套媒体接触点广告，强化品牌信息，并形成直营门店、合作门店、加盟门店三类门店店招设计规范。

线上：依据消费者购买旅程，积累品牌资产的同时，改善各个环节的信息传播效率，并形成《淘车 app 改版执行手册》。

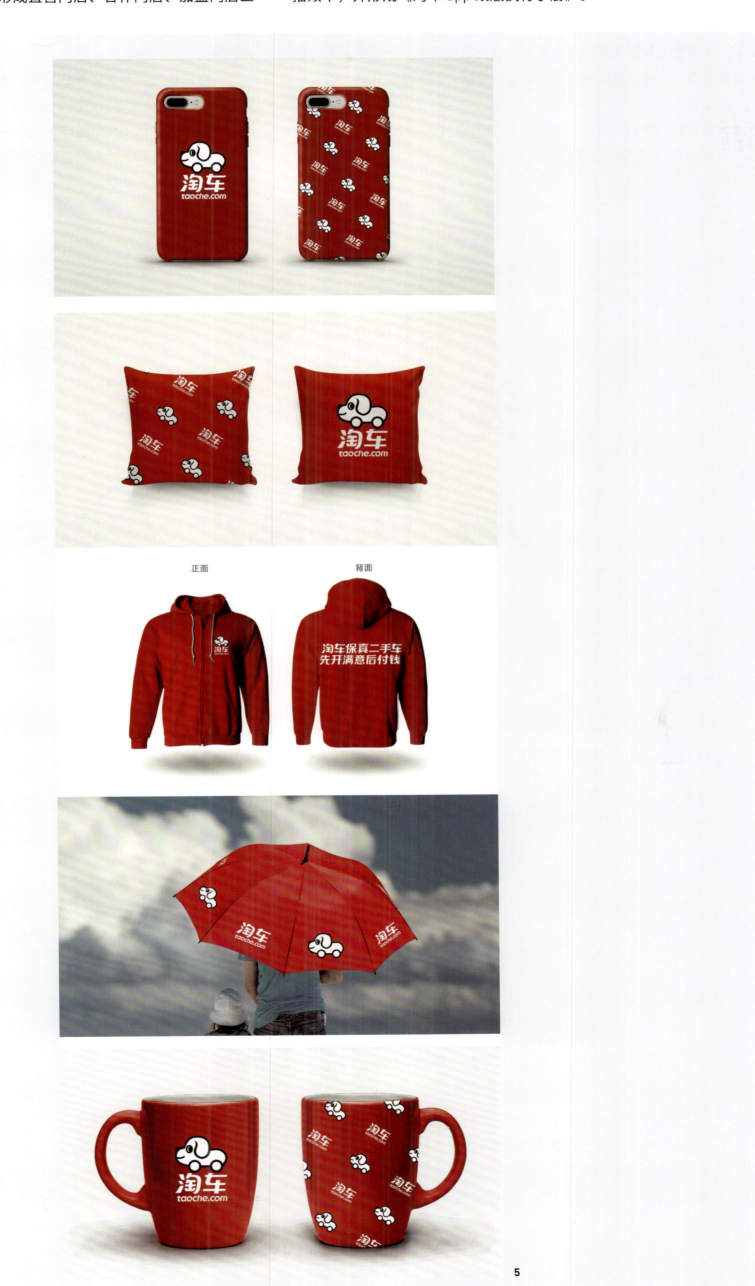

背景介绍

一亩泉酒业前身是保定酒厂，始创于 1945 年，是目前唯一处于保定市区的地产酒企业。一亩泉酒得名于保定的母亲泉"一亩泉"，它是府河的发源地，莲池的汲水之源，在历史上和近代都曾是保定城市饮用水水源地。一亩泉酒品牌是首批"河北省老字号"品牌，曾是保定家喻户晓的名牌产品、保定几代人的珍贵记忆。

据统计，全国有白酒生产企业 2 万余家，地方白酒占比高达 90% 以上。近几年，一二线名酒逐级渗透的环境下，地方酒企在"守"与"攻"方面的挑战变得越来越大！

战略方向

华与华方法中说品牌是一种文化现象，不是每个品牌都要征服世界，也有一些品牌是地方独特的文化遗产，华与华把这样的品牌称为文化遗产品牌。它们是我们整个民族的物质文化遗产。

一亩泉作为保定文化遗产品牌和地产酒的代表，发展的关键就在于"地产"二字，地方酒是一个地方的特产和名片，也承载着当地人对家乡的自豪与依恋之情。

绑定地域文化，成为地域文化的一部分，是地产酒与全国一二线名酒进行错位竞争的一条可行之路：挖掘地产酒背后的文化基因禀赋，为品牌嫁接地方文化母体，注入地方文化原力，激发地方人民的整体性经验，从而建立地产酒可持续发展的根基。

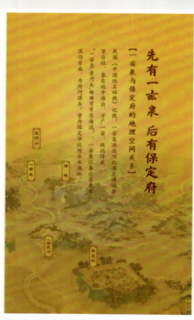

品牌谚语（图 1）

2018 年 3 月，华与华通过挖掘一亩泉酒的品牌基因，规划品牌战略，为一亩泉酒创作了"先有一亩泉，后有保定府"的品牌谚语。一亩泉是保定的母亲泉。历史上，一亩泉曾是保定饮用水的水源地，一亩泉酒的名字也由此而来。

话语体系（图 2）

"先有一亩泉，后有保定府"将一亩泉酒牢牢寄生在保定文化中，建立了垄断性的、排他性的品牌固定资产。通过描述一亩泉水与保定府的关系，占领保定文化的源头，将一亩泉水的历史回溯到了上千年！"先有一亩泉，后有保定府"宛若天成，让消费者在一亩泉酒里喝出沉淀千年的文化味！

超级符号（图3—6）

产品外观就是超级符号，超级符号就是品牌标志。在一亩泉的包装设计、品牌形象以及推广物料上真正实现了一以贯之，把一亩泉"涌泉而出"的源头意象发挥到极致。

广告系统（图7—11）

背景介绍

　　湘村黑猪是国内知名的黑猪肉品牌，是集黑猪繁育、养殖、肉制品加工、冷链配送为一体的农业产业化企业。

品牌谚语（图1）

　　湘村黑猪，清水一煮就很香。

话语体系（图2）

　　1. 清水一煮就很香。

　　2. 孕妇孩子放心吃。拒绝抗生素，拒绝瘦肉精，拒绝激素。

　　3. 养足 300 天，吃到真正猪肉香。

　　4. 连续 5 年成为"供港黑猪"。

品牌标志（图3）

　　小女孩抱黑猪形象，本身就是一个超级符号。保留原有的品牌资产，我们要让她更加鲜活，更具有生命力，成为百年品牌。

包装系统（图4—7）

持续改善（图 8—17）

一套终端改善物料：

1. 吊牌广告
2. 形象台卡
3. "供港黑猪"台卡
4. 玻璃贴
5. 试吃台

供港黑猪台卡　**8**　　　冷冻柜装饰条　**9**　　　试吃台平面图　**10**

11　　　**12**　　　**13**

14　　　**15**

16　　　**17**

背景介绍（图 1）

梦百合是专业的床垫及枕类产品制造商，并于 2011 年获得"非温感 0 压绵"国际专利，2016 年与曼联达成全球合作伙伴关系，产品畅销美国、英国、日本等全球 73 个国家，成为最大的零压绵供应商。2018 年华与华与梦百合达成战略合作，深入企业战略、品牌战略以及产品开发等领域。

战略方向（图 2）

"企业寻宝"是华与华服务每个新客户的第一步，就是在客户企业历史中寻宝，一定要把客户过去有价值的东西找出来、擦亮了、发扬光大，而不是一上来就全部改一遍。

我们对梦百合过去的品牌营销动作进行盘点，我们发现梦百合有很多具备核心价值的资源禀赋，其中获得多国专利的非温感零压绵更是建立了技术壁垒，但营销推广上在"深度睡眠"和"零压"之间摇摆不定，没有形成有效的品牌资产积累。

而在这一时期，零压概念也开始在床垫行业兴起。仔细深挖，我们发现梦百合是国内众多床垫品牌中最早提出"零压"概念的床垫制造商，可以说是当之无愧的"零压床垫"概念开创者，围绕这一概念，也投入了不少营销动作。基于品牌资产观，梦百合之前在"零压"上已经做了不少投资。花时间越多的东西，壁垒越高，梦百合应该继续投资"零压"，实现品牌资产的积累。借用数字的魔力，我们将"零压"改为了消费者更容易理解、更容易识别的数字"0 压"。基于这些资源禀赋，最终我们选择延续"0 压"作为品牌战略方向。

产品科学

梦百合 0 压床垫，压力小，睡得好。

梦百合 0 压床垫由获得多国专利的 0 压绵制成，独特的慢回弹均匀承托特性，能够使人体与床垫的贴合度平均可达 88.73%，身体重力均匀分散，人体受到的反作用力大大减小，从而减少睡眠过程中的频繁翻身状况，有效提高深度睡眠时间。临床实验表明：使用梦百合 0 压床垫，初入睡时间减少 49%，熟睡时间增加 12.5%。

品牌命名（图 3）

利用"0 压"的技术壁垒建立新品类，区别于市场上的乳胶床垫和弹簧床垫，发挥品类价值，赢得 0 压床垫的解释权。从命名开始，延续梦百合产品特色，正式使用"梦百合 0 压床垫"的命名。

品牌谚语（图 4）

品牌谚语的创意，要看梦百合产品与其他同类产品的差异化价值具体在哪里，要找到属于梦百合最独特的购买理由是什么。我们深入研究发现，非温感 0 压绵专利技术所带来的创新价值，是梦百合最大的价值。

从客观层面、物理特性上，梦百合区别于其他材质床垫的最大特点，简言之，就是睡在梦百合床垫上，因为接近 100% 的贴合度，身体受到的压力趋近于 0，用一组切身体会的词语来描述就是：平躺腰部不悬空，趴着呼吸不闷胸，左右侧睡不压肩。

而从主观层面上，工作、生活压力大，是导致现代人睡眠问题的主因。压力大是生活中不断发生、循环往复存在的场景，我们放大这个戏剧，植入梦百合 0 压床垫话语体系当中，创作了梦百合的品牌谚语——压力小，睡得好。

超级符号（图 5）

设计就是看图说话，只有这样成本才最低。

对梦百合来说，标准就是所见即所得，一看就是梦百合。无论是英文"MLILY"（由 DREAM LILY 简化而来）还是中文的"梦百合"（由好梦百合简化而来），都有一个与生俱来的戏剧性嵌入其中——LILY 百合花，再加上与睡眠相关的联想元素之后，梦百合的品牌超级符号就自然向我们走来了：

百合花，是一个国内外人人都熟悉的一种花；

花仙子，是一个古今中外被反复演绎、传颂的神话人物形象；

睡美人，一个东西方人人从小就知道的童话故事主角；

百合花＋花仙子＋睡美人＋床垫＝专属于梦百合的超级符号。

店招系统（图 6）

根据消费者的阅读习惯，要想获得货架陈列优势，门面是吸引人注意的首要道具。根据现场观察，我们发现梦百合门店只有两处 logo 露出，且整体以黑色为主，在整个通道里很难吸引目光。所以 2018 年对门头进行 3 大改善：

1. 增加门店百合仙子橱窗。

2. 增加门口两侧斜立面招牌，让来来往往走过的人远远就能看到，看到的同时还能被理解，"梦百合，0 压床垫开创者，曼联官方合作伙伴"。

3. 门店就是广告位，外墙一定上信息，通过不同入口的信息重复，让每个顾客进入梦百合的领地，都能接收梦百合的信息。

持续改善（图 7）

梦百合零售渠道的两大流量来源是门店和电商。持续改善关键在持续。

在 2018 年、2019 年华与华做了两次门店的持续改善：

2018 年，华与华进行第一次终端门店改善，对于门头，我们做了 3 个改善，改善后月均销售额提高 338%，同比增长 67.8%。

2019 年 9 月，华与华进行第二次终端门店改善，一共总结出 11 大标准物料，改善后日均注意率提升 208.8%，日均进店率提升 104.8%。

旧门店

新门店　6

2018年4月第一次改善7项标准物料

2019年持续改善2.0，提高进店率 11 大件

7

品牌营销日历（图8）

　　建材家居行业，常见营销方式叫"落地活动"，换言之，就是找一个由头打折优惠，你不打折不优惠顾客就不落地，时间长了，就形成了一种变相的打折促销。

　　2020年开始，华与华重新开发了梦百合大部分落地活动，带来的成效非常显著。

　　3月21日，全民试睡节，试睡越久越优惠

　　5月1日，0压劳动节，拿着工牌折上折

　　6月18日，老倪推荐日

　　8月，暑期档梦百合0压开学礼，在校也能睡得好

　　10月1日，全民足球射门赛，进球越多奖越大

　　11月，全球0压体验日

　　其中3月、5月、6月、10月的活动已经连续做了两年，实现连续两年持续增长。

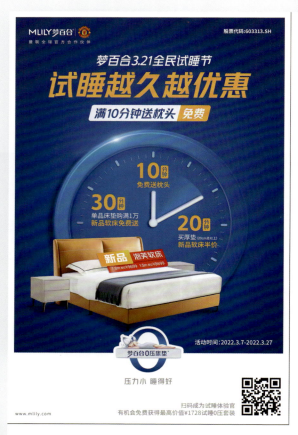

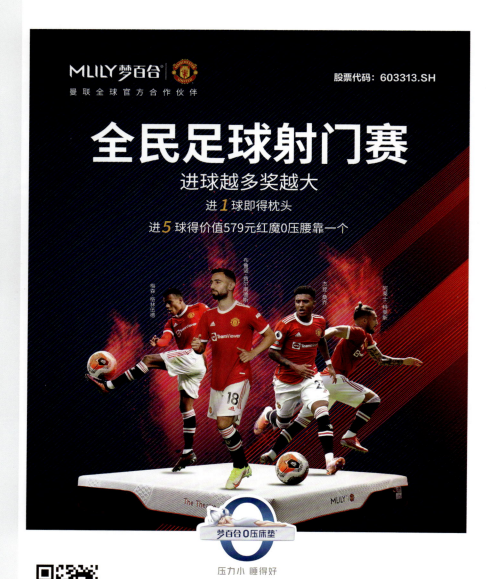
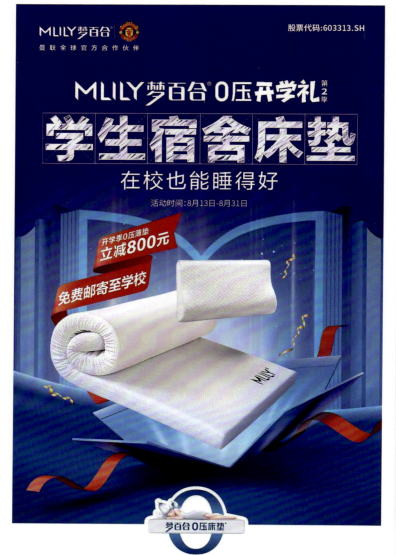

背景介绍

　　2018 年网鱼网咖和华与华达成品牌战略合作，网鱼是高端连锁的网吧品牌，在全国有 600 多家门店。

　　网鱼拥有 1100 万会员，每年接待人次超 3000 万。网鱼找到华与华的核心目的是品牌战略升级，在全新、小而美的新网咖模式下，提升品牌影响力，持续创造品牌价值。

品牌谚语

　　高端玩家，都来网鱼网咖。

　　高端玩家是所有玩家的梦想，他们希望自己的技术经验都能超越其他人，享受游戏胜利带来的喜悦。同时，高端玩家也是游戏圈的意见领袖，所以华与华找到"高端玩家"这个人群定义，召唤他们来网鱼上网，这也是对消费者的一种赞美。

门店改善（图 1—3）

　　华与华将网鱼终端门店划分为前台区、零食区、大厅区、包房区等板块，通过研究顾客的购物旅程，充分利用门店元媒体，全面提升终端物料设计。让各个区域的注意率、购买率更高，从而提升整个门店的销售业绩。

背景介绍 / 品牌谚语（图 1）

"鹅夫人"是王品集团旗下的中餐品牌，以烧鹅为拳头产品，连续两届荣获米其林一星餐厅。"鹅鹅鹅，鹅夫人"是华与华为其设计的超级符号和超级口号，是华与华用超级符号打造超级品牌的经典作品之一。超级符号的方法是荣格的心理学方法，和潜意识沟通，和大众与生俱来的潜意识沟通，激活人的整体性经验和人类的共同经验，获得情感共鸣和行为反射的原力。"鹅，鹅，鹅"来源于 13 亿人的人生第一诗《咏鹅》，鹅夫人的超级符号，人人都会背，张口就能来。随口就能背的超级符号，使 1371 年的原力一下子就注入到鹅夫人品牌之中。

那么，我们就要在人流量最大的地方曝光品牌，集中火力，实现商圈全覆盖，拦截顾客，才能实现终端导流。

2018 年 7 月 4 日，鹅夫人上海中山公园商圈广告全面更新，当月净销售额增长 14%，我们在一线观察，很多顾客，尤其是小朋友，都会不自觉地跟着招牌念"鹅鹅鹅，鹅夫人"，这就是超级符号的超级之处，它可以轻易地改变消费者的品牌偏好，也可以在短时间内发动大规模的购买行为，还可以让一个全新的品牌在一夜之间成为亿万消费者的老朋友。

广告系统（图 2）

餐饮企业流量就在商圈，要像钓鱼一样做商圈广告。钓鱼首要的一步，就是找水草丰美的地方。对应到商圈广告，这个水草丰美的地方，就是人流量最大的地方。

品牌营销日历（图 3）

比烧鹅更好吃的是脆皮烧鹅！

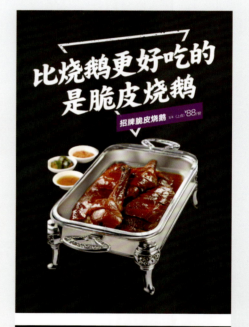
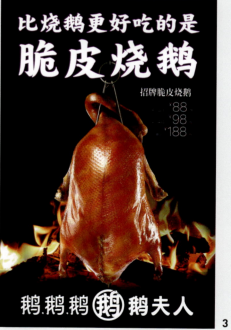

销售道具 / 助销系统（图4）

超级符号，要生更要养！怎么养？就是不遗余力地不断投资，重复应用，加深消费者的认知和认可，最终形成品牌资产。

鹅夫人启动店内店外全面媒体化工程，"鹅鹅鹅，鹅夫人"这一超级符号出现在店内店外每一个与顾客的接触点上。

4

背景介绍（图 1）

老娘舅创立于 2000 年，是长三角地区知名的中式快餐品牌，2019 年门店数量超过 300 家。作为一家快 20 年的企业，老娘舅在找到华与华之前，急切地寻求发展的突破之路，但对企业的发展方向、战略重心、顶层设计，始终不明确、不自信、找不到章法。于是"寻医问药"好几年，几乎一年换一个药方，频繁更换 logo、广告语及相应的门头，仅仅门店的招牌就有五代门店同时在市场上存在。华与华与老娘舅的合作，从品牌顶层设计到营销日历创意，从持续改善到餐具及空间设计，老娘舅案例完整体现了华与华"全案服务之价值、终身服务之理念"。

品牌标志（图 2）

超级符号"舅"字标：充分发挥"老娘舅"品牌名本身的戏剧性，用传递餐饮品类属性的碗占住一个超级流量词——"舅"！

品牌谚语（图 3）

米饭要讲究，就吃老娘舅。

老娘舅最底层的基因和资源禀赋就是品牌名"老娘舅"和"米饭"，这是所有战略和创意的原点。老娘舅项目组从老娘舅以往的话语中寻宝到"吃饭要讲究，就吃老娘舅"，改了一个字，把"吃饭"改成"米饭"，变成了"米饭要讲究，就吃老娘舅"，虽然只有一字之差，但是意思已经大不一样了，具有更强的信任感、更明确的品类指向、更明确的战略指向，传递"做米饭类快餐第一品牌"的战略，口号即战略，实现品牌名与品牌价值的完美契合。

话语体系（图 4）

舅舅家的米饭 4 大讲究：

1. 米种大有讲究

江南原生小粒米，产量少，味道好。

2. 产地大有讲究

老娘舅大米专供基地，毗邻丹顶鹤自然保护区。

3. 储存大有讲究

带壳存储，新鲜现碾。

4. 做法大有讲究

国家专利蒸饭技术，吃出柴火饭的味道。

产品工业设计（图5）

华与华设计之后的餐具在使用体验和运营效率上取得了5大提升：

1. 米饭碗：结合中国传统碗形美学设计，更具美感；更适合单手端取，有手感的同时更防滑、安全；提升了菜品分量感；减少了二次添饭的作业成本；同时，空间利用率提高了60%。

2. 主菜碗：形制设计更能凸显主菜的价值感，提升主菜丰盛感；同时，通过配套产品的通用性设计，既减少了生产成本，也提高了门店的运营效率。

3. 小菜碟：污渍残留的几率降低75%，空间利用率提升16.7%。

4. 炖蛋盅：导热性能更佳，减少因加热过久造成的开裂。

5. 餐具总重量减少21%，既降低了生产成本，又减小了顾客取餐及员工送餐、收桌的压力。

老娘舅餐具设计从提案到出街仅用了一个半月，目前已在所有新开门店中投入使用。

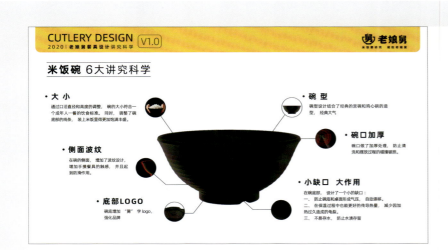

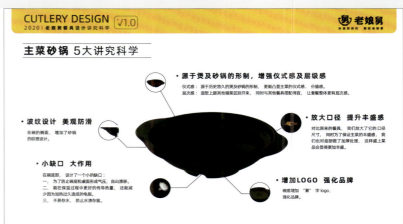

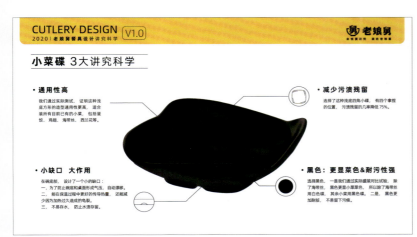

产品开发（图6）

　　老娘舅大米产品开发具有战略、营销及销售三大价值。品牌是产品的积累，大米零售产品与"米饭要讲究，就吃老娘舅"的战略相承接，持续强化老娘舅"米饭讲究"的品牌价值感，形成全方位的品牌印象和口碑传播，并能够增加企业边际效应。

品牌角色（图7）

老娘舅 IP 的人设及标签

　　昵称：碗舅舅

　　形象描述：一个眉毛很粗、一脸严肃、头上扣碗、碗上有"舅"字的酷舅舅！

经典衣着：黄袖、白厨师服

肢体语言：灵活的圆墩儿

人设：一个要求严苛、性格固执，但其实做事认真、有匠心精神又很热心肠的舅舅。

口头禅：老讲究了！

日常工作：向大众介绍老娘舅严选食材的过程，定期下厂对食材品质进行抽查质检，举行老娘舅大学学员入学及毕业仪式，主持集体婚礼……

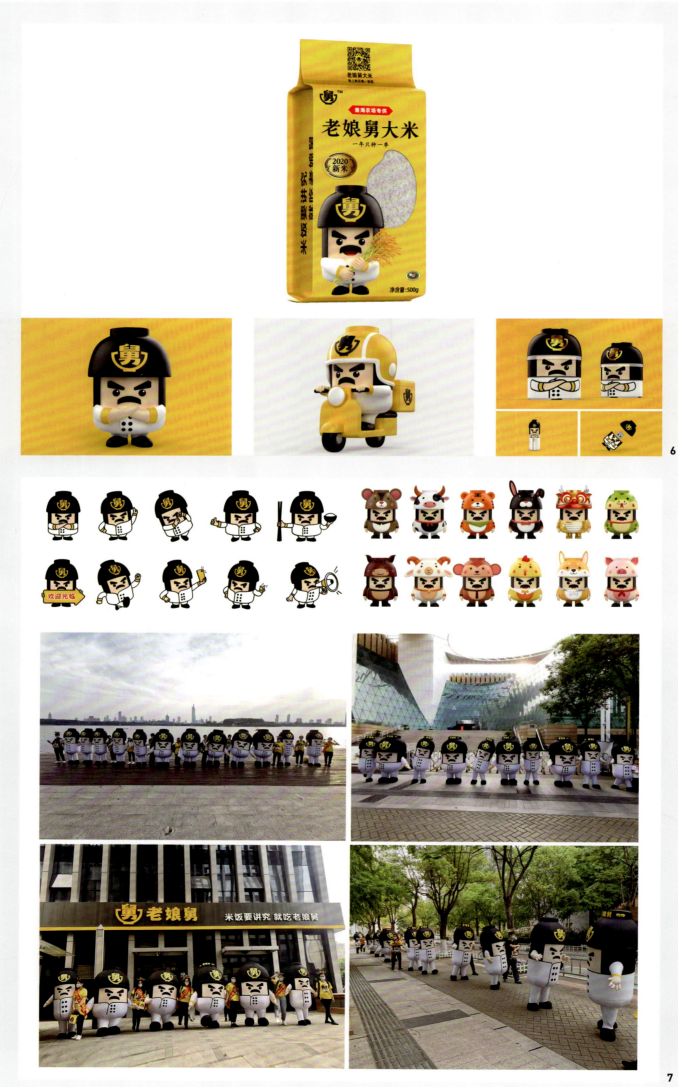

店招系统（图8）

　　商品或者品牌信息和消费者发生沟通的地方都称为货架。对于有门店的生意而言，街道就是货架。而货架的第一特征是信息竞争，老娘舅的招牌设计就是要跟街道上所有的门店争夺消费者的注意力，提升门店发现感和注意率。

设计要点：

　　1. 门店就是信号，用门店的广告信息刺激，获得客户的购买行为反射：通过"放大"和"重复"技术，降低门店发现成本，提升门店发现率。

　　2. 被看见的同时被理解：通过提供信息服务，提升产品发现率，降低消费者的决策成本。

用货架思维5大招打造超级店招

1. 超级符号运用三大秘诀——"大、多、亮"

　　（1）大：刺激信号的能量越强，则反射越大，招牌排面要大、字体要粗大，大就是召唤。

　　（2）多：重复，不断重复，重复就是力量和自信。

　　（3）亮：招牌要亮、要醒目。采用了黄黑对比色，更加醒目，在街道货架中凸显出来。

2. "黄灯带"提高发现感

　　在招牌下方设计了一条黄灯带，不仅增强了招牌的边界感和专属感，更能把路过的人目光抓过来，获得视觉优势。

3. 品牌谚语上店招

　　品牌谚语"米饭要讲究，就吃老娘舅"上店招，不仅是对老娘舅餐饮品类属性的补充，更是放大老娘舅"米饭讲究"的信号能量，信号能量越放大，消费者反射也就越大。

4. 超级IP走出来

　　超级IP作为老娘舅的代言人，走出来跟消费者见面，不仅能提高消费者注意率，而且能增强消费者记忆点，强化品牌资产积累。

5. 产品海报摆出来

　　"菜单摆出来，顾客走进来"，通过"五个放大"——放大产品图片、放大产品名字、放大产品价格、放大产品购买理由、放大选择逻辑，降低消费者决策成本，吸引消费者进店。

门店设计（图9）

　　通过发现感、食欲感、安心感、热卖感四大维度打造老娘舅门店；通过20大设计消除浪费，提高运营效率；通过15大设计提升顾客体验，积累品牌资产。

广告系统（图10）

　　自有门店引客流，商圈广告排第一。

改善机关（图11）

　　9大持续改善物料创意，步步机关算尽：基于三现主义，华与华为老娘舅设计了9大物料，放大购买理由，提供购买指南，降低顾客的选择成本，提升店员的服务效率，从而提升消费者的购买转化率，进而提高单店的营收，改善后平均单日堂食营收环比上升了29.4%！

自媒体系统（图12）

10

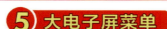

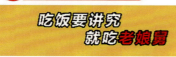

11

12

营销日历（图 13）

一年四大营销节日，全部照单执行

    1. 老娘舅年年有鱼节——吃年年有鱼，舅发大红包

    2. 老娘舅六一猜拳节——石头剪刀布，舅舅送礼物

3. 老娘舅 99 舅舅节——大声喊舅舅，立减 9 块 9

4. 老娘舅新米节——10 月收割，11 月上桌

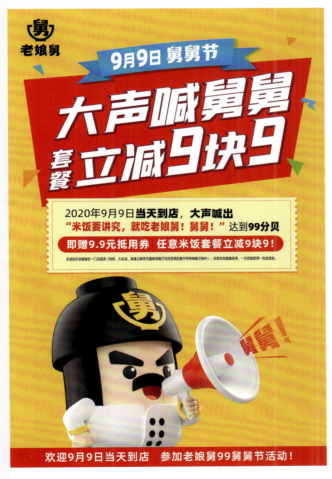

背景介绍

　　新东方作为全国规模最大、最具影响力的综合教育集团，有 9 个事业群。早在 2008 年，新东方就已经完整布局了 K12 的业务线，中学业务叫优能中学，小学业务叫泡泡少儿。如何进行集团品牌和业务品牌的传播？集团品牌和业务品牌应该统一阵地还是各自为战进行品牌传播？是华与华和新东方要共同思考的课题。

　　双方合作之后，华与华第一个要解决的课题：

　　1. 优能的定位和品牌核心诉求点，和母品牌的差异和关联。

　　2. 新东方和优能分别做什么来支撑各自的定位和主张。

　　华与华接到的一个任务是优能中学的品牌管家，具体的是要回到这两个问题。

　　这两个业务由两个事业部独立管理，又有各自的运营和管理团队。这两个部门财务独立、营销推广独立，连招生也是独立的。

战略方向

　　从新东方集团的角度，整体思考品牌的问题与对策。取消了优能中学和泡泡少儿，华与华提出以"新东方中小学全科教育"的业务名代替原来的泡泡与优能。

品牌谚语（图 1）

　　新东方的品牌战略出发点是"老师"，因此不假思索地想到了开始上课前全班起立叫"老师好！"这样一个文化母体。可以说这是全国人民都知道、都会说的一个文化母体。

　　我们将这句耳熟能详、从小说到大，其中蕴藏着人类文化原力的俗语，注入新东方的品牌中，让全国人民都说"新东方，老师好！"广告语不是我说一句话给他听，而是设计一句话让他说给别人听。"新东方，老师好！"是我们的老师、同学、家长介绍新东方最简单、有力的一句话。

　　用超级谚语统一品牌口号，最大化地实现集团行动的统一。它适用于新东方所有产品线的统一，英语课能说，语文课能说，数学课也能说。它适用于所有业务板块的统一，小学能用，中学能用，大学能用，出国留学、职业培训也能用。

　　通过符号系统和品牌资产的积累，让品牌信息最大化地传播，建立了统一的品牌形象，统一企业品牌行动。

超级角色（图 2—3）

　　根据"图书"的标签，进一步将超级角色符号私有化，创造角色的"自明性"和"熟悉感"，将符号"寄生"在一些学习和生活的场景中。为了加强沟通的丰富性和应用的方便性，华与华开发了新东方卡通吉祥物，创造了"新东方读书人"这个超级符号。

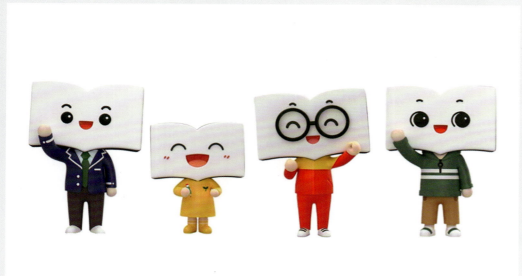

门头设计（图 4—6）

　　店招就是产品包装。街道就是我们的货架，门头就是发信号，让消费者和品牌发生关系。店招设计不是和同行竞争，是和整条街上的一切信息竞争。门店是第一战略应用道具，是我们的第一自媒体。

门店全面媒体化（图 7）

　　在购买中的消费者的核心特征就是置身在购买环境中的信息搜寻者。在这一部分的全面媒体化设计中，我们有两大核心任务：

　　1.增加校区指引功能，不用问路到门口；

　　2.提供购买理由，下达购买指令，加速购买决策。

　　如何指引消费者，实现不用问路到门口？

　　我们以西安 E22 校区为例，观察消费者进入校区大楼之后的每一个接触点，设计了电梯门广告、电梯广告、电梯按钮指示牌、校区公告栏 4 大核心指引道具，一步一步把上门的消费者吸引到门口。

校区4大指引核心道具

电梯门广告

电梯广告，报名海报下达购买指令

电梯按钮指示牌

校区公告栏，放大咨询功能

持续改善（图 8—14）

针对家长等待时间过长、问题没有得到有效回答等问题，华与华重新规划了新东方的报班手册。通过两大关键动作，用一本手册快速回答家长关心的报班问题，加速决策的营销循环，减少反复咨询，缩短转化时间。家长需要了解的报名基本信息在手册上就能看到，不必反复查询问工作人员；前台工作人员效率提升，排队等待时间减少，平均缴费报班时间缩短 24.3%。

关键动作一：封面设计降低发现成本

为了降低家长的发现成本，吸引家长主动拿起报班手册，我们在报班手册的封面设计上进行了 3 个放大：

放大标题：报班手册标题最大化，不用走近也能看到，刺激消费者阅读手册。

放大超级符号：抓住眼球，建立沟通。不断积累形成新东方的品牌资产，看到读书人就想到新东方。

放大消费者利益点：优惠信息，加速报班转化。

关键动作二：每一页、每一块内容都机关算尽

机关 1：课程类型色块化、退班信息可视化。我们用色彩区分不同课程类型，直接明了，缩短家长在手册上搜索课程类型信息及价格的时间。并将家长关心的试听退款信息使用重色突出，一目了然，降低沟通成本。

机关 2：课程内容图表化。我们改善了原有信息表阅读不便、识别不易的情况。把家长关心的时间信息设计得更清晰，并且用颜色来区分。加快家长选择课程的时间。

机关 3：放大周边校区地图。增加了新东方校区地图，呈现该地区各校区的地址，这样家长在选择校区时一目了然，无须再问。

机关 4：放大二维码。引导家长线上报名，减轻前台咨询压力。

机关 5：新东方，老师好！教师资质更明确，提供购买理由，增强信服力。

机关 6：教学方法清晰化！凸显品牌差异化教学法，强化购买理由。

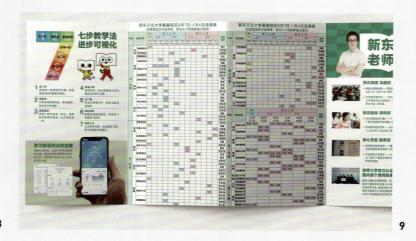
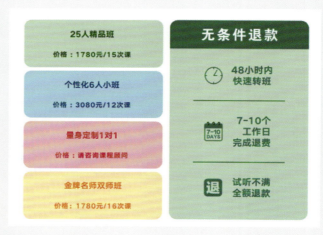

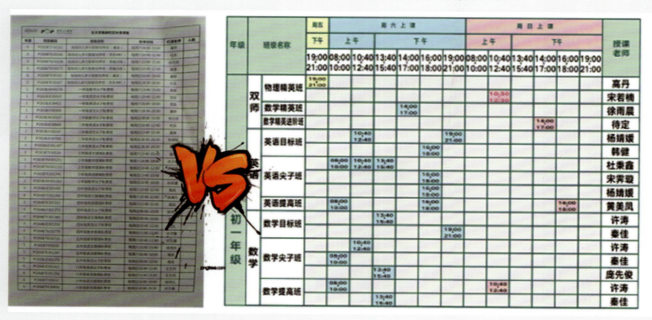

广告系统（图 15—19）

超强的执行力是这一品牌战略得以完美呈现的关键。新东方在全国各类型媒体投放"新东方，老师好！"的品牌广告，在不断重复传播中，建立新东方品牌资产。"新东方，老师好！"占领城市地标，占领品牌制高点。

15

16

17

18

19

2019

案例目录

第十三章

课题循环工作法

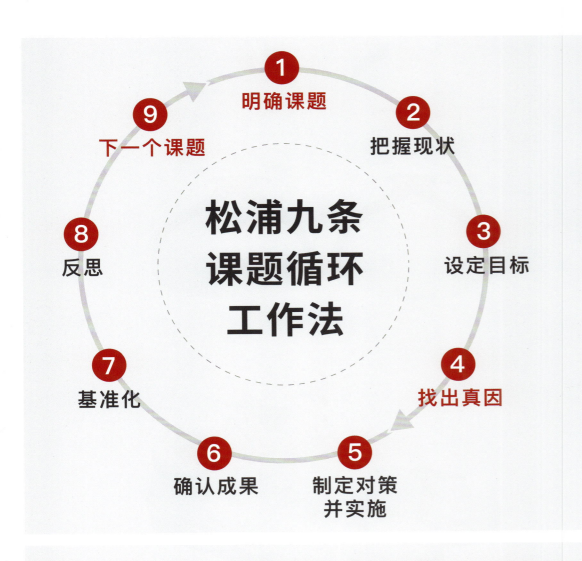

运用"松浦九条"能够减少工作当中的废动作，提高全员的时间利用率。这套循环工作法是华与华在营销实践中收获的行之有效的方法。

课题循环工作法是华与华能与客户长期合作并持续创造价值的关键，不搞错课题和能提出新课题是华与华方法的重大战略价值。

	状态描述	动作
现场	鹰的眼睛，俯瞰全局	画地图，城市－街道－商圈－门店
现物	兔子的眼睛，观察细节	拉清单，点检摸排统计物料和产品
现实	树的眼睛，记录事实	时间轴，年/月/周/天里发生的具体事情

三现主义

即现场、现物、现实。一切答案都在现场。

当你走到现场，看到现物，看见发生的现实，创意就会向你走来。

背景介绍

人本诞生于 1986 年，企业成立初期，底子薄、资金少、技术水平低，凭借吃苦耐劳的拼搏精神，从一个小作坊发展到全国 1000 余家连锁门店，从批发商发展到行业知名的帆布鞋品牌，36 年中取得了令人瞩目的成就。但是随着企业的发展和不断涌入的国外品牌造成的冲击，人本因为没有自己的经典鞋型，面临着两大困境：一是有品牌但无经典鞋型；二是有产品但无产品定价权。

这就意味着在一堆鞋中，消费者根本无法识别出哪一双是属于人本自己的品牌鞋款。一个帆布鞋品牌，没有自己的品牌鞋款就等于没有品牌储蓄罐，对外投资的每一分广告、卖出去的每一双鞋，等于在给其他品牌打广告；即使产品的舒适度、材料超越了国外的品牌，也不敢提价，因为根本没有自己的定价权。当时，人本的倪总来到华与华，拿着手中的帆布鞋说："我一直在思考的就是如何能够创造出我们自己的鞋型。"

所以，华与华面对的课题就是要为人本帆布鞋建立自己的品牌资产，获得品牌定价权。

通过垄断符号来建立品牌的定价权，把人本打造成时尚品牌。

1. 买椟还珠：建立品牌就要建立品牌超级符号，创意人本"人"字符号，并将其工业化设计，设计成帆布鞋鞋头，一举创作出了人本"人字头"的超级符号产品开发创意。

2. 品牌谚语放大产品戏剧性，确定人本品牌调性区别于普遍帆布鞋叛逆、随性的基调，人本是上进青年，是充满正能量的品牌标签。

3. 开发"1986 人字头"系列产品，打造人本经典鞋型，通过符号体系设计来实现购买理由，一举建立品牌定价权。

1　　2　　3

产品设计（图 1—3）

超级符号产品化，将超级符号植入产品中去，让产品为符号服务，积累品牌资产，打造人本自己的经典鞋款，获取品牌定价权。

品牌谚语（图 4）

　　"一步一个大写的人"源自高尔基的"大写的人"，已有 116 年的文化原力，寄生在这句话上，人本这句"一步一个大写的人"就有了 116 年的文化原力，穿着人本人字头的鞋，走在沙滩上，就能踩下一步一个大写的人。

话语体系（图 5—7）

人本帆布鞋 since 1986

全国门店 1000 余家

专注帆布鞋 35 年

一年销售 2000 万双

品牌角色（图 8—9）

　　人本熊，人本儿童鞋专家。

　　为人本专业儿童鞋创造一个超级 IP——人本熊，在门店产品及门店营销上进行使用，降低消费者的心理防线；熊本身就有强壮、保护的意思，寓意着保护儿童脚步、守护儿童健康成长。

品牌纹样（图 10—11）

　　人字纹，获取陈列优势。根据人本的资源禀赋，设计了人字纹花边，主要应用在门店、包装、快递袋上，在门店使用动态的人字纹进行展示，以吸引过往人群；并印上包装增加产品的陈列优势。

品牌标志（图 12）

　　人本帆布鞋 since1986，在原有字标的基础上增加创立年份，增加品牌的信任感，让消费者一眼就能看到，人本是一个有历史的国货品牌。

全面媒体化（图 13—27）

1. 店招系统（图 13—14）

    用全新 logo 及人字纹，统一品牌形象，配合终端品牌信息物料，增加消费者对品牌的信任感。

2. 广告系统（图 15—17）

    对外画面主打人本"1986 人字头"经典鞋款及品牌话语，打造人本经典鞋型，扩大品牌知名度，建立品牌定价权。

13

14

15

16

17

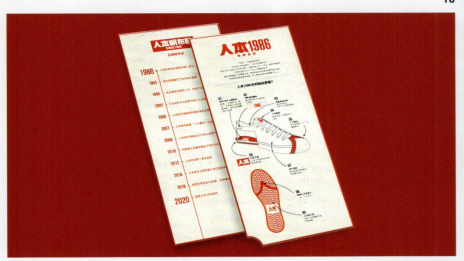

18

19

20

21

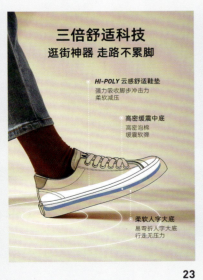

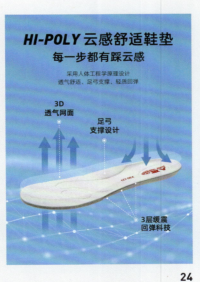

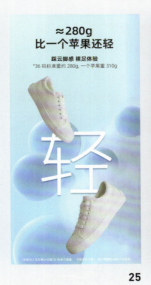

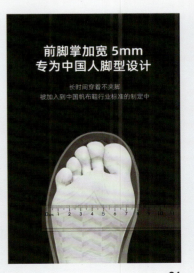

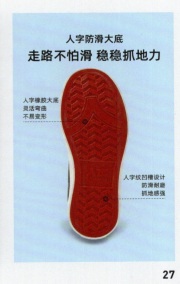

22

23

24

25

26

27

3. 包装系统（图18—20）

把包装当作媒体进行开发，打造门店超级广告位。在设计时将包装的4个面都当作海报进行设计，每一个面都能看到品牌信息，帮助积累品牌资产。

4. 电商页面设计 （图21—27）

电商头图功能卖点设计，释放产品价值，让产品自己把自己卖出去；并像设计一张图一样设计电商详情页，设计消费者的选择和阅读逻辑，加快购买决策。

改善机关（图 28）

　　终端物料就是信息炸药包，能够让门店的产品自己会说话，自己把自己给卖出去，大幅提升销量，华与华为人本做了 8 大物料改善：

1. 中岛海报主题化，既有价值又显眼
2. 中岛超级战略道具：气球
3. 折扣海报空中挂，对面顾客全靠它
4. 立式展陈架：产品卖点看得见，销量才能似火箭
5. 产品卖点上立牌，店员介绍跟它来
6. 新季新品，欢迎试穿
7. 活动信息要重复，顾客两双一块购
8. 折扣吊旗店里挂，门店氛围就靠它

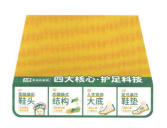

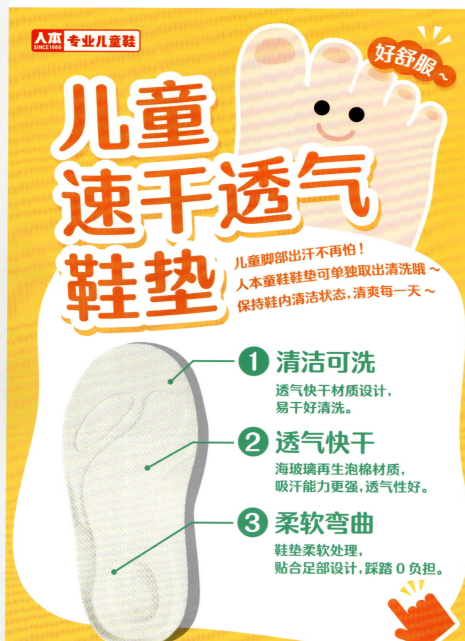

路演（图 29—31）

2020 年 5 月 20 日在上海举办品牌发布会，向全国经销商宣贯人本品牌的新战略、新形象、新产品、新门店，开启人本品牌发展新时代。

宣贯会（图 32—34）

向经销商宣讲人本门店持续改善方案，并展示持续改善取得的成果、每个物料承担的战略意义，帮助门店进行单店盈利提升，帮助公司管理经销商，并高效落地执行。

29

30

31

32

33

34

背景介绍

　　华与华与海欣合作以来，为其开发海欣"优选系列"产品，并完成包装设计和营销推广策略，落地"百年鱼丸世家"、蓝白条纹品牌资产，通过 KA、农贸、批发市场的持续改善，打造全国样板店。

围绕冻品渠道，多品类延伸，降低渠道共同成本。
聚集面点、主食品类，抢占 C 端市场。

产品开发 / 战略方向（图 1）

　　首次提出"拓品战略"，开发高端面点系列产品。

海欣火锅季终端推广（图 2—3）

品牌资产成果（图 4—5）

持续改善（图 6—9）

海欣的销售淡季终端推广及海欣面点的产品开发。

6

7

8

9

背景介绍（图1）

2018年上半年，付费阅读市场增长速度趋缓，行业发展遇到瓶颈。看准免费阅读势必带来下沉用户市场扩容，七猫决定进入免费阅读赛道。2018年8月，"七猫免费小说app"诞生。经过3年多的发展，七猫的用户规模已经稳居数字阅读行业第一梯队。

互联网企业普遍存在的痛点：靠买流量生存，而流量成本越来越贵，贵到企业根本赚不到钱，最后变成流量囚犯。2019年，刚步入免费阅读赛道一年时间的七猫免费小说app也面临同样的问题。华与华运用超级符号的方法帮助七猫建立起品牌资产储蓄罐，并通过"广覆盖和高势能"的一整套媒介组合打法，让品牌成为产品的流量入口，掌握自己的流量主权。

从2019年7月合作之初到2021年7月，七猫免费小说app日活、月活数据增长近3倍，持续保持行业第一梯队的优势。

企业战略（图2—3）

网络小说为人们提供情感和情绪的出口：排遣生存的压力，寄托存在感的渴望，给人们提供奇妙的幻想。每个人都有过不切实际的幻想，每个不切实际的幻想后面都有一颗不甘平凡的心。基于七猫带给人们幻想的价值，我们给七猫定义了它的经营使命：奇妙幻想在七猫，即"让人们拥有奇妙幻想"。

1

2

3

品牌角色（图 4）

七猫超级符号的超级之处就在于集品牌标志和品牌角色为一体。缩小用是品牌标志，放大用是品牌角色，一个符号既是品牌标志，又是品牌角色。无论在什么样的传播画面上，标志和角色流量互通、相互增强，最大化降低营销传播成本、积累品牌资产。

品牌标志（图 5—6）

我们发挥七猫品牌与生俱来的戏剧性：七猫 = 7 + 猫。选择了拥有 2500 多年历史、全世界通用的阿拉伯数字"7"作为标志设计的基本型，并通过对全世界各种猫的研究后，提炼出猫的三个最小化也最有代表性的元素：胡须、眼睛、耳朵；最后组成了大眼七猫的品牌超级符号。

借用全世界通用的阿拉伯数字"7"为七猫符号基础型

60 ≤ 夹角≤约75　　1:1 ≤ 宽高比 ≤1:2

七猫符号基础型

【七】+【猫】=七猫

数字"7"基础型　　代表猫的最小化元素:眼睛、胡须、耳朵　　七猫超级符号

4

5

6

不知道看什么小说 就上七猫必读榜

七猫APP 必读榜

免费看书100年 七猫免费小说

7

8

9

视频广告（图 7）

七猫超级 TVC 寄生于一首网络神曲《学猫叫》，该歌曲全网播放量超 73 亿，获得 Billboard Radio China 年度十大华语金曲奖。依托于神曲《学猫叫》的原力，七猫超级 TVC 一诞生就有一种熟悉感，耳熟能详，不胫而走。

15 秒 TVC 视频有品牌歌曲做 BGM，有品牌角色七仔耍把戏，有金角产品七猫必读榜提供购买指南，有品牌谚语打动购买；物尽其用，机关算尽。

产品开发（图 8—9）

2021 年，七猫按照权重高低融合了热度、用户评价、价值导向、质量稳定性等多维度指标，开发出一个科学全面的排行榜。华与华对这款排行榜进行了产品命名、符号设计、购买理由和广告推广的全面策划，即"七猫必读榜"的产品开发，通过强有力的榜单推荐机制，解决用户"不知道看什么小说"的问题。截至 2021 年年底，七猫必读榜找书转化率（找到书的人数 / 页面访问人数）已经达到 36.38%。

自媒体系统（图10）

对于互联网品牌来说，app 是最大的自媒体。七猫 app 日活几千万，如何让这几千万活跃用户记住七猫、喜欢上七猫、为我们自发播传七猫？

我们基于用户的行为路径，在一些关键触点上，让超级符号"七仔"用各种表情和动作与用户互动，丰富用户的视觉体验，增强用户对七仔的好感，加强对用户关键行为的引导和提示，让七仔真正"活"起来、"好玩"起来！

10

培训（图11）

给客户做培训就是让大家进入相同的语境，让知识和经验对称，降低相互理解、沟通的成本。2020年7月，华与华为七猫举办了一场超级符号训练营，七猫董事长韩总带队，有近百人参加。会上不仅有详细的案例讲解，还有现场练习，通过现场实践学方法。这场培训被韩总评价为"价值300万的培训"。

作者大会（图12—14）

作者大会是七猫的作者服务产品，也是面向行业的公关产品。2021年5月，华与华从会场动线、触点规划到核心物料，帮助七猫打造了第三届作者大会及第一届现实题材征文大赛颁奖典礼。超级道具"金七猫"奖杯让作者爱不释手，并在作者朋友圈二次传播。

展会（图15—18）

华与华督导七猫全年不间断地参加各种行业展会和大会：书展、网络文学＋大会、IP推介会、数字阅读大会、科幻论坛……为七猫创意设计的超大七仔外立面成功达到吸睛效果并被路人强行合照。

广告系统（图 19—20）

2020 年，七猫开始逐步在全国投放大规模品牌广告。两年来，华与华助力七猫完成线下 4 城市机场广告、6 城市地铁广告、全国 900 多列绿皮车广告、线上 6 档综艺植入、7 部影视剧植入。

华与华通过创意和媒介组合，帮助七猫降低流量成本、积累品牌资产，从之前的单一付费买流量，发展到现在拥有元媒体流量、户外广告流量、综艺植入流量、必读榜产品流量等 7 大流量构成的健康流量结构，逐渐建立起七猫自己的流量主权。

19

319

背景介绍（图 1）

鲜丰水果是在全国拥有 2000 家门店的连锁水果品牌。对于连锁零售门店而言，门店就是营销的主战场。所以，华与华关于品牌的创意工作全部围绕门店展开，每一家鲜丰水果门店，本质上都是一套信号系统。

产品开发（图 2—4）

1. 鲜丰好评蕉

华与华方法强调，企业过去的成功一定是做对了某些事情，我们的任务就是去捡回来，再把它擦亮。所以，鲜丰水果重新推出了 1.99 元好评蕉放在入口处。除了用物料打造一个香蕉专区，通过放大"1.99 元"，释放强大信号。仅好评蕉

一个单品就帮门店客单环比再涨 10%，占据门店三分之一的客单数。也就是每三个人就有一个人买好评蕉，越来越多顾客买香蕉就会到鲜丰水果门店。

2. 鲜丰绿杆子车厘子

建立新标准，赢得解释权，获得垄断权。过去所有人买车厘子没有品牌认知，更多是看果实大不大。绿杆子的产品命名，结合"新鲜车厘子，认准绿杆子"，建立了车厘子的新标准、车厘子新鲜解释权，建立了消费者全新的选择逻辑！这是一个可以口口相传的视觉购买理由！这是一个人人都认识、一眼就能识别的购买理由。消费者看到绿杆子，就能放心购买！消费者也能口口相传"新鲜车厘子，认准绿杆子"！

品牌谚语（图 5）

鲜丰水果鲜又甜，不鲜不甜不要钱。

如何传达鲜丰水果的产品品质？我们遇到了行业最大的痛点，那就回到行业中寻找智慧。每个人都有买水果的经历，卖水果时，店老板通常会说什么来打动消费者？每当顾客犹豫不决时，水果店老板最常用的必杀技就是"不甜不要钱"，当顾客听到老板说"不甜不要钱"，顾客就毫不犹豫地埋单了。"不甜不要钱"就是提供最低的选择风险，"不甜不要钱"就是水果行业原生的智慧，就是能够打动顾客购买的强刺激信号。基于"不甜不要钱"和"鲜丰水果"的品牌名，华与华创作出这句"鲜丰水果鲜又甜，不鲜不甜不要钱"的品牌谚语，这句口号设计用简单的字词、普通的道理、有节奏的句式，不但押韵，还能使人愉悦。三个"鲜"两个"甜"，又能够和超级符号形成互相增益。

超级符号（图 6—8）

作为水果行业，我们不思而得选择的第一个符号就是苹果，苹果是水果行业最具代表性的符号。有了这个基础，我们还要思考如何将它私有化。在寻找能表

达新鲜、表达好吃的时候，华与华找到了另外一个符号，一个全球 60 亿人都认识和熟悉的符号——"眼冒爱心""流着口水"的 emoji 表情。emoji 表情在今天已经超越国别、超越文化，是全球互联网平台通用的视觉语言系统，也是全球人都认识的超级符号。全球约有 90% 的在线用户频繁使用 emoji 表情，每天有 60 亿个 emoji 表情符号被传送。我们每天都用 emoji 表情进行交流，也都用这个"眼冒爱心""流着口水"的表情表达超级想吃的情绪。所以，当把这两个超级符号组合在一起，就创造出鲜丰水果的超级符号。一个人人都认识、熟悉、喜爱的超级符号，一个人人看到就会觉得好吃到想流口水的超级符号，一个最能够代表水果鲜又甜的符号！

店招系统（图 9）

针对鲜丰水果的门店，华与华从 46 个维度，梳理了鲜丰水果门店所有可以释放信号的方式，并结合鲜丰水果门店的实际情况，最后对门面进行了 9 大改造，释放强大信号，刺激顾客的行为反射。

鲜丰水果自动化持续改善系统（图 10—11）

在开展持续改善工作的同时，发现鲜丰水果督导水平参差不齐，于是提出打造自动化持续改善系统，让所有门店根据实时反馈，知道如何调整门店。了解到鲜丰水果有一套经营数据的数字化系统，并且开发了一款"智能诊断"的产品，基于销售业绩反馈给门店现存问题！

所以，项目组就基于华与华持续改善的产品，打造了鲜丰水果门店自动化改善系统，形成一套动态的持续改善数据！项目组在"店长宝典"基础上，分析梳理了不同经营数据（客单、客单价、引流产品、毛利产品等）对应的不同改善对策，形成了"鲜丰水果门店自动化改善 1.0"系统。

客户董事长评价："我们一直想干没干好的事儿，你们帮我们做好了！""就照着华与华的做！"

10

11

12

13

14

15

16

发布会（图 12—14）

1. 华与华第一个且迄今最大规格的发布会级别超级符号道场

现场打造超 300 平方米以上的超级符号道场，打造一个超级符号的海洋，从延展物料到符号雕塑，超级符号在现场展示得淋漓尽致。

2. 1:1 现场还原门店

现场 1:1 还原了鲜丰水果全新门店，现场摆货、现场销售，加盟商将门店围得水泄不通。

3. 用业绩说话，加盟数量超预期近 1 倍

现场原准备了 40 个加盟礼品抽奖，最终加盟商数量超过 70 多个，超预期近 1 倍！

品牌营销日历（图 15—16）

基于年底购买水果多数以"箱"为单位购买的消费习惯，为鲜丰水果创意年货节关键口号"一箱就给批发价"。在持续两年的推广下，门店春节销量持续同比增长，成为鲜丰水果一年中最火热的营销活动。

背景介绍（图1）

未来穿戴技术股份有限公司（SKG）成立于2007年，是一家专注于可穿戴按摩仪研发、设计、生产的高科技公司。

立足于人体健康数据管理，SKG一直致力让每个人更年轻、健康，为用户提供高品质的可穿戴按摩仪产品和服务体验，同时也不断整合最优质的研发、设计和制造资源，产品已畅销巴黎、纽约、首尔等多个城市及地区。

SKG推广面临流量购买的竞价机制，在这样的情况下如何摆脱流量勒索，实现流量越狱，建立自己的流量主权，就需要企业去建立自己的品牌、建立自己的符号。

品牌标志（图2）

超级符号其实就是那些拥有超级流量的符号，它的流量来源于群众广泛的"认知基础"和"情感基础"，让原本看起来没那么熟悉的符号变得眼熟，一下就成为消费者的老朋友。

在创作SKG超级符号时，最大的课题是如何用超级符号把品牌携带的意义嫁接到符号上，让消费者接触到这个符号就能自行脑补，从而达到闻一知十的效果。华与华方法说：超级符号不是被创造出来的，而是基于品牌与生俱来的戏剧性，去寻找出来的。SKG的拳头产品是颈椎按摩仪，产品是品牌与消费者最大的接触点，当我们提到健康优雅的脖子时经常会用"天鹅颈"这个词来形容，并且天鹅脖子也是一个S的形状。更让人惊喜的是，天鹅还是一个全球人民都喜欢的符号，代表了纯洁、忠诚和高贵，这正和SKG时尚的品牌调性完全契合。我们将天鹅颈和S完美融合，就有了SKG的超级符号，一个天鹅形的S，将字母S和天鹅变成SKG品牌的私有资产，让品牌名瞬间活了起来。

广告系统（图3—5）

使用重叠放大术，让SKG的平面广告与包装成为流量收集器，通过空间上不同层面的放大，加强所有关键信息。

第一层：将品牌色铺满背景，跳出货架；

第二层：放大超级符号最小记忆单位"天鹅S"，积累品牌资产；

第三层：放大代言人，增加明星吸引力；并让明星戴上产品，强化使用场景；

第四层：放大产品和超级话语，突出产品主角地位，并放大购买理由。

利用空间排序，放大核心信息，这样的放大法多而不乱，核心信息皆有效。符号、代言人、产品一眼看穿，一眼看全，并完成购买理由、购买指令、购买指南的完整信息进攻。

包装系统（图6）

华与华方法说：所有的事都是一件事，平面广告和包装设计也是一件事，我们将这种重叠放大的设计也运用在我们全线的产品包装上，让包装成为陈列广告的工具之一，同时在终端形成货架优势，让我们每个包装都成为独立且免费的流量收集器。

门店设计（图 7—9）

元媒体是品牌自己身上不花钱就可以使用的媒体，对于 SKG 来说，即将建成的旗舰店就是 SKG 的元媒体。考虑门店落地时，就要从消费者旅程来深入思考，门店的店招如何设计才能吸引消费者进入门店，每个模块如何设置才能引导消费者体验产品。SKG 旗舰店将门店划分为三大板块，让消费者从"看"到实际体验"用"，再到最终"买"。

路过 SKG 门店时，通过门店海报及自测展架唤醒迷茫中的消费者，吸引他的注意力，让他走进店里来；店中展示产品科学、搭建使用场景，让消费者毫无顾虑进行体验；每个系列产品对应的按摩部位，进行可视化，方便客户对号入座，加强专业性。SKG 门店完成了一次元媒体的大革命，让这个巨大的门店流量池为 SKG 带来源源不断的流量。

改善机关（图 10—12）

持续改善打造 SKG 全新门店规范，精耕细作提亩产，终端动销增效益：形成《SKG 专卖店动销宝典》，持续落地超 100 家 SKG 门店和超 400 家专柜，展架模块化设计使成本降低 200%，坪效提升 25%，助力门店提升运营效率与效能。

三大最佳改善机关

1. 产品展架

从 0 到 1 全面构建 SKG 的展陈系统，提升品牌势能；通过超级符号和品牌色提高每个产品展架的单兵作战能力，让每一个营销道具都能单独完成一次进攻；通过展架让终端陈列更加统一有序，营造出产品热卖氛围。

2. 警示立牌

警示信息能快速引起消费者注意，并通过"手向背后交叉牵，一招测出劳损肩""转动脖子咔咔响，就是颈椎在报警"与消费者形成互动，进而完成门店流量拦截和转化。

3. 产品价格签

给每个产品都分配了一个卖点展示牌和一个参数牌。把产品的关键卖点，以图文结合的形式呈现在卖点牌上；同时将产品型号、主要卖点、官方指导价以及门店活动价都用简洁易读的文字和版式呈现在参数牌上，为消费者提供完整且高效的信息服务。

背景介绍（图1）

　　华与华方法说：所有的事都是一件事。洽洽案例是华与华在快消行业"包装设计＋产品战略＋企业战略＋品牌营销"一体化的代表案例。20年来洽洽一直是中国瓜子炒货行业的领军企业，近两年又一跃成为中国坚果行业的领军品牌。

　　华与华与洽洽合作开始于2019年2月，同年7月18日，洽洽首次对外发布全新品牌战略"洽洽掌握关键保鲜技术"。与此同时，华与华为洽洽设计的全新产品包装也同步上市发售。新包装上市首月，销售同比提升120%，销量、市值双双破新高！2020年相继推出洽洽早餐每日坚果燕麦片和洽洽益生菌每日坚果两个战略级新品，两个产品一经上市，再次大获成功。其中洽洽益生菌每日坚果试销首月业绩突破1200万，洽洽早餐销售环比增长200%；用"三架马车"全面领跑洽洽坚果的百亿事业版图。

产品结构（图2）

　　没有产品，就没有战略。产品结构就是企业战略路线图，任何战略最终都要落实为产品战略。

品牌谚语（图3）

　　洽洽，掌握关键保鲜技术。用一句话打通企业战略、品牌战略、产品开发、广告创意，引领洽洽在坚果领域的发展方向。以荣誉符号——绶带作为洽洽的超级符号，放大购买理由，具有视觉强制性，建立品牌资产，并在终端建立货架优势。

话语体系（图4—5）

　　从原料到包装，洽洽建立3大新鲜壁垒：

　　1.100% 当季采摘坚果。

　　2. 瑞士工艺精准烘烤，酥脆口感。

　　3. 奶粉级保鲜包装，含氧量＜1%。

　　洽洽的保鲜技术荣获国家科学技术进步奖。

包装系统（图 6—7）

包装设计是快消品牌营销的战略重心与决胜点。

华与华的标准是每一个营销工具都能完成一次单独的进攻。在包装上机关算尽，让产品实现全自动销售，摆上货架就开卖。

洽洽坚果三驾马车：

1. 洽洽小黄袋每日坚果
2. 洽洽早餐每日坚果燕麦片
3. 洽洽小蓝袋益生菌每日坚果

6

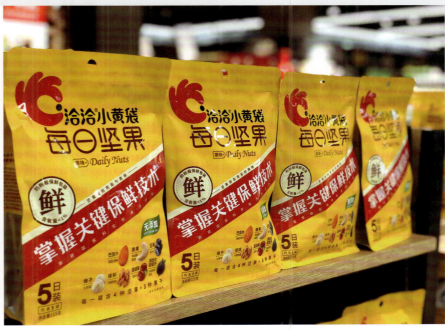

7

广告系统（图 8）

持续改善（图 9）

广告片（图 10）

一支超级广告，引爆分众，一夜之间建立品牌认知。

华与华 15 秒广告的技术要求：用 15 秒的表演，让一个观众注意到并且有意愿掏钱购买一个他第一次听说的产品。

品牌营销日历（图11）

终端营销日历：备考节、出游节、中秋节、年货节

发布会（图12—14）

通过举办"中国坚果产业标准大会"，掌握行业话语权。

11

12

13

14

背景介绍

　　八马茶业是中国茶叶连锁第一品牌，全国门店超过 1800 家，是铁观音国家非物质文化遗产代表人创立的品牌。面对茶行业信息不对称——消费者不知道买哪个品牌的茶、不知道如何选茶、不知道茶值多少钱的痛点，华与华基于八马的企业资源禀赋，和客户共同确立八马"中国好茶"战略。从铁观音向全品类扩展，汇聚中国六大茶类原产地好茶，从源头帮助消费者严选把关。

品牌谚语（图 1）

　　认准这匹马，好茶喝八马。

战略方向

　　成为"中国好茶管家"，提供中国茶业全产业链解决方案。

话语体系

1. 源自百年制茶世家
2. 汇聚中国原产地好茶
3. 创立中国好茶四大标准：安全、对口、正宗、稳定
4. 掌握核心制茶技艺
5. 国家级非遗技艺传承人品牌
6. 全国门店超 1800 家

品牌标志

　　客户原有 logo 建议保留，在门店放大应用。

店招系统（图 2—3）

八马门店就是最大的元媒体和广告位，用"两个思维"打造八马门店超级元媒体。

1. 进店前——货架思维

让八马门店从街道货架环境脱颖而出，一眼被发现，一眼被吸引。

5 大机关设计：

（1）用色如用兵，门头变橙色；

（2）口号上门头，召唤更有效。增加一块副门头，放上品牌口号；

（3）两边上侧招，提升发现率；

（4）门口灯箱海报电视机，就是迎宾员；

（5）品牌荣誉 icon 墙，增强信任感。

2. 进店后——菜单思维

建立选择逻辑，提供购买理由，为购买者提供决策服务，帮助购买者思考，替代他们思考，甚至让他们无须思考，直接按照我们设计的逻辑进行点单。

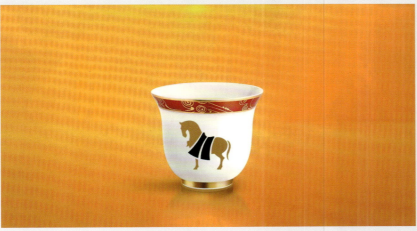

广告系统（图 4—8）

1. 在深圳投放分众电梯平面广告。

2. 在深圳投放分众电梯广告：认准这匹马，好茶喝八马。八马茶业，源自百年制茶世家，汇聚中国原产地好茶。认准这匹马，好茶喝八马。

包装系统（图 9—11）

华与华重新设计八马茶业包装：

1. 统一放大八马品牌符号形象，积累八马品牌资产。

2. 用颜色区分六大茶类，降低选择成本。

3. 用不同的工艺来体现同系列不同档位产品的区别，让不同档位具有差异性，同时也让消费者能够快速区分、快速决策。

每个茶类保持同一色系，不同系列之间底色微调

包装示意　　绿茶　　白茶　　铁观音　　岩茶　　红茶　　普洱

背景介绍（图1）

好大夫在线创立于 2006 年，是中国互联网医疗模式的开创者，16 年来积累了中国优质的医生资源，收录了全国 1 万家医院超过 70 万名医生的信息，21 万公立医院医生可以直接在线完成问诊、复诊、咨询、转诊、预约转诊、面诊等一系列线上线下完整的医疗服务，其中三甲医院的医生占到 78%，堪称一个"超级互联网三甲医院"，但好大夫在线所面临的问题是作为一个面向疾患人群服务的品牌，过去只在医生和患者群体中默默耕耘，公众的知名度并不高。大多数老百姓认为生病了去医院是唯一的解决办法，想找大专家，就得托熟人、找关系，根本不知道还有好大夫在线这样一种能直接找到专家看病的途径。

2019 年 9 月，好大夫在线找到华与华开启合作，提出了"品牌出圈"的课题：

好大夫如何走出疾患人群圈层，面向大众健康人群做传播，成为一个公众品牌？如何让更多的老百姓知道好大夫，在生病的第一时间能想到好大夫？

产品开发（图2—5）

事业理论：做中国人医疗健康第一入口的战略定位

产品科学：好大夫会员

产品结构：一家三口管一年

产品简述：从 0 到 1 的产品命名创意、购买理由创意、产品开发说明、产品传播创意、产品体验设计一体化设计，为客户提供新的营收来源。

品牌谚语（图6）

网上问诊，双手点赞好大夫。

2020 年年初，新冠疫情暴发，网上问诊成为新的看病就医方式，2020 年 2 月 7 日，好大夫在线 app 启用了全新的超级符号，好大夫创始人王航发了一条朋友圈："好大夫平台上每天都收到 2500 条以上来自患者对医生的赞扬，没有

哪个行业的从业者能得到如此多用户的赞扬，我们需要表达好这种赞，我们要双手点赞！"受到这条朋友圈微信的启发，华与华创作出好大夫的品牌谚语：网上问诊，双手点赞好大夫！

品牌标志（图 7—8）

一切传播都是符号的编码和解码。超级符号就是要找到编码和解码效率都最高的符号，达到最低成本、最高效率的传播和品牌资产的积累。

好大夫品牌与生俱来的戏剧性就是品牌名"好大夫"三个字。

"好大夫"是一个记忆成本和传播成本都极低的名字，是好大夫最重要的品牌资产。好大夫拥有的全国最优质的专家医生资源，也完全配得上这个名字。

我们在调研中发现一个场景：许多患者在治愈后，都会对医生竖起大拇指点

赞表达感谢。相信每一位好大夫都一定获得过患者的点赞，这就是对"好大夫"三个字最好的诠释。举起大拇指点赞作为一个人类文化母体，是世界通用的文化符号，无论男女老少，全世界人民都认识、都熟悉、都爱用，是使用频率最高的符号之一。

我们把大拇指点赞变成两个，并嫁接行业属性，就成了"好大夫"专属的超级符号，一个具有行业权威性、唯一性、排他性的超级符号。

7

8

9

10

广告系统（图 9）

发布会（图 10）

中国互联网医院排行榜

2020 年 11 月 4 日，好大夫在线联合中国社科院健康业发展研究中心，重磅发布了"中国医院互联网影响力排行榜"，这是该榜单连续第五年发布，由好大

夫在线提供数据支持。这份总结了 6800 万人在线看病经验的医院榜单，立志成为"医疗界的大众点评榜"，帮助更多的老百姓看病少走弯路，早日找到适合自己的"好大夫"。

会议（图 11—13）

中国好大夫峰会

　　好大夫峰会连续举办了 8 年，由好大夫在线和中国社科院联合举办的中国好大夫峰会，从小规模的平台答谢晚宴，成长为医疗行业最具创新力的千人盛会。峰会上颁发《中国好大夫榜》，好大夫在线平台综合评估医生在平台的服务量、服务深度、回复及时性、回复满意度、患者就诊后的口碑评价等多个维度。经过严谨的计算，从全国 24 万名医生中，评选出年度好大夫，对医生群体进行嘉奖的同时，也为中国老百姓看病就医提供参考。

11

12

13

14

15

义诊（图 14—15）

　　开发好大夫义诊公共服务产品，打通好大夫的五个市场。好大夫在线义诊活动的成功，得到了国家卫健委相关部门的关注和认可。2020 年 6 月，全国妇联、国家卫健委、国家体育总局主导的"健康中国·母亲行动"大型活动启动，好大夫在线作为受邀机构，成为官方在线义诊的承接平台。

　　好大夫获得了官方义诊的背书支持，开始联合一批全国知名的公立三甲医院，开创了在线义诊的新模式，用互联网的方式，让医院的传统义诊发挥更大的社会效益。

背景介绍

百邦是手机行业全生命周期服务的践行者和领导者，是国内第一家手机售后领域上市公司，百邦拥有苹果、华为等品牌的大型授权维修中心 200 余家，快修连锁联盟门店及会员制服务网点 1500 余个，遍布全国 30 个省市。面对中国手机售后服务行业服务没标准、产品不规范、价格不透明、售后无保障的四大难题，百邦确立了"做最让人放心的手机售后服务商"的使命，提出了"放心战略"为消费者提供"买、用、修、换"一站式解决方案。

品牌谚语　（图 1）

百邦，100 个放心！

超级符号（图 2）

品牌标志（图 3—4）

百邦心形笑脸符号——100 个放心，既是品牌口号，也是品牌超级符号，将 100 放到心形符号里。百邦的本质是服务业，服务业的超级符号是微笑脸，将 100、爱心、微笑三者结合，就成了百邦的爱心笑脸符号。

话语体系

1. 放心买

（1）买手机：优品二手机，免费延保一整年

（2）买配件：国家 3C 认证，性能安全可靠

（3）买数码：品牌官方授权，售后有保障

2. 放心用

（1）覆盖全国 28 个省，1500 家门店的售后服务体系

（2）1 小时上门服务

3. 放心修

（1）1 小时快速维修

（2）全国联保 180 天

（3）价格透明，明码实价

（4）苹果认证工程师服务

4. 放心换

（1）旧机价格更高

（2）新机价格更低

（3）军事级隐私删除

店招系统（图 5）

商圈就是货架，店招就是产品包装。

店招设计不是和同行竞争，是和整个商圈上的一切信息竞争。门店是第一战略应用道具，是我们的第一自媒体。百邦手机 4S 店旨在为顾客提供手机"买、用、修、换"一站式服务，并以"100 个放心"为服务标准，构建"放心买、放心用、放心修、放心换"的放心消费环境。

店招系统三步走

1. 放大门头符号。

2. 放上广告语。

3. 两边上侧招。

包装系统（图 6—12）

产品包装的货架思维

1. 放上品牌符号。
2. 放大产品购买理由。
3. 统一使用百邦玫红色。

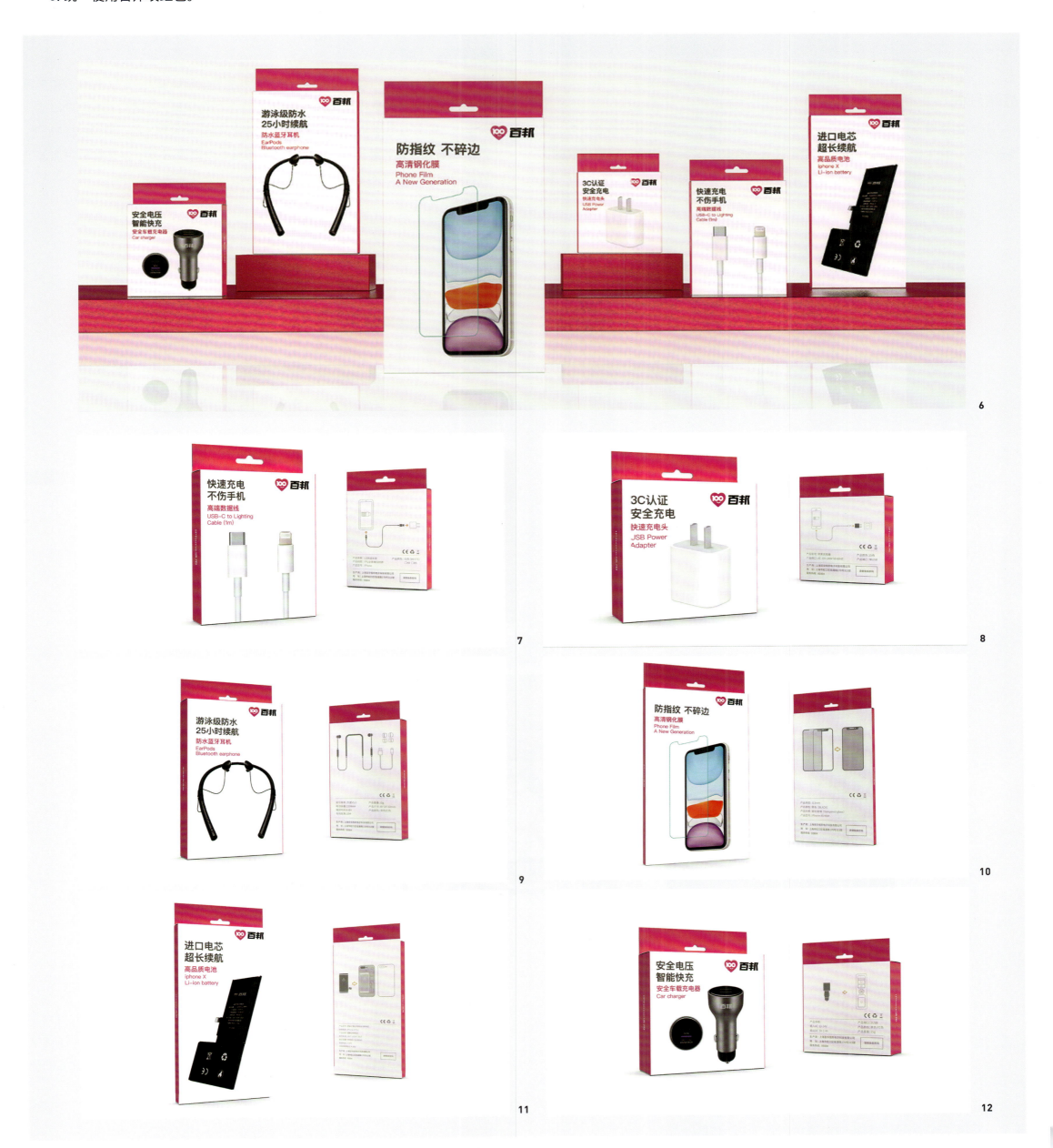

背景介绍

　　2000 年，华莱士在中国福建创办了第一家门店——福州师大餐厅，定位于平价的西式快餐，通过和麦当劳、肯德基差异化的定价和渠道获得发展机会。2021 年，华莱士门店数量突破 20000 家，成为中国本土快餐连锁规模最大的品牌之一，华莱士的经营使命始终如一：让中国老百姓都能享受到高质平价的炸鸡汉堡。

战略方向

　　营销的关键在于大批量销售我们最能生产的东西，最初华莱士和麦当劳、肯德基一样，定位于"炸鸡汉堡"，但是在该品类的供应链采购上，随着规模的扩大，华莱士与麦当劳、肯德基的采购冲突越来越剧烈，最终会导致成本上涨严重、大家都没有利润的情况。

　　基于华与华企业博弈战略，我们选择将华莱士独有且有供应链优势的全鸡产品作为品牌的全新品类和拳头产品，打造华莱士的品牌价值。

超级符号（图 1）

　　华莱士作为一家西式快餐品牌，其品牌标志要满足能够被全球人民认识和传播的需要，因此项目组选择从它的英文名 Wallace 的首字母入手进行私有化的改造，因为字母"W"就像数字和动物一样，是不受语言限制，全世界人都认识、熟悉的符号。

　　基于华与华为华莱士提出的全新品类策略"全鸡 & 汉堡"，在字母中加入了一只雄赳赳、气昂昂的公鸡形象，最终创作出了华莱士的超级符号。

1　　　　　　　　　　　　　　　　　　　　　　　　　　2

3　　　　　　　　　　　　　　　　　　　　　　　　　　4

华莱士家族礼物堆头　5　　　　　　　生日会　6　　　　　　　圣诞坐屋顶　7

品牌谚语（图 2）

　　全鸡配汉堡，华莱士吃好。

品牌角色（图 3—7）

华莱士 Wallace Friend 家族

　　好的品牌角色是品牌最有价值的代言人，持续积累品牌资产，可以在 50 年甚至 100 年之后，仍然获得投资品牌角色而产生的利息。

　　华莱士创作 IP 家族的初衷是为了开拓儿童市场，将五款经典产品"全鸡、汉堡、薯条、可乐、番茄酱"和可爱的小动物进行结合，打造出了"小白鸡、汉堡熊、可乐兔、薯条猫、番茄酱猫"的 IP 角色，构建出独属于华莱士品牌文化的 IP 宇宙，并通过盲盒、小游戏和礼品周边等形式不断丰富华莱士家族的原生内容，从而获得更多粉丝的关注和喜爱，为品牌创造更多价值。

店招系统（图8）

　　门店就是放大版的包装，需要通过"货架思维"进行设计，华莱士的货架就是店铺所在的商业街道，要通过店招的设计让门店从街道各家竞品中脱颖而出，吸引消费者的注意力。首先，超级符号上门头和侧招牌，唤醒迷茫的消费者；其次，通过全鸡、汉堡标注品类价值；再次，将购买理由放在横幅上，打动消费者；最后，通过横幅和海报罗列证据链，持续刺激消费者进店消费。华莱士目前拥有20000家门店，相当于20000家免费的广告位，充分利用门店元媒体资源，零成本实现线下超级传播。

包装系统（图9）

　　每一款包装都是100%属于品牌的广告位，100%触达消费者。对于华莱士来说，包装不仅是食物的盛器，更是和消费者接触点最频繁的元媒体，每天有数千万的消费者接触华莱士包装，包装具有巨大的媒体价值，因此包装除了需要根据它的实际应用场景、使用习惯、包装形状、食品安全法规等量身设计，还需要体现华莱士的品牌价值信息：超级符号、门店数量和原材料等。

内部路演（图 10）

华与华内部经常讲："没有创意，策略等于 0；没有手艺，创意等于 0；没有执行，一切等于 0。"每一个经营企业的人，可能都遇到过总部制定了很好的方案，但是区域执行得一塌糊涂的情况。

为了更好地帮助客户推动营销方案执行，让各个区域的店长能够愿意并且高质量地执行方案，我们为华莱士提供了一项"没有写在合同里"的服务——会议策划服务。

华与华内部路演总共分为 4 个步骤：理论培训、方案讲解、执行说明和道场体验。在战略提报之后，内部路演可以帮助企业扫清执行难点，减少内部沟通成本，上下一心，合力而为，极大提升企业执行效率。

10

品牌接触点手册 & 元媒体管理系统（图 11）

　　品牌接触点梳理就是用媒体化思维去设计企业和消费者所接触的所有环节，所有消费者与华莱士接触的地方都是媒体，做好品牌接触点媒体化就是做好品牌最有效、最便宜甚至不花钱的广告位，能为企业省下大量的广告费。

新店开业活动标准执行手册（图 12）

　　新店开业是一家门店最重要的促销节点，往往奠定了未来的经营基础，华与华为华莱士打造的新店开业活动标准执行手册，是一套成熟且被验证的、具有自销力的超级物料堡，让店长们在开业的时候按照需求使用，保障新店开业的活动效力。

营销日历（图13—24）

华莱士全年有三个营销大节点：六一吃鸡节、冬季吃鸡节和新年活动。

1. 六一吃鸡节（图13—14）

口号：大吉大利，六一全鸡！

六一吃鸡节是我们为华莱士的儿童和年轻客群量身打造的节日，我们洞察到每一个"小孩"在这一天都有一个愿望，就是在这一天能够吃到喜爱的食物、玩喜欢的游戏、收到很多礼物，于是我们将品牌寄生进这个文化母体里，并用品牌IP盲盒公仔为核心购买理由创造了一个可以玩游戏、吃炸鸡、拿礼物的盛大节日。

2. 冬季吃鸡节（图15—20）

口号：每一个冬天都应该有华莱士全鸡相伴！

冬季吃鸡节是我们为了建立"全鸡"新品类而量身打造的节日，在圣诞节的文化母体当中，人们在这一天晚上一定要全家人围坐在一起吃一只烤火鸡，于是我们将品牌嫁接进圣诞的母体当中，让我们的产品成为人们圣诞仪式当中的一个道具，从而创造更多的销售。

今年基于冬奥会、冰雪运动的时代机遇，我们创作了专属的品牌IP周边和小游戏，最终成功创造了全年销售的最高峰。

13

14

15

16

17

18

19

20

3. 新年活动（图21—24）

口号：来份华莱士，全年好运势！

　　"农历新年"已经成为华莱士传统节庆营销中最重要的营销节点之一。活动期间，通过设计对于迎新春来说实用性更高的礼品：对联、窗花、红包，带动套餐的促销。而在门店举办的"小白鸡画新衣服"的活动更是实现了从线下到线上的破圈传播，今年一共收到优秀插画作品 90466 幅，相信在未来，会有越来越多的顾客一起"来份华莱士，全年好运势"。

背景介绍（图 1）

2019 年水星家纺和华与华达成合作。合作之初，客户提出的核心诉求是品牌升级和超级符号，希望用华与华方法给"水星家纺"品牌注入新的能量，建立品牌资产储钱罐。在推进过程中，项目组了解挖掘企业的核心禀赋，洞察社会问题，明确企业战略及业务重心，并创作品牌谚语及超级符号，建立了水星家纺可以使用 100 年的品牌资产。

品牌谚语（图 2）

好被芯，选水星。

确立水星家纺企业使命和运营核心，以被芯为企业核心业务板块，正式确定品牌谚语"好被芯，选水星"，打造品牌资产储钱罐。

品牌纹样（图 3—12）

水星家纺超级花边的灵感来自水星拼音"shui"的首字母"S"和"家"的英文首字母"H"的设计组合。

字母"H"，以中国传统符号"竹节"为设计灵感来源，搭建出 H 最稳定的设计结构，同时在笔画的末端采用竹节的弧度，象征着中国企业生命的弹力；竹节拔高，象征中国企业坚硬的体制，节节高，生机勃勃。字母"S"，采用粗衬线字体，在字母笔画开始和结束的地方，采用竹节的弧度进行额外的装饰，在实现最佳可识别性的同时，也具有最高中国美学的装饰艺术效果。结合水星家纺的行业属性，采用"中国结"编织的设计手法，将"S""H"巧妙缠绕，在设计比例上达到最优视觉美感，建立纹样的最优组合。水星家纺的字母纹样，将字母"SH"以网格四方连续排列的设计形式进行组合使用，诞生出水星家纺的字母纹样。

广告系统（图 13—18）

　　全国 76 个城市地段的 285 块户外广告位，统一更换新的品牌话语"好被芯，选水星"及新 logo，正式启动"好被芯"战略。

发布会（图 19—24）

　　2020 年 6 月水星家纺在总部对核心加盟商举行品牌战略升级内部发布会，"好被芯"战略及超级口号、超级花边、全新被芯区设计盛大亮相，提振加盟商信心。

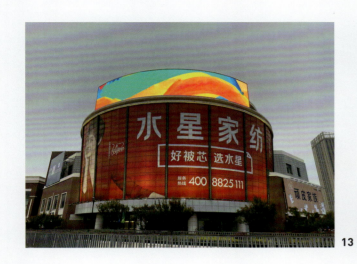

13

14

15

16

17

18

19

20

21

22

23

24

门店设计（图 25—34）

围绕"好被芯"战略重新设计门店被芯区，战略性提出"被芯区前置，占领第一流量入口"策略，通过被芯区面积扩大、按照四季建立被芯选择逻辑、产品信息可视化等关键动作，真正做到信息对称，让消费者明明白白买被子，打造全自动销售的门店。耗时半年，让"好被芯，选水星"真正落地苏州样板店。

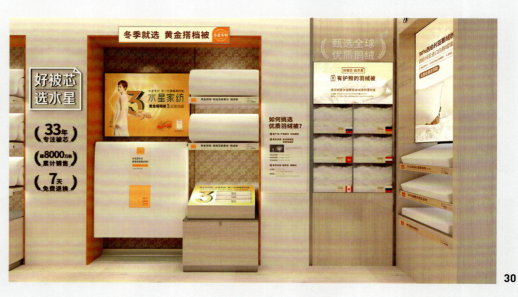

31

32

33

34

背景介绍（图 1）

潭酒建于 1964 年，是赤水河老牌酱酒厂，年生产酱酒 2 万多吨，储存规模达 8 万余吨，老酒存量 4 万吨，被业内誉为"隐形的酱酒大王"。2018 年"酱酒热"蔓延全国，资本纷纷入局，让本来就竞争激烈的白酒市场变得更加白热化。

2019 年华与华开始为潭酒提供战略营销品牌咨询的全案服务，帮助潭酒从一片红海的白酒市场突围。

潭酒企业社会问题、经营使命、企业战略（图 2）

2019 年，按照企业社会问题、经营使命、企业战略"三位一体"模型，潭酒企业战略全面升级。

1. 社会问题

白酒行业的两大问题：商家卖酒难，消费者买得不明不白。

（1）商家卖酒难，赚钱难：厂家压货多、渠道层级多，管理复杂、动销难、串货乱价普遍、价格不稳、利润不稳。

（2）消费者买得不明不白：市场信息不对称，从 20 元到 2000 元都在说自己是好酒，经常买到品质低、价格高的酒。

2. 经营使命

让商家简单卖酒，让消费者明白消费。

3. 企业战略

用互联网把白酒重新做一遍，解决行业问题。

"三大创新网络化推动"支撑企业战略：

（1）创新网络化推动酱酒品质与价格信息公开透明。

（2）创新网络化推动经销不分销、物流直配，利益共享。

（3）创新网络化推动圈层内行消费带动外行消费群裂变。

品牌谚语（图 3）

2019 年，华与华为潭酒提出管用 100 年的品牌口号：敢标真年份，内行喝潭酒。

短短 2 年时间，潭酒的品牌口号已经传遍了大江南北，被全国酱酒爱好者所接受！因为内行的就是品质的，内行的就是可信的，内行的就是明智的。

1

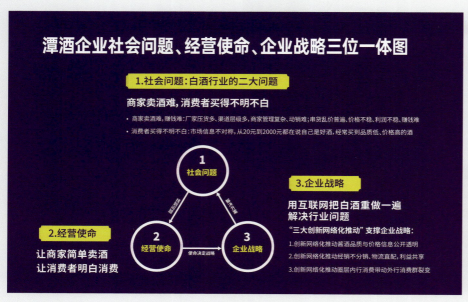

2

敢标真年份
内行喝潭酒

3

超级符号（图4）

华与华为潭酒独创了一款酒标，即潭酒的超级符号"真年份龙标"。

在真年份龙标的私有化改造上，我们做了两个处理：一是嫁接酒坛这一中国酒文化符号，将酒体年份及配比信息清清楚楚标注；二是结合潭酒1964年龙年建厂的企业历史，我们设计了"紫龙鱼"的吉祥物，形成潭酒独特的品牌符号。

拿紫潭酱酒为例，龙标中间分别标出6年基酒占80%、10年老酒占10%、15年老酒占9%、18年老酒占1%的不同占比，底部是基酒7轮次配比。

品牌角色（图5）

华与华把龙鱼从龙标里拿出来，作为潭酒的品牌角色进行推广；并对龙头进行了私有化处理，设计了"独角"。独角龙鱼的设计，是对潭酒正在成为中国白酒行业的独角兽公司的视觉表达。紫龙鱼在2021年调酒节亮相发布。

4

5

6

7

产品科学（图6）

1. 中国百大名酒背后的"英特尔"，积累百家名酒勾调技艺。

2. 读懂龙标，秒变酱酒内行！消费者只要看龙标，就能秒懂酱酒真年份，成为酱酒内行。

3. 透明价格一张表，货真价实不虚标。因为潭酒每款产品都是真实年份，所以潭酒就有别于传统白酒以消费心理定价的方式，而是按年份配比定价，酒瓶里装了多少年的酒，有多少比例就卖多少钱，并且用价格表的形式，标注在酒盒的外面，价格清楚透明，童叟无欺。

产品结构（图7）

产品即信息，每一个真年份龙标就是一款潭酒产品。通过真年份龙标，我们在没有增加任何成本的情况下，就重新开发了潭酒产品——因为产品只要贴上龙标，就从过去一款普通的酱酒变成了一款真年份的酱酒。在真年份龙标的指引下，项目组构建了真年份家族的产品结构。

全面媒体化（图 8—10）

1. 内行品鉴店

　　华与华说门店是品牌的道场，门店要发挥的不仅是销售功能，还要传递品牌价值。

　　我们为潭酒设计开发了超级专卖店：潭酒内行品鉴店。让专卖店成为培育酱酒内行的道场和传播"敢标真年份，内行喝潭酒"的品牌体验中心。

2. 烟酒店门头设计

　　对于烟酒店来说，街道就是货架，门店就是产品，门头就是包装，让包装会说话，"快速与消费者"沟通，并把自己卖出去。

3. 烟酒店元媒体系统开发

　　终端物料其实是信息服务产品，是为消费者服务，帮助他们发现潭酒。同时，降低消费者的选择成本和决策成本。

8

9

10

11

广告传播（图 11）

　　华与华为潭酒全国户外大广告投放提供媒介策略和上刊监理。

公关产品（图12—13）

2021年，华与华策划了"中国酱酒真年份发展论坛"，邀请白酒行业专家泰斗，共话酱香白酒真年份的发展。

12

13

14

15

营销日历（图14—15）

1. 真年份调酒节

口号：喝老酒，存新酒。

针对连续举办八届的潭酒真年份调酒节，我们提出管用100年的口号——"喝老酒，存新酒"。这是一句能召唤所有懂酱酒、爱酱酒的内行消费者的超级口号，因为这是全天下内行消费者潜移默化、主动自发遵守的酱酒消费习惯，具有强大的行动指令性，能成规模地卷入消费者。

2. 真年份涨价节

口号：一到元旦，潭酒就涨价。

由于潭酒每款产品都是真年份，按照酒体的年份定价，并且用"五码模式"管住了全国价格大盘；而酱酒随着酒龄上涨，口感就越好喝，价格也会上涨。

背景介绍（图 1）

四川省川南酿造有限公司创于 1986 年，坐落于中国泡菜城眉山东坡故里，是一家专注于下饭菜、调味品、辣酱生产和销售的现代化食品工业企业，生产规模行业领先。

为了给消费者提供地道川味的下饭菜、辣酱、调味品，川南自建绿色蔬菜种植基地，拥有 208 亩蔬菜发酵基地，1200 口标准化发酵池，发明渗香工艺等多项专利技术。合作两年，除超级符号、品牌谚语外，华与华基于企业 4P 现状，抓住 3 大核心动作，主要为川南重新设计了全线产品包装和产品推广道具，并创意拍摄了拳头产品广告片。帮助川南建立品牌、整理品牌形象，促进企业由渠道驱动向由品牌驱动转型。

企业战略 / 品牌谚语 / 品牌纹样（图 2）

2019 年 3 月，川南开始和华与华合作。第一季度华与华为川南制定"地道川味在川南"的企业战略，明确"下饭菜"的品类战略，并创意设计超级符号"川南编织格"，抓住下饭菜产品本质，创作品牌谚语"川南下饭菜，下饭就是香"。降低品牌的传播、记忆、识别成本，打造全新企业视觉识别系统的同时，构建了川南品牌资产结构。

销售道具 / 助销系统（图 3—4）

超级符号确认后，项目组马上在川南原有物料基础上，全面刷新超级符号，并陆续翻新设计多种多点陈列道具。其中，新开发设计的牛肉酱专架，将产品包装的戏剧性放大到极致，大大提升了产品在终端的发现感。

持续改善（图 5—6）

华与华对于快消品营销，终端物料就是战略武器，不仅是销售的战略武器，而且是品牌的战略武器。在没有大广告的情况下，用对、用好、用彻底终端物料，就能大幅提升销售额并建立品牌。因此，合作第 4 季度，川南项目组锁定川南终端 3 件货架类核心物料，运用华与华持续改善的技术，机关算尽、做不花钱的改善，排除浪费，提升川南终端物料在终端的卖货效率、品牌传播效率。

超市终端 3 件核心货架类物料和改善动作：

1. 货架贴

改善动作 1：货架贴高度增加 1.5cm，将高出价格签的位置设计为广告信息区，解决信息被标签遮挡的问题，让信息一眼能够被消费者看到。

改善动作 2：关键放大技术，增强川南品牌信号。去掉价格区，川南 logo 能放多大放多大，让 logo 能露出的情况下品牌信息的传达效率最高；下方增加 3 排超级符号川南编织格，放再多价格签，也能露出品牌识别信息，同步提升排面感和发现感。

改善动作 3：设计消费者的信息阅读内容和阅读效率。单一产品口号升级为多产品使用指南，提升货架贴通用性。通过使用场景刺激食欲，放大刺激信号，引发联想，对号入座，获得购买反射。

2. 热卖牌

改善动作 1：降低火焰的高度，减少热卖牌对产品的遮挡。业务员、理货员在使用时再也不用折一下，减少一个动作，提升理货效率。

改善动作 2：去掉川南的品牌 logo，同时铺满超级符号川南编织格。热卖牌是超市最常见的物料。铺满超级符号编织格，既能够在货架上快速抓住消费者眼球，又能够建立川南的品牌资产。

3. 圆形插卡

改善动作 1：将突出的圆形部分改为长方形，宽度缩减 4cm。减少插卡突出部分的面积，以此减少对通行和理货的影响，让理货员愿意用。

改善动作 2：箭头指向哪儿，视线就看哪儿。增加具有视觉强制性的"箭头"符号，把"热卖"写在箭头里，让消费者不得不往川南产品上看！

改善动作 3：增加产品照片，当消费者走在货架前 45° 处，就能看到产品长什么样以及购买理由"川南下饭菜，下饭就是香"，增加产品被发现、被拿起的概率。

改善动作 4：增加超级符号川南编织纹，铺满插卡插入货架的部分，让插卡露出货架的部分也能快速识别到川南品牌信息。

广告传播（图7）

为川南创意拍摄川南下饭菜产品 TVC 广告，2021 年 4 月亮相央视一套晚间黄金时段。基于川南 2021 年战略重心——实现客户发展目标，开拓县级客户，项目组明确这支电视广告承担的战略任务如下。

1. 提升产品销量

通过电视广告投放配合川南终端地推活动、终端的陈列铺货，提升川南下饭菜的知名度，进而提升瓶装下饭菜的销量。

2. 提升品牌势能

广告就是发信号，信号越强越有效。通过央视权威频道媒体投放，信号足够强，来占领下饭菜的品类，提升川南品牌势能，同时服务于川南客户开发。在广告创意上，寄生打鼓仪式，并且打的鼓就是下饭菜产品包装，耍足产品的把戏。所有的事都是一件事，围绕电视广告核心创意，同步完成一次产品包装改善，将产品包装上的购买理由由"炒出来的下饭菜"改善成"吃饭、拌面、夹馒头"3 个下饭场景，让广告片创意和包装改善设计在一个创意、一个体系下完成，通过一个合力去完成一次完整的进攻。

7

产品开发 / 包装系统（图 8-11）

　　包装是品牌最大的媒体，不用额外花钱的媒体，是品牌营销、产品销售的战略工具。

　　包装不仅是产品广告，也是品牌广告，为品牌积累品牌资产。合作两年内，基于现有产品规划，华与华先后为川南升级开发、翻新和落地全线 11 大系列产品，从产品命名创意到瓶型设计、购买理由创意、包装设计、产品照片拍摄，进行全面升级，零成本打造川南品牌自媒体。11 大系列产品包括：川南下饭菜系列、油辣子系列、下饭小菜（81g 系列）、下饭小菜（53/62g 系列）、酸菜鱼调料系列、牛肉酱系列、透明泡菜系列、辣酱系列、老坛榨菜系列、联包产品系列、充氮产品系列。

1. 商品即信息，包装即媒体

　　产品的本质就是放大购买理由。明确"下饭菜"品类战略后，华与华首先为川南进行了拳头品类"川南下饭菜系列"的再开发，通过改善瓶型，放大瓶贴面积，获得终端陈列优势，提高产品在货架被发现的概率。并重新创作购买理由，将消费者最常问的、对产品最关心、导购需要频繁回答的问题答案置于包装之上，达到"放大产品购买理由、提高信息传达、实现快速沟通、减少销售员回答的重复劳动"的包装改善目的。

2. 酱类产品是川南第二大产品线

　　接到课题后，华与华认为在川南依旧集中资源去推瓶装下饭菜、油辣子的时候，牛肉酱作为酱类产品的火车头，首先需要在货架上自己把自己卖出去，还要卖更多。其次，作为牛肉含量更高、口味更好的 3 款产品，要通过成功的销售，

下饭菜　**8**

酱类产品　**9**

建立口碑，积累川南牛肉酱的知名度，带动其他牛肉酱、辣酱产品销售。最后，通过在终端的陈列和销售，积累川南编织格和"地道川味"的品牌资产，日后能够卖所有产品。我们说传播的关键在于传。在于设计一句话，让消费者帮我们传，明确牛肉酱产品承担的战略任务后，我们设计了"川南牛肉酱，这个下饭牛"这样一句话，放在包装上，打动消费者购买，发动消费者播传。通过产品包装设计放大购买理由，打造出"牛"字产品符号，最大化呈现在包装上，创造产品的陈列优势。配合新包装，突出产品的购买理由，同步对物料进行了主题化的翻新设计。

3. 产品是企业的自媒体，它是品牌最大的媒体

　　袋装小菜（53/62g 系列）销售现状和战略任务：一年销量 1 个亿，消费基数大，是川南广告型产品，是每年可以面向近 1 亿消费者传播川南品牌的一个媒体；售价 1 ～ 1.5 元，是川南最低购买尝试成本的产品，消费入口型产品；

对于川南，袋装小菜起到了打开渠道、激活渠道、服务渠道的作用，是川南建立渠道信心的产品，也是让渠道销售商发出去维持他自己客户的一个产品。基于产品现状，华与华明确课题，首先是完成品牌资产的积累，统一形象，与其他系列产品形成合力，获得更大的陈列优势。其次，是把这个产品打造成最低广告成本的媒体，带动川南品牌其他产品销售。最后，我们通过 11 大机关设计，实现战略任务。其中两大核心改善动作：一是使用关键放大技术，放大产品名，产品名是消费者重要的购买依据，放大产品名就是放大产品购买理由，产品名边长是原包装的 2 倍，面积就是原来的 4 倍。在包装大小不变的情况下，产品名放了 1 倍，传播效果放大了 4 倍。二是基于这个系列产品承担的战略任务，我们在包装背面开辟了一个带货广告位，通过这款销量最大的产品，推更多川南的战略产品。

背景介绍（图1）

2018年年底，燕之初找到华与华，希望能够为其打造自有品牌。燕之初是一家燕窝代工企业，缺乏建设和运营自有品牌的经验。需要华与华从0开始打造，对华与华是不小的挑战。华与华认为，企业要善于把复杂的战局浓缩为几个主要的战略重心——最好是一个，这一个战略重心，就是决胜点。所以在接到课题后，华与华做的第一件事就是为这个新品牌进行"战略定心"。

战略方向（图2）

通过市场走访、消费者访谈和案头研究，充分了解燕窝行业状况和消费者的心理后，华与华发现，怀孕是很多消费者吃燕窝的起点。很多消费者都是从孕期开始吃燕窝，并养成了长期吃燕窝的习惯。怀孕吃燕窝已经成为孕妈妈们的共识，但是没有一个专业孕妇燕窝品牌，来满足中国超过1400万孕妇。于是"孕妇燕窝"战略应运而生。建议新品牌以孕妇燕窝为起手势产品，集中资源打歼灭战，建立孕妇燕窝专业品牌，成为孕妇燕窝市场第一品牌。

品牌命名（图3）

品牌就是产品的牌子，品牌名是品牌最重要的资产。对于一个全新的品牌来说，燕之初新品牌需要一个能够在短时间内被消费者记住的超级名字。

华与华在企业已注册的品牌名中进行选择，排除无法注册的风险。最终选择了"小鸟鲜燕"这个名字：

1. 它有明确的指向性，让人一听就能想象到是一只可爱的小燕子。
2. 有明确的产品价值——鲜。
3. 更强的行动指令，因为购买理由足够直接，行动力就足够强。
4. 记忆成本低，让人一下就记住。

超级符号（图4—5）

超级符号的本质在于极大降低品牌识别、记忆的成本，根据小鸟鲜艳的品牌名"孕妇燕窝"战略，我们为小鸟鲜燕设计了超级符号——小鸟鲜燕"孕"字标。

创意理由如下：

1. 以消费者为中心，降低识别成本。孕就是占住了一个超级流量词，能迅速被理解，从而提高品牌与消费者的沟通效率。

2. 有文化原型，降低记忆成本。双燕象征吉祥与恩爱，寓意美好。对双燕符号进行私有化处理，降低消费者识别、记忆和传播的成本。

3. 命名直接体现品类，降低营销传播成本。所以在符号设计中，除了小鸟鲜

燕的品牌名，也加入"孕妇燕窝"的品类名。

品牌谚语（图6）

基于小鸟鲜燕的企业基因和"孕妇燕窝"的战略。华与华希望能让小鸟鲜燕牢牢占领"专业孕妇燕窝品类"，成为专业燕窝第一品牌。

所以华与华给小鸟鲜燕提出了"专业孕妇燕窝，认准小鸟鲜燕"的传播话语，给消费者一个刺激"专业孕妇燕窝"，然后要求消费者行动，"认准小鸟鲜燕"。

产品开发（图7）

华与华说：包装是品牌最大媒体，所以包装对于新品牌来说有着极其重要的战略价值。

在瓶身的设计上，华与华首先想到了炖燕窝的炖盅。再深入找到了文化原力更强的东汉青釉刻纹镂空瓷簋。以此为基础，做了三个动作：

1. 改盅为碗，放大碗口。

2. 磨合碗身，更加圆润，贴合手感。

3. 增加"盖中盖"设计，大牌感更强。

在外包装设计上，首要目的就是让产品自己会说话，提高货架上被发现的可能性，打动消费者购买。

1. 用色如用兵，在外包装上大量运用橙色，提升终端发现感。并且作为小鸟鲜燕的品牌主色。

2. 寄生在人人都熟悉的"行李箱"这个符号上。行李箱这个符号表示贵重物品，有专属性。

3. 提高包装的销售沟通效率，让产品自己会说话。

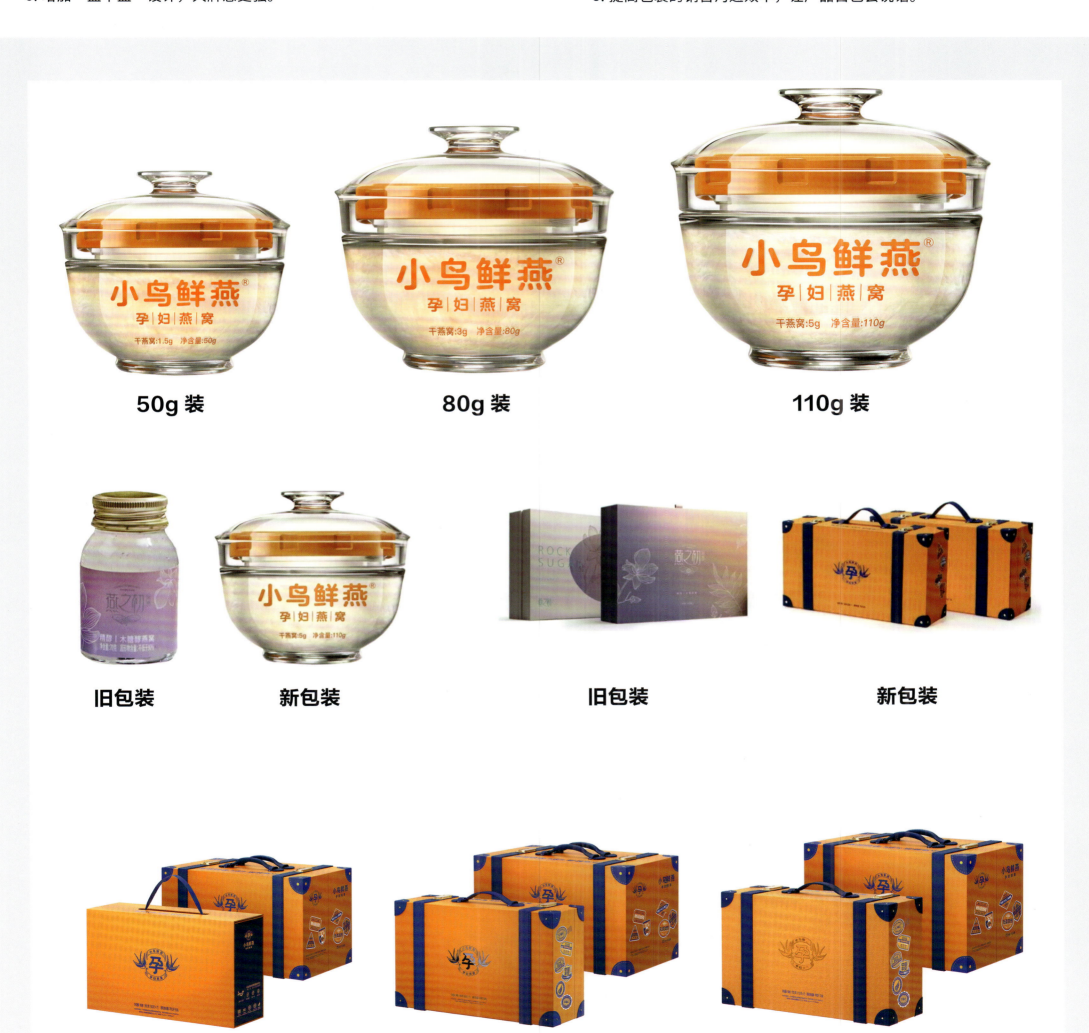

50g 装　　　　80g 装　　　　110g 装

旧包装　　　　新包装　　　　旧包装　　　　新包装

7

背景介绍（图1）

东鹏饮料是华与华在饮料行业通过"元媒体开发 ＋ 超大字体画面 ＋ 醒脑广告"三大放大术，几何级放大品牌信号能量，高效率零损耗传播，是助推产品快速增长的代表案例。

品牌命名（图2）

"东鹏加气"继承东鹏特饮产品命名结构，并放大产品含气的独特购买理由。

品牌谚语（图3）

东鹏加气，加油打气！

通过放大加气产品命名及戏剧性，寄生产品使用场景，让产品成为加油打气的仪式道具。

产品命名（图4）

"东鹏大咖摇摇拿铁"既是产品命名又是产品体验。用产品命名设计消费者的动作，并用"喝前摇6下"这一具体数字让摇摇拿铁的产品体验具体化，形成了完整的购买理由，打造可持续积累的品牌资产。

广告系统（图5）

通过独特的几何排版结构，放大"累了困了"刺激信号，建立东鹏独有的品牌视觉符号，快速刺激消费者购买；并通过这一独特的排版结构把"累了困了"与东鹏特饮进行绑定，打造出独有的消费品牌认知，统领所有的品牌传播工程。

包装系统（图6）

东鹏的外箱设计沿用产品超级画面，持续用超级放大术放大刺激信号，并通过沿着画面核心对割箱线区域进行规划，让外箱一推就能成为一个超级广告位，不仅节省终端维护成本，又增大了终端的陈列优势，在消费者脑海中重复建立"累了困了，喝东鹏特饮"的记忆。

5

6

7

品牌营销日历（图7）

在中国人的文化中，求财运是中国人民传承千年的习俗，所以我们把东鹏特饮寄生在"财运"这一文化母体上，创作出"送东鹏，财运爆棚"这一广告语，并且与元宝鹏这一符号的母体价值交相呼应。而在设计上，遵循保护品牌资产的原则，对元宝鹏符号进行保留并放大。将其作为礼品市场最核心的符号形象，从产品包装到终端打堆物料设计，都用这一个元宝鹏进行统领。

广告片（图8）

在东鹏特饮广告上，我们将东鹏品牌寄生到歌曲 *Ole Ole We Are The Champion* 这一全世界人民都知道的文化母体，并围绕广告语"累了困了喝东鹏特饮"，将歌词改编成"我累我累我累"，与原曲歌词 *"ole ole ole"* 形成巧妙的融合，实现品牌寄生。这首独特的歌曲，不仅成为东鹏独特的声音品牌资产，也为东鹏创建起独特的品牌声音符号，统领未来一系列的品牌传播活动。

8

宣传片（图 9）

东鹏 0 糖产品片

　　产品唱主角，用充满食欲感的镜头突出放大产品的轻盈无负担，最后落版画面是液体组成 0 的符号，强化无糖型能量饮料，畅饮无负担。

东鹏加気产品片

　　用 5 大超级镜头，打造富有食欲性的电视广告，持续在功能能量饮料领域为东鹏积累品牌资产。

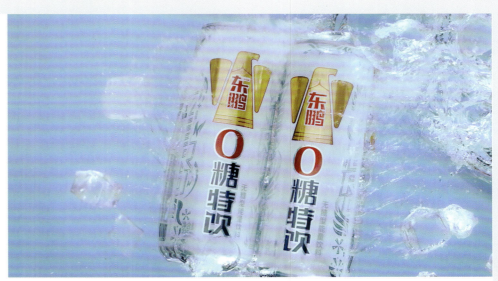

背景介绍（图1）

2019年，基于大量访谈与对企业发展史的深入研究，华与华帮助探鱼找到并树立其产品科学，从鱼种选择、烤鱼工艺要求层面打造品牌话语体系，形成探鱼传播完整证据链。并提出"先点鱼、再选口味、再点涮菜"的点单顺序，设计消费者的选择逻辑。

产品结构（图2）

华与华从探鱼在售的十余个烤鱼口味中选出鲜青椒烤鱼、酱香烤鱼、重庆豆花烤鱼、毛血旺烤鱼作为拳头产品进行主推。并提炼购买理由、产品拍摄及传播画面，帮助消费者在产品层面形成统一的认知。并通过规划鱼种、口味、配菜、小吃、饮料形成完整的菜单结构。

品牌谚语（图3）

一切战略都是话语战略。2019年4月，探鱼烤鱼与华与华签约，封闭创作期间，华与华为其找到人类食用烤鱼的文化母体，创作"一万年前就烤鱼，一万年后吃探鱼"的品牌谚语，召唤出巨大的文化原力，并同期创作超级符号"探鱼哥"。

话语体系（图4）

2019年，基于大量访谈与对企业发展史的深入研究，帮助探鱼找到并树立其产品科学，从鱼种选择、烤鱼工艺要求层面打造品牌话语体系，形成探鱼传播完整证据链。

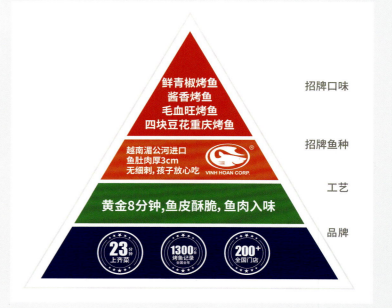

品牌标志 / 品牌角色（图 5—8）

基于人类食用烤鱼的文化母体，找到一个具有原力的符号——印第安生育之神 Kokopelli，并将其进行私有化改造——人鱼对视，形成探鱼超级符号——"探鱼哥"。

店招系统（图 9）

对餐饮客户而言，店招系统是最重要的自媒体，超级符号和超级口号在店招上及店内体验中首发露出。 2019 年在华与华协助下，包含超级口号、超级符号的门头在探鱼全国 40 余家新老门店落地，打造新的品牌资产。

广告系统（图 10—13）

基于拳头产品鲜青椒烤鱼，为探鱼设计传播画面并梳理形成传播画面规范，帮助探鱼规范开业围挡和商圈广告的传播设计。

2019 年 10 月，探鱼烤串上市，为探鱼打造新品上市的广告系统。2019 年 11 月，启动拳头产品蔡澜传播专项。

包装系统（图 14—16）

　　除了堂食产品，华与华为探鱼升级外卖产品，通过梳理消费者接触点、找到外卖系统元媒体的关键抓手，占领品牌色"探鱼橙"，外袋尺寸与功能升级，实现防雨功能，便于店员打包及外卖员取餐。内盒为消费者提供产品使用的信息服务，放大服务的价值。

　　为探鱼啤酒设计酒标及传播方案，提出德式全麦芽啤酒的购买理由并用于包装，包装上重复积累"探鱼哥"品牌资产。

自媒体系统（图 17—20）

　　为探鱼开发店内自媒体系统和周边系统。

14

15

16

17

18

19

20

菜单设计（图 21—22）

为探鱼重新规划菜单设计，设计"先点鱼、再选口味、再点涮菜"的点单顺序，设计消费者的选择逻辑。输出产品科学，从鱼种选择、烤鱼工艺要求层面打造品牌话语体系，形成探鱼传播完整证据链。

宣传片（图 23）

超级符号要生也要养，为探鱼哥创作探鱼哥大冒险的动画脚本，并完成绘制与制作，以生动的方式展示探鱼哥形象。

宣贯会（图 24—25）

像对待顾客一样对待区域经理，通过内部路演与宣贯，降低内部沟通成本。因此，我们在品牌升级之后，统筹组织了探鱼内部宣贯会。华与华提供议程、议题确定、道场规划搭建、方案现场讲解等全程托管服务。

背景介绍

　　湖南妇女儿童医院是湖南长沙面积最大的妇女儿童专科医院。医院创始人谢子龙先生创立医院的初衷就是要建设一家环境、服务、体验最好的妇女儿童医院。用创始人的话说就是"一家有温度的医院"。

超级符号（图1—4）

　　如何用超级符号来体现"一家有温度的医院"？医院是一个体验性非常强的产品类别。它的"包装"就是它的大楼，它的"产品"就是医院整个空间和服务。它的超级符号就是要在大楼和整个空间、服务过程中发挥作用。

　　我们创造性地用了"草莓"这个水果作为创意的源头，加上代表医院的"十字"，设计了湖南妇女儿童医院的超级符号：草莓妈妈和草莓娃娃。草莓是大家最熟悉的水果，并且是天生自带性别和年龄属性的水果，既能代表女性，又能代表小孩。因为其独特的草莓籽，形成了天然的花边，具有非常强的识别性。草莓头可以做标志，草莓人可以作为IP形象使用。做成人偶可以和患者亲密互动，做成手办可以送给小朋友。草莓妈妈和草莓娃娃的超级符号非常容易大规模使用，让冷冰冰的医院充满了温度。医生和患者亲切地称呼"湖南妇女儿童医院"为"草莓医院"。

1

2

3

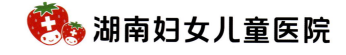

4

品牌角色 / 品牌纹样（图 5—15）

我们选用了带十字的草莓妈妈和草莓娃娃来传递妇女、儿童、医院的价值。

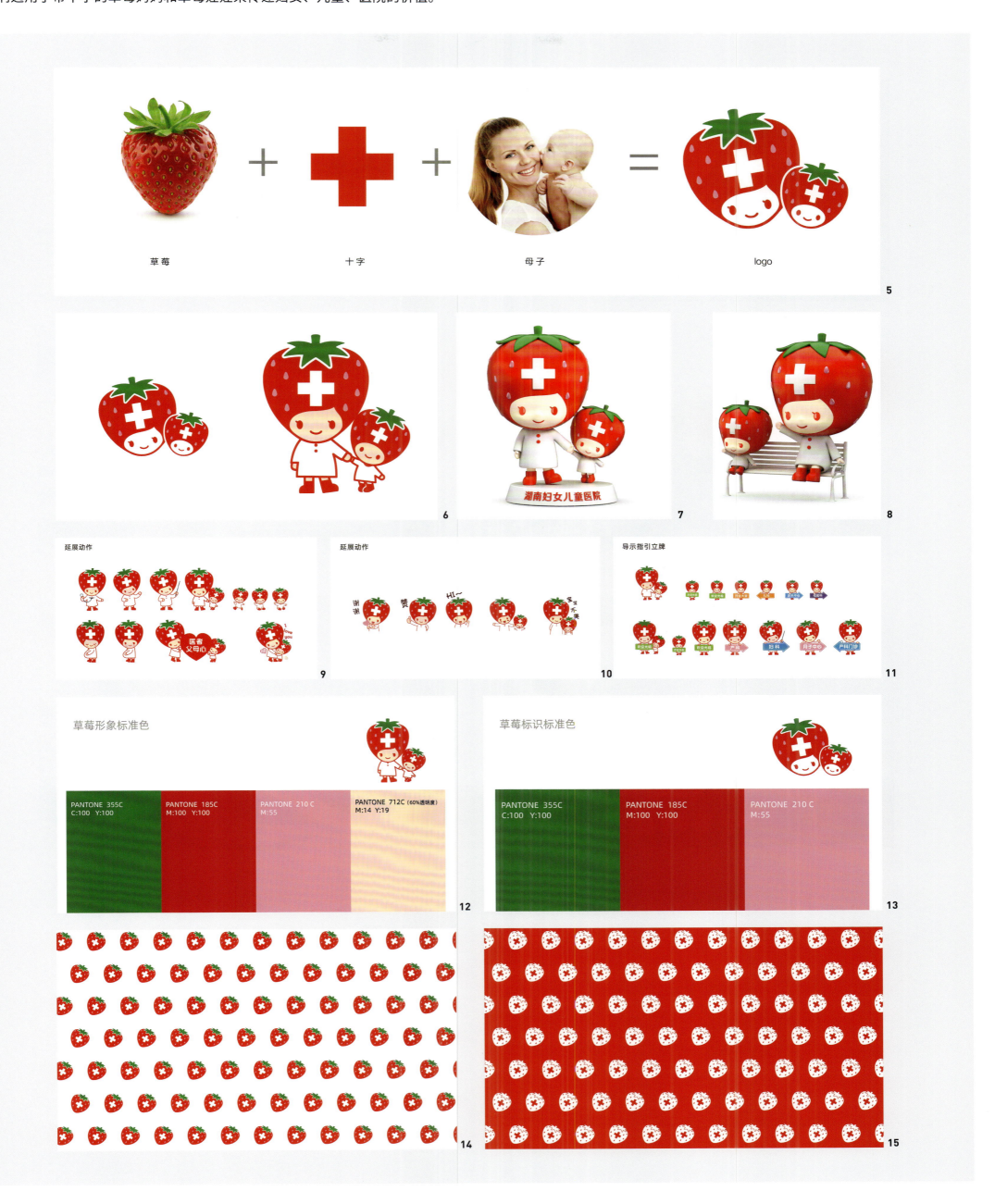

草莓　　　　　　　十字　　　　　　　母子　　　　　　　logo

5

6　7　8

延展动作　　　　延展动作　　　　导示指引立牌

9　10　11

草莓形象标准色　　　　　　　　　草莓标识标准色

PANTONE 355C　PANTONE 185C　PANTONE 210 C　PANTONE 712C（60%透明度）
C:100　Y:100　M:100　Y:100　M:55　M:14　Y:19

PANTONE 355C　PANTONE 185C　PANTONE 210 C
C:100　Y:100　M:100　Y:100　M:55

12　13

14　15

店招系统（图 16—21）

背景介绍

新西特是澳大利亚澳药集团（FPA）在中国子公司的旗下品牌，提供一系列婴幼儿及儿童成长营养品、孕妇所需营养品等。在众多婴幼儿营养产品品牌中，如何让消费者选择新西特乳铁蛋白，我们面临 5 大挑战：

1. 乳铁蛋白认知度低。

2. 品牌名称拗口。

3. 包装纯英文不认识。

4. 话术太专业，听不懂。

5. 不是保健品，合规前提不能讲功能。

1

2

产品开发（图 1—2）

让门店更好卖，让顾客买更多。将门店常见配方变成产品套装，乳铁蛋白＋X。乳铁推新西特，钙也卖新西特，益生菌也卖新西特。套装一是保护力黄金 CP："乳铁蛋白＋益生菌"；套装二是夏季保护力三驾马车："乳铁蛋白＋益生菌＋锌"；套装三是夏季保护力三驾马车："乳铁蛋白＋益生菌＋锌"；套装四是乳铁蛋白周期装："买 5 赠 1"。

产品战略

第一个金角产品：乳铁蛋白（2 支分市场分渠道），银边是益生菌、钙、锌等套餐搭配产品形成的乳铁蛋白套装解决方案。

第二个金角产品：乳铁蛋白发酵乳、含乳饮料；银边是其他乳铁蛋白创新产品、搭配产品。乳铁蛋白全品类创新，坐实乳铁蛋白第一地位，做大品类。

品牌谚语（图3）

通过消费者座谈会，我们探索了消费者给宝宝吃乳铁蛋白的一个消费场景：断奶。断奶＝易生病、怕生病，断奶是第一个购买起点；找到购买理由要用门店顾客锁定法则，通过侦查、挖掘、锁定目标法则，锁定"断奶"。断奶是第一个销售时机点！

基于购买理由，我们创作了一个品牌谚语"断奶就吃新西特"，并建立了一套乳铁蛋白的产品科学话语体系。

3

4

5

品牌标志（图4）

新西特的文化母体：澳洲。效率最高的符号是人人都认得的全球通行证。澳洲是新西特最大的资源，所以要放大澳洲的背书。那什么可以代表澳洲，第一个想到的就是澳洲的袋鼠、国旗，那我们就要牢牢地寄生在这个母体上，进行私有化改造，成为新西特的代表。华与华创作了极具亲和力、让人没有防备心并且颜色怪异、让人一眼记住的新西特花袋鼠。

包装设计（图5）

要解决的核心问题：如何让消费者一眼看到包装、拿起包装？在所有货架上获得快速沟通的优势，一切创意要货架导向，把产品出现的一切场合都视为货架。项目组走访母婴门店发现新西特包装在货架上存在两大问题：一是包装不抢眼，二是不认识（纯英文或是缺物料）。华与华要做的，就是让新西特罐子在货架上，自己把自己卖出去。

母婴店全面媒体化设计（图6—11）

法宝一，打造会自己推销自己的产品套装！破除进口产品的纯英文化！

打造5大套装，套装组合营养更科学。一方面，套装自己能说话吸引顾客；另一方面，新西特套装，效果更好，回头客更多！上套装，销量马上提升，后续的销量也会大大提高！

法宝二，打造会自动卖货的货架。深蓝店有三大会自动卖货货架：堆头货架、中岛货架、普通货架。

货架上匹配了货架物料标准5大件：顶（侧招）、插卡条、跳跳卡、pvc贴、立牌，卖点优势鲜明，打造会自动卖货的货架。

法宝三，打造会自己卖货的门店，门店就是最大的、无声的导购员！

案例 114 KK 少年

项目组成员 ┃ 许永智 刘 扬 张少彬 彭许崴 付 洁

背景介绍（图 1）

"今童王"服饰诞生于 1996 年，是中国最早的童装企业之一。"今童王"品牌曾连续 4 次被评为"中国十大童装品牌"，在业内外备受赞誉。从 2010 年起，企业开始探索转型。2019 年开始与华与华合作，顺利完成了企业战略转型和品牌升级。品牌名改为"KK 少年"，从童装转向"少年装"，聚焦 8—18 岁少年消费者，走上飞速发展之路。目前，"KK 少年"已经成为中国少年装行业领军品牌。

品牌谚语

我穿我的 KK 少年。

经营活动

充分发挥生产能力强的资源禀赋，面向 8—18 岁少年，提供质优价实的少年服饰产品，开创"少年装"蓝海市场，切实解决"大孩子不好买衣服"的社会问题。

战略方向（图 2）

聚焦下沉渠道开店，不断提升门店盈利能力，成为中国少年装第一品牌。

产品科学

KK 少年的目标客群是 8—18 岁少男少女，他们在不同生活场景下会有不同的着装需求。产品设计会突出流行元素，并充分考虑青少年青春期的形体特点和心理偏好，所开发产品既紧跟时尚潮流，又百搭耐穿，满足多样风格造型。

产品结构（图 3—4）

因为少年日常着装以校服为主，所以在保留原有时尚款之外，增加了基本款产品线，尤其是内搭基本款。同时开发国潮系列和学院风系列，满足少年不同场景的着装需求。

产品命名（图 5）

"中国少年"国潮系列

品牌标志（图 6）

"KK少年"红底白字方标

话语体系 / 店招系统（图 7—9）

品牌定位：8—18 岁专业少年装

品牌背书：全国门店 300 家

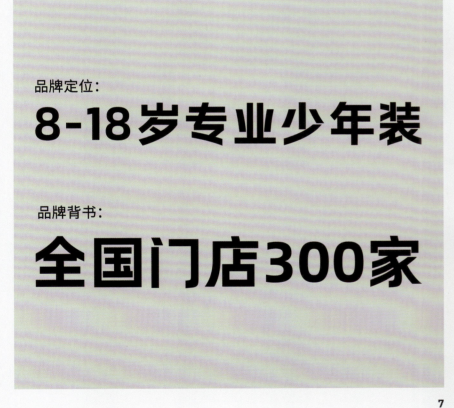

发热内衣　13

红袜子　14

内裤　15

少女文胸　16

自媒体系统（图 17—24）

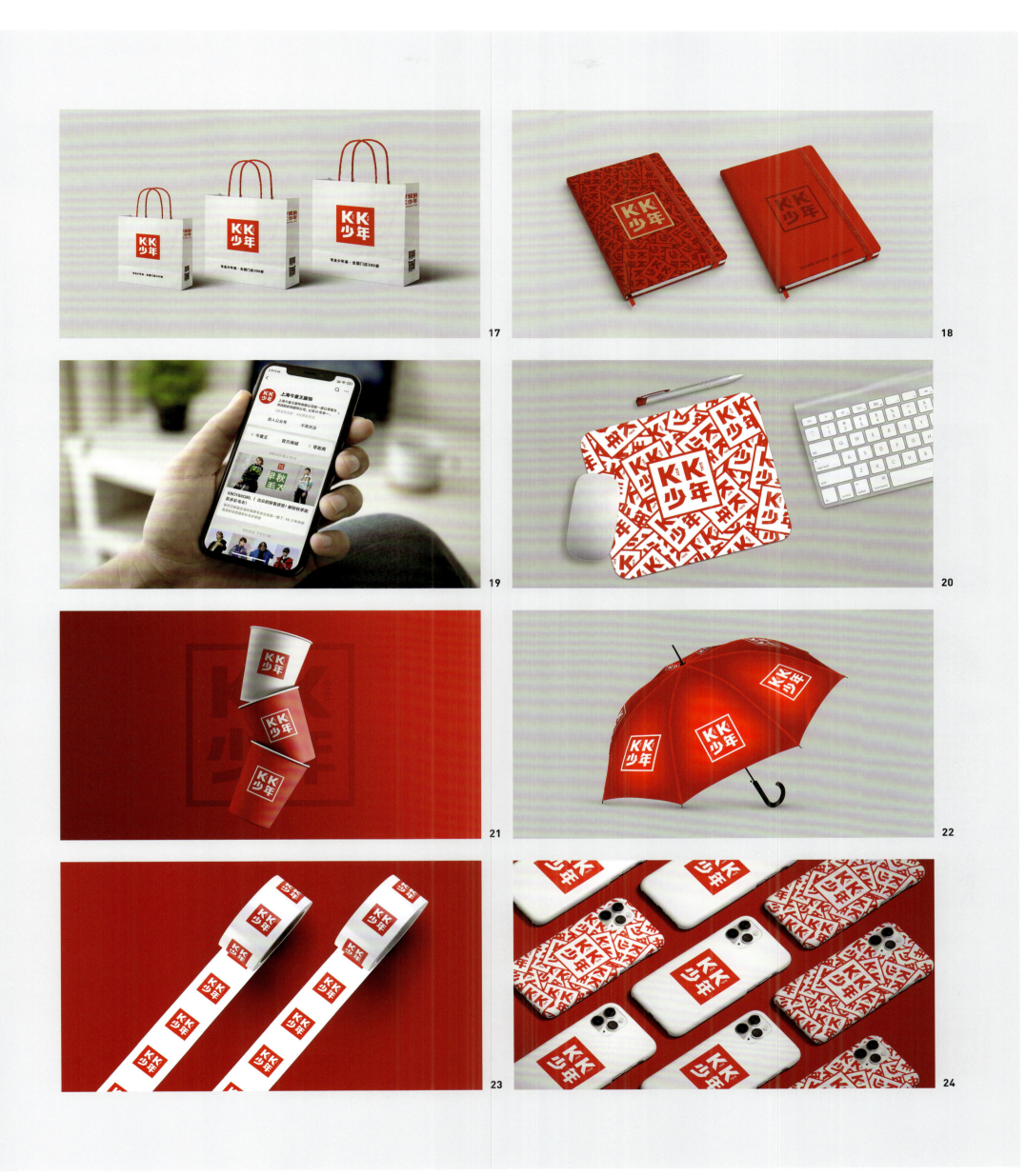

25

26

27

28

29

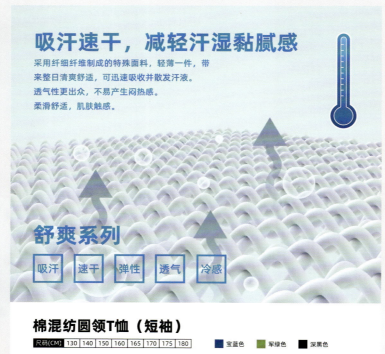

30

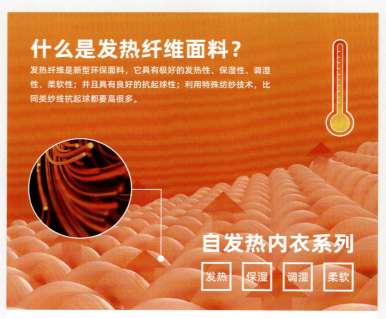

31

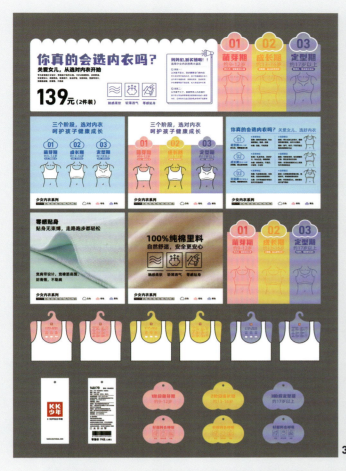

2020

案例目录

第十四章

品牌五年计划

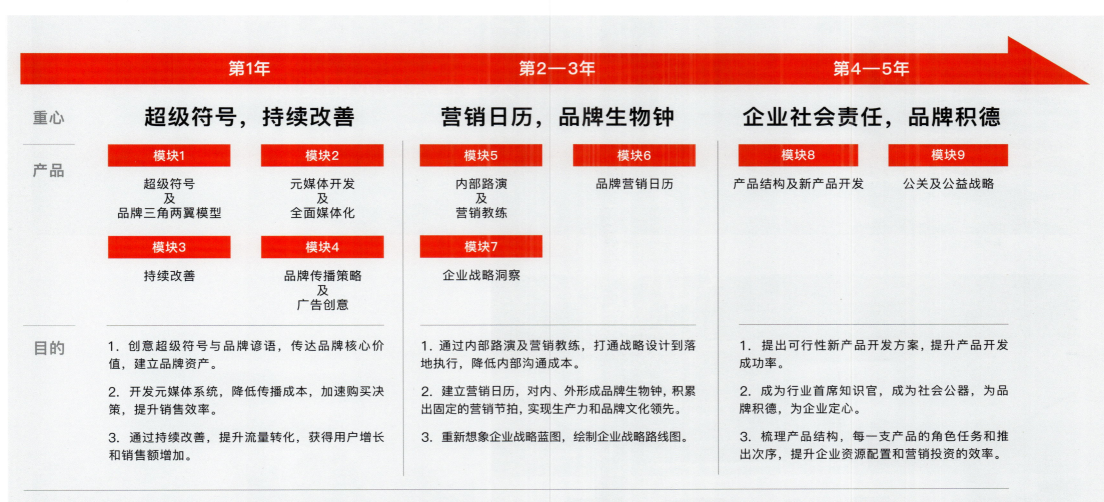

重心	第1年 超级符号，持续改善		第2—3年 营销日历，品牌生物钟		第4—5年 企业社会责任，品牌积德	
产品	**模块1** 超级符号 及 品牌三角两翼模型	**模块2** 元媒体开发 及 全面媒体化	**模块5** 内部路演 及 营销教练	**模块6** 品牌营销日历	**模块8** 产品结构及新产品开发	**模块9** 公关及公益战略
	模块3 持续改善	**模块4** 品牌传播策略 及 广告创意	**模块7** 企业战略洞察			
目的	1. 创意超级符号与品牌谚语，传达品牌核心价值，建立品牌资产。 2. 开发元媒体系统，降低传播成本，加速购买决策，提升销售效率。 3. 通过持续改善，提升流量转化，获得用户增长和销售额增加。		1. 通过内部路演及营销教练，打通战略设计到落地执行，降低内部沟通成本。 2. 建立营销日历，对内、外形成品牌生物钟，积累出固定的营销节拍，实现生产力和品牌文化领先。 3. 重新想象企业战略蓝图，绘制企业战略路线图。		1. 提出可行性新产品开发方案，提升产品开发成功率。 2. 成为行业首席知识官，成为社会公器，为品牌积德，为企业定心。 3. 梳理产品结构，每一支产品的角色任务和推出次序，提升企业资源配置和营销投资的效率。	

华与华品牌五年计划，是华与华的事业理论和产品科学，是为客户提供长期服务，进而实现终身价值的业务组合和产品模块。

"华与华品牌五年计划"分为三个阶段

第一阶段是品牌筑基年：超级符号、持续改善

重点是要完成一次超级符号的革命，播下一粒持续改善的种子。

第二阶段是营销日历年：营销日历、品牌生物钟

营销日历年年做，品牌生物钟带节奏。重点是建立品牌营销日历，并成为企业的营销教练，帮助企业进行内部路演。

建立营销日历的目的，就是建立"品牌节气"，同时降低内外部的交易成本。营销日历不仅能创造顾客，而且能创造品牌言说。

第三阶段是社会公民年：企业社会责任、品牌积德

企业是社会的公器，要为社会解决问题，要想真正的基业长青，就一定是要扎根于社会。

我们希望通过五年三个阶段，去构建起一个完整的品牌，建立长效品牌机制和终身品牌资产。

背景介绍

简一是大理石瓷砖的开创品牌，也是陶瓷行业的知名高端品牌。简一希望通过全新的品牌升级，提升品牌价值。在调研过程中我们发现，简一成功的真因是开创了大理石瓷砖，并将细分品类做到极致。但随着行业市场发展，大理石瓷砖已经成为一个行业公共品类，几乎所有陶瓷品牌都开发了大理石瓷砖作为细分品类。在这种情况下，我们认为简一需要通过全新的品牌战略和经营活动组合，创造独特的创新价值，保持领先。

战略方向

1. 深挖石材文化，聚焦高档装修。简一的大理石瓷砖产品之所以成功就是因为通过仿石材的技术，突破了天然大理石的各种缺陷，完美复刻石材的纹理和质感，让顾客在高档装修时有了新的选择。简一需要通过放大石材价值，聚焦高档装修领域。

2. 通过成品交付战略，提供高档装修整体解决方案。成品交付打破了传统陶瓷品牌半成品交付的潜规则，提供从设计、选材、加工、购买、铺贴到售后的一条龙工程。

品牌谚语（图1—2）

高档装修用简一。

聚焦高档装修领域，从卖产品到整体高档装修空间。而高档装修背后则是一整套围绕高档装修建立的产品研发、设计、物流、加工、铺贴、售后的全产业链能力。简一品牌谚语既放大了高端的品牌价值，也聚焦了业务领域。

超级符号

华与华保留了简一之前的品牌广告主画面，只增加了一个大大的"一"作为超级符号。这也是华与华重要的价值观：保护客户原有的品牌资产，不该改的不要改！

品牌标志（图3—4）

发挥品牌与生俱来的戏剧性，我们将汉字"一"作为简一品牌的超级符号。"一"字全国人都认识，极致简单，也包含着"大道至简、一以贯之"的简一企业文化。

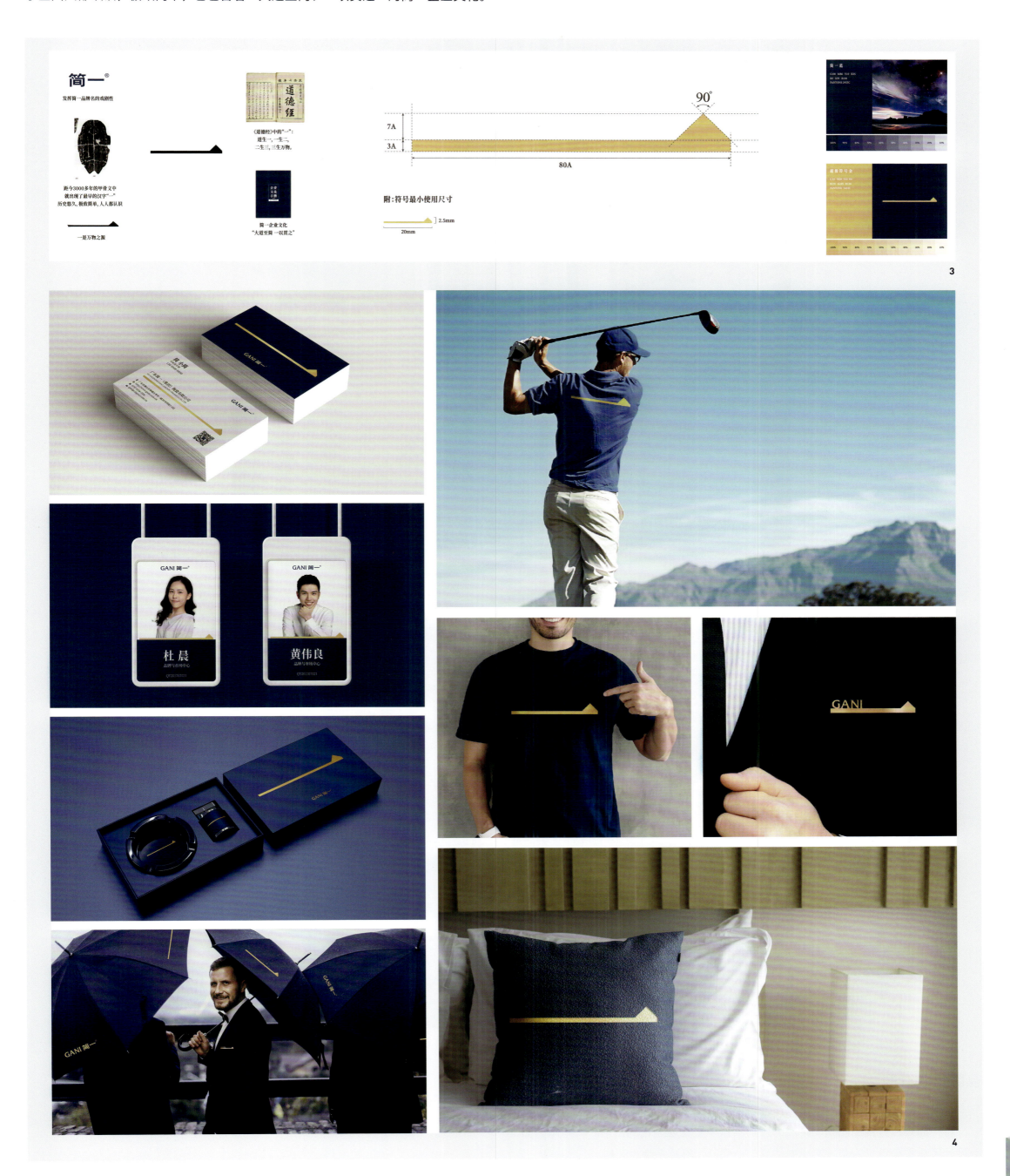

门店设计（图5）

通过全新超级符号落地，简一对全国600多家门店进行了升级。将超级符号植入门店，让门店设计更加高端，提升品质感和细节感。

橱窗设计（图6）

创造性提出简一独创0.5毫米密缝连纹技术的对比橱窗，将密缝技术优势显性化，让顾客一目了然地看到差距，吸引顾客进店。

5

6

7

品牌角色（图7）

在简一的成品交付服务体系中，有一个至关重要的角色：瓦工。

简一拥有自有瓦工团队，这成为服务体系中最具差异化的价值。华与华为简一设计了超级角色：留着一字胡的"瓦工一哥"，发挥品牌戏剧性。

物料系统（图8）

围绕终端门店和顾客使用场景，开发简一门店模块化物料系统，包括品牌展示墙、顾客价值墙、一砖一故事、成品交付墙等。

顾客接触点服务培训（图9）

为简一开发顾客接触点服务系统，从来之前、来之中、来之后，到铺之前、铺之中、铺之后，进行全流程触点的动作和话术开发。并在全国重点城市宣贯执行，课程也进入简一商学院，供全国门店学习。

8

抓好关键接触点

解决顾客核心痛点、满足顾客核心需求的关键性动作！

14个关键接触点

讲密缝	看效果	推成品	讲设计
给信任	加微信	收定金	定方案
下承诺	送货品	逛工地	聊瓦工
拍照片	过验收		

记忆口诀

买砖：一看二摸三坐四加五下订
铺砖：一送二铺三拍四检五验收

顾客接触点

简一品牌和顾客发生接触的具体动作！

顾客接触点系统 **2** 大阶段 **6** 个流程

买砖阶段
买之前　买之中　买之后

铺砖阶段
铺之前　铺之中　铺之后

顾客接触点系统全图 70+个详细接触点

阶段	客户痛点/需求	接触场景	接触点	标准动作/要求	核心话术/内容	物料/道具

背景介绍

　　胡桃里创始于 2014 年，创新了"川菜＋红酒＋现场音乐"的融合新业态，打造极具体验感的全新餐饮产品，开辟了"音乐酒馆"的蓝海市场。胡桃里隶属国内领先的大型娱乐集团合纵文化，拥有丰富的艺人资源、演出级设备资源、酒水集采供应链等优势，形成了一套独特的经营活动。

品牌谚语

　　胡桃里乐队酒馆，现场演出一整晚！

　　由于胡桃里模式具备餐饮企业难以模仿的特殊性，因而国内市场当前还没有与胡桃里模式一致并形成规模的同类品牌。但近年来，新的音乐酒馆越来越多，质量参差不齐，但发展势头正盛，胡桃里的竞争优势正在逐渐被新进入者稀释。

　　我们在胡桃里"音乐酒馆"品类价值的基础上，挖掘出竞争对手难以模仿、胡桃里人无我有的"品种价值"：乐队现场演出。

　　市场上大部分音乐酒馆的音乐为播放伴奏，少数有乐队演出的品牌也因艺人成本高、缺乏资源支持导致难以形成规模、形成标准。在此市场环境下，乐队现场演出成为一个强有力的购买理由，搭配演出级灯光音响效果，形成难以模仿的竞争优势。最终品牌谚语：胡桃里乐队酒馆，现场演出一整晚！

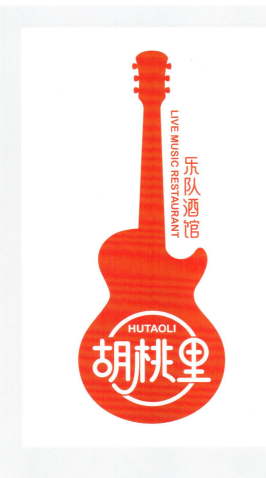

1

2

3

4

5

6

7

8

超级符号（图 1—2）

基于"胡桃里乐队酒馆"的独特价值，华与华找到了乐队最具代表性、受众认知度最高的符号——爵士吉他。而吉他的圆形音孔本身就是一个天然的文案空间，华与华直接将"胡桃里"改造在音孔位置，并且放到最大，完成品牌符号的私有化。

设计了一个简洁、线条流畅的火柴人形象，并在视觉最高点的头部打造了星星眼的独特记忆点。这样之后，品牌角色火柴人能成为一个容器，像风靡全球的潮流玩具"积木熊Bearbrick"一样，只要保持星星眼和抱吉他的特征，就能被任意涂装，让品牌角色可以被赋予任何意义、情感和价值，同时依然被快速识别。

品牌角色（图 3—4）

同样基于"胡桃里乐队酒馆"和企业娱乐业态禀赋，我们认为胡桃里需要推出一个歌手代言人，帮助链接品牌和顾客之间的情感，巩固"乐队酒馆"属性。从胡桃里企业寻宝中，我们从过去的英文字标中提取到了一个戏剧点"火柴人"，

周边产品（图 5—8）

寄生于胡桃里的乐队文化，我们开发了火柴人项链、开瓶器、酒杯等具有潮流文化属性的周边产品，使其成为具有收藏和玩乐功能的道具。

店招系统

　　作为带有娱乐和文化属性的门店，我们的目的不仅是让店招完成 4 个功能：在这条街我最抢眼（被看见），第一瞬间知道我是谁（被认出），第一瞬间知道我卖什么（被理解），为什么选我（被选择）；更是要将门店打造成一个城市地标，通过将超级符号大吉他戏剧性地融入门头设计，将"乐队酒馆"这一核心价值演绎到极致。

持续改善

　　梳理品牌接触点管理系统是企业品牌管理工作的起点，能够帮助我们实现全面媒体化。全面媒体化就是用媒体思维去设计企业和消费者所接触的所有环节，做好全面媒体化就是做好品牌最有效、最便宜（甚至不花钱）的广告位，是品牌落地的重点，能为企业省下大量的广告费。

　　我们通过梳理品牌接触点，充分利用门店所有广告位，最终形成了持续改善十大工具，帮助全国店长提升经营能力，实现客单价营收双增长。

背景介绍

炊大皇是一家 38 年来专注于做锅的炊具品牌。炊大皇锅具畅销全球 68 国，是炊具行业国家标准参与制定者，其创始人王林兴为铸铁锅非物质文化遗产传承人。产品好，但是知名度不高，希望华与华能提升炊大皇的品牌知名度。

产品结构（图 1）

通过消费者座谈会，洞察消费者对炊大皇拳头产品记忆点以及做饭人群的圈层属性。梳理炊大皇现有产品结构，确定主推品系及产品，让消费者到货架前"跟着系列轻松买，跟着主推干脆买"。

华与华将炊大皇现有产品划分为"全能锅系列""超轻锅系列""中华老铁锅系列""不锈钢锅系列"四大系列，将所有产品进行重新梳理。

这背后的战略思路是产品结构，策略目的是提升企业产品的资源配置效率和使用效率，同时降低消费者的购买成本。

产品工业设计（图 2）

如何将炊大皇皇字标超级符号应用到产品上，将产品变成品牌元媒体，植入用户的每次使用中，是炊大皇产品开发工业设计的目标。

产品是消费者在"体验者阶段"施力的最佳位置和环节，是最大的元媒体。

我们把所有锅底都印上了"皇"字锅标，这是一个微小的进步，但就是这一个小改动，就把锅变成了媒体，实现了从产品到媒介的属性的转换，通过产品建立起流量主权。

品牌谚语（图 3—4）

品牌谚语是口号最高的境界，"锅中之皇，炊大皇"是只有炊大皇能用的口号，它有一种"亲切的权威感"，让人乐于接受，并且有一种愉悦感。同时它方便消费者记忆和传播，让顾客替我们传，将品牌与生俱来的戏剧性传播出去。

同时，我们通过对炊大皇企业的深度寻宝，挖掘了炊大皇对外传播的核心话语体系，为社会提供了品牌最有力的履历表：畅销全球 68 国、国家标准参与制定者、非物质文化遗产传承人。

品牌标志（图5）

　　品牌标志的设计目的是降低品牌的识别、记忆、传播成本，实现三个一目了然：一目了然见名字、一目了然见行业、一目了然具象可描述。基于企业的资源禀赋和货架思维，我们为炊大皇创作了将"锅＋皇"结合的创意 logo、私有化的"帝王黄"品牌色、强势包围终端的超级花边"黄黑格"，以及"锅中之皇，炊大皇"的品牌谚语。

　　因此，华与华在超级符号创作上做了三个戏剧性设计：

1. 将"锅"及"皇"字结合，做字体创意设计，突出炊大皇的行业属性。
2. 选用"帝王黄"品牌色，发挥炊大皇品牌与生俱来的戏剧性。
3. 强势占领终端的品牌超级花边"黄黑格"，获得货架陈列优势。

商超全面媒体化设计（图6—10）

　　决胜终端，品牌为王。打造会自动抢顾客的锅，打造会自动卖货的货架。炊大皇终端全面媒体化，打造一套超市售点完整解决方案，满足商超终端的基本需求。超市终端四大售点：中岛专柜、试吃台、堆头、挂件墙，全面自媒体化，一步到位。

电商页面设计（图11）

　　炊大皇的货架有两种，一种是电商渠道的货架，另一种是线下渠道的货架。

　　电商渠道上，炊具各品牌产品在电商页面上的视觉呈现高度同质化，产品外形高度同质化，无法识别。

　　如何在页面货架上跳出来，吸引消费者的注意、点击，这是超级符号应用的第一个关键媒体——货架元媒体。

　　华与华将炊大皇符号进行创意性表达，让炊大皇产品在高度同质化的页面货架上快速跳出来，唤醒茫然的消费者，吸引注意力，刺激点击；并且形成品牌统一符号，成为品牌元媒体之一，建立线上货架的流量主权。

背景介绍

好想你健康食品股份有限公司创始于 1992 年，主要从事红枣、冻干产品、坚果、果干等健康食品的研发、采购、生产和销售。在与华与华合作之前，企业面临市场萎缩、流量减少、销量增长进入瓶颈期等经营困境，在企业战略和品牌战略上一直在探索，但始终没找到坚持的方向。

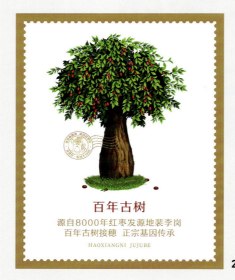

百年古树
源自8000年红枣发源地装李岗
百年古树接穗　正宗基因传承
HAOXIANGNI JUJUBE
2

核心产区
掌握红枣核心原产地
雪山戈壁枣　雪水灌溉更脆甜
HAOXIANGNI JUJUBE
3

非遗文化
非物质文化——砑枣技术传承者
HAOXIANGNI JUJUBE
4

头茬树冠枣
好想你严选头茬树冠枣
颗颗饱满　口感甜脆
HAOXIANGNI JUJUBE
5

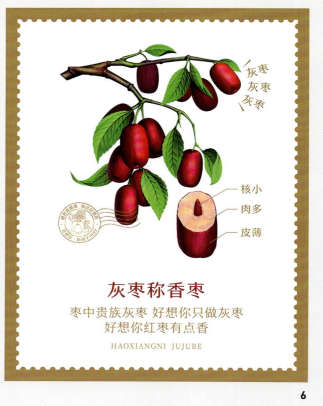

灰枣称香枣
枣中贵族灰枣　好想你只做灰枣
好想你红枣有点香
HAOXIANGNI JUJUBE
6

品牌谚语（图 1）

一天吃三枣，好想你更好。

谚语是人类古老的忠告和人类经验的传承，它是有原力的，是记忆和传播成本最低的句式，谚语没有心理防线，是行动指令。

将好想你品牌寄生到人类古老的谚语上，创作出"一天吃三枣，好想你更好"的超级口号，具有天生行动力、天生戏剧性、天生祝福力，有购买理由，有购买指令，是对消费者的赞美，也具有美好的祈愿，因此能高效播传，快速形成品牌资产，为品牌筑基。

话语体系（图 2—6）

解决和消费者之间的信息不对称，让好想你产品的价值显性传达，围绕"树龄树源、核心产区、非遗文化、采摘标准、灰枣定义"五个方面给出释义，让消费者了解产品的真相，建立购买偏好。

品牌角色（图 7—9）

枣帝

品牌就是文化的原力觉醒，用符号将品牌寄生在文化上，就获得了人类积攒了千年的文化财富。因此我们从灰枣的重要产地河南新郑出发，发掘"8000 年红枣发源地、黄帝故里、黄帝始创'枣'字"等文化底蕴，锁定要做一个枣中贵族、帝王符号的角色方向，结合"好想你不老"的美好寓意，放大鹤发童颜、老顽童的戏剧点，创作出枣帝的形象，将其作为好想你的终身代言人。

品牌纹样（图 10—11）

"好想你"品牌名本身就是人与人之间表达相思的口语，基于此，从寄托相思的文化母体——邮票出发，将邮票的锯齿花边私有化，建立品牌新的资产，统一产品包装设计，放大产品的货架优势，为"好想你"注入文化原力。

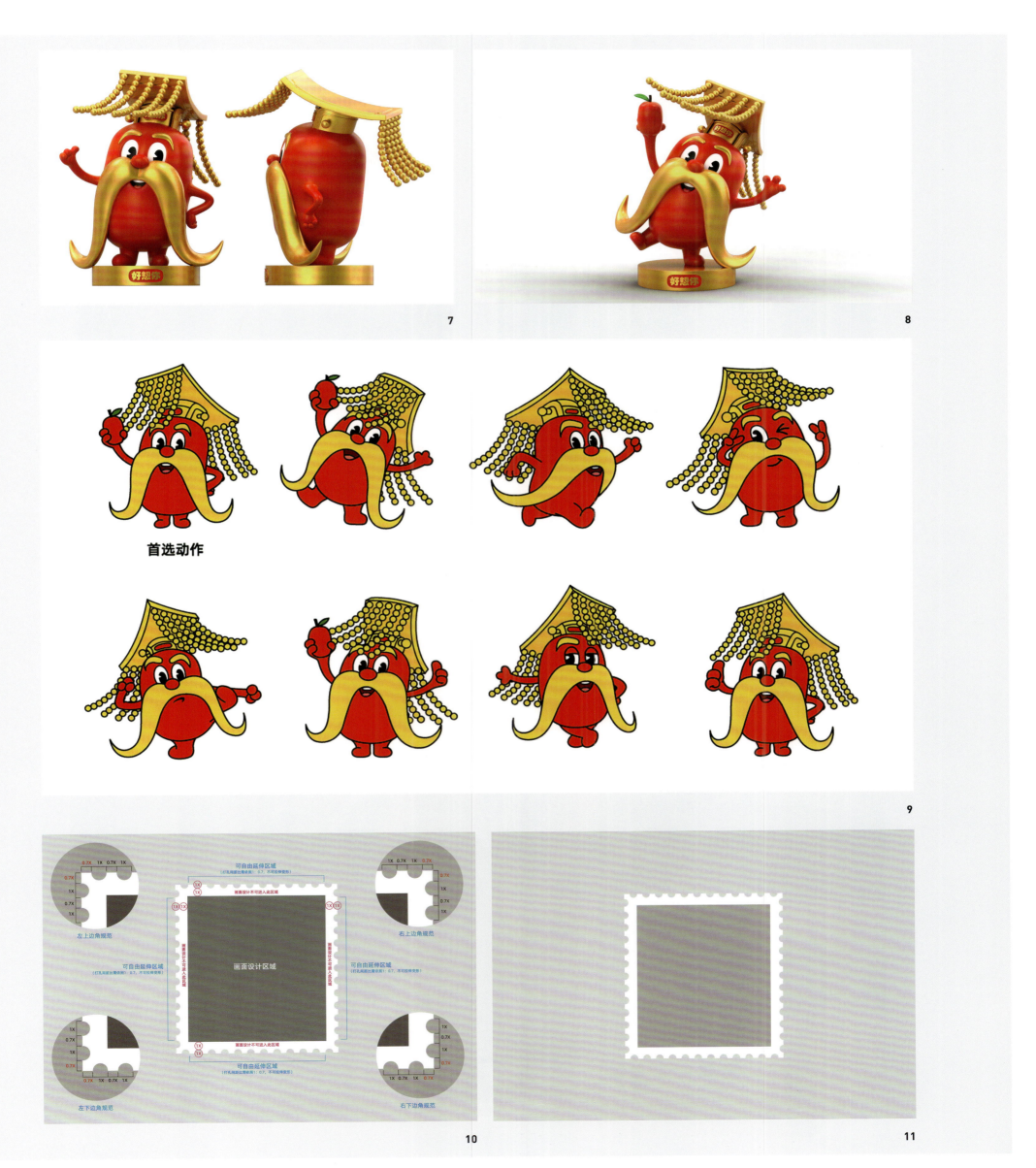

首选动作

品牌营销日历（图 12—13）

营销日历就是"品牌节日"，就是以季节性营销活动为主题，形成品牌一年的营销日历。为消费者设置议程，在消费者脑海里形成一个生物钟，每到固定时间，顾客就会想到买对应产品，从而完成品牌对消费者的"驯养"。

好想你本身代表一种美好的祝福和吉祥祈愿，好想你的产品也是中国传统节日中高端礼品的重要组成部分。

我们把春节作为营销日历的起手式，制定好想你年货节，形成品牌储蓄罐，提出一句口号"过年真情意，就送好想你"，形成固定的品牌资产，延伸至端午节、中秋节，年年坚持，年年重复。

产品的本质是购买理由，产品开发就是创作购买理由。匹配好想你年货节，提出一个产品开发——健康礼，设置成固定的礼盒产品，不断驯养消费者的购买习惯。

宣贯会（图 14）

12

13

14

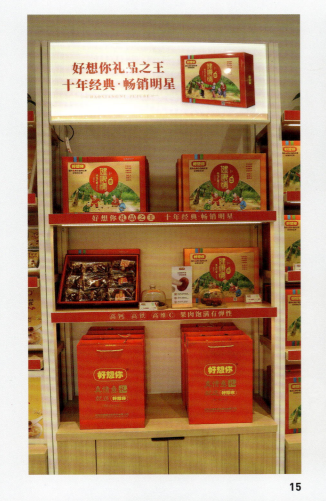

15

16

边柜陈列 17

橱窗 18

堆头 19

收银台 20

背景介绍（图1）

　　雪石资产创立于2017年11月，是一家专注于证券二级市场投资的阳光私募基金公司。投资领域聚焦生物医药与食品饮料大消费领域。

战略方向

　　帮助优秀企业成长，让投资者资产增值，成为中国价值投资领域的典范企业。

话语体系（图2）

　　经营使命：帮助优秀企业成长，让投资者资产增值。
　　经营理念：长期投资伟大的企业，让伟大企业的高管为您打工。
　　企业愿景：成为中国价值投资领域的典范企业。

1

2

3

4

5

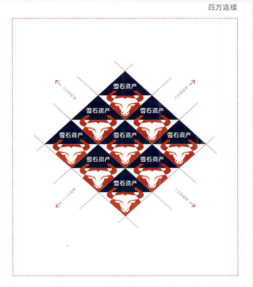

6

7

品牌谚语（图3）

　　基金选雪石，长线更踏实。"雪石"是品牌名称，"基金"是明确品类价值，"选"是购买指令，"长线更踏实"是差异化的品种价值。这句话是购买理由，更是企业战略，通过这句话筛选雪石的目标用户——看重长期投资价值的投资人，而非急功近利、想赚快钱的"投机分子"。

品牌标志（图4）

　　雪石超级符号，我们选用了自然符号"牛"为主体，牛在现代商业文化中象征着财富的持续增值，正如股票价格持续上升称为"牛市"。在牛的基础上，我们用代表着投资正收益的、向上的红色箭头和体现基金金融属性的钻石五边形外

形，完成对"牛"这个自然符号的私有化改造，形成了雪石资产有原型、可描述、私有化的超级符号。

品牌纹样（图5）

　　超级花边就是超级符号矩阵化的运用

自媒体系统（图6—7）

背景介绍（图 1）

海氏是华与华电商客户的代表，核心品类是海氏烤箱，同时提供配套的厨师机、打蛋器等烘焙产品线。海氏线上试运营启动于 2008 年，2009 年正式创立 Hauswirt 品牌，以线上为主体经营，至今已经 13 年。海氏从 0 开始逐步发展壮大，最核心的一个点就是海氏创始人海空经常说的一句话："要感谢阿里马云，感谢马爸爸。"海氏充分抓住了电商平台红利，每一步都踩在电商发展的点子上。在整个流量获取成本低、收益大的阶段，快速发展。

但是所有靠电商红利起来的企业，都会面临一个共同问题：当这种电商平台扶持的红利逐渐吃完，流量成本越来越高，电商企业的持续发展应该如何进化？这是海氏找到华与华最核心的课题——电商企业在红利期后，通过品牌升级，保持持续增长。

战略方向

超级符号就是超级品牌，建立海氏烤箱品牌的顶层设计，只有建立品牌，才可能建立起自己的流量主权。

1. 建立海氏的产品结构，简化购买路径，将海氏产品按照烘焙用户的进阶属性从低到高划分：入门级—玩家级—商用级。

2. 打造一个超级符号，提取苏打饼干的超级元素并私有化，创作海氏超级符号——红色饼干 H，建立品牌的播传能量。

3. 打造一整套完整的话语体系，建立海氏的品牌履历表，塑造品牌的信任感与骄傲感。

4. 开发海氏品牌元媒体，零成本建立品牌流量主权。

产品结构（图 2）

通过消费者座谈会，洞察消费者对海氏拳头产品记忆点以及烘焙人群的圈层属性。输出海氏产品结构策略：

第一步，设计消费者的购买逻辑，简化购买路径，将海氏产品按照烘焙用户的进阶属性从低到高划分：入门级——玩家级——商用级。

第二步，保留海氏爆品的命名习惯，顺延爆品积累的品牌资产，并固化为结构命名。

第三步，建立清晰的海氏产品发展路径：一是继续投资并积累烤箱这个大流量品类；二是继续聚焦资源投资 c40，并打造下一个金角产品也就是拳头流量产品海氏 i7。

这背后的战略思路是产品结构和命名策略，策略目的是提升企业产品的资源配置效率和使用效率，同时降低消费者的购买成本。

产品设计（图 3—5）

如何将海氏苏打饼干超级符号应用到产品上，将产品变成品牌元媒体植入用户的每次使用中，是海氏烤箱产品开发工业设计的目标。

产品是消费者在"体验者阶段"施力的最佳位置和环节，是最大的元媒体。我们在既有机器的基础上，做了一个持续改善。常规的烤箱玻璃面板上，都有这个最常规的"防爆波点"，我们把这个形改为了苏打饼干形，这是一个微小的进步，但就是这一个小改动，把烤箱变成了媒体，实现了从产品到媒介的属性转换，通过产品建立起流量主权。

门店设计（图 6—7）

海氏从电商开始发展壮大，有着电商基因优势，同时也在顺应趋势，打造O2O门店，通过线下的烘焙学校代售产品，第一阶段不同门店落地不完善，有的有样机的陈列，有的样机也没有铺陈。

对海氏来说，烘焙学校提供的绝不仅仅是潜在消费者，更是一次建立品牌影响力、建立流量主权的机会。对烘焙教室来说，海氏品牌的体验同样能够为对方带来流量。因此我们将线下烘焙学校打造成超级符号的阵地，将线下烘焙学校、烘焙教室打造成超级货架五大组件，同时打造标准化的烘焙教室品牌展示方式，在帮助销售的同时建立品牌主权。

品牌谚语（图 8）

在与海氏合作、推进项目的过程中，华与华走访了烘焙圈层的烤箱用户，影响烤箱的用户体验和开机率的主要因素，一是烘焙制作流程长、烦琐，二是对新手小白来说，失败率比较高，烤煳、烤过了屡屡发生。如何打消消费者在购买时的顾虑？我们从海氏烤箱的独特性能卖点出发，海氏烤箱独立台式，操作相对简单，更核心的是其工业级电子精准控温、360 度温场循环、搪瓷内胆易清洁，再加之智能化技术持续迭代，能够提供省时、省力、成功率高的使用体验。因此华与华提炼出了一句绕过消费者心理防线的品牌谚语："烤箱选海氏，烘焙更省事。"在传播中，突破消费者心理防线，促销卖货。在超级口号的基础上，华与华进一步打造一张品牌履历表，建立海氏的话语和传播体系，塑造品牌信任感与骄傲感。

品牌角色（图 9—10）

海氏宝宝

1. 首创"超级符号＋超级 IP"二合一、一体化设计，品牌信号能量加倍放大。
2. 放大了品牌的人格和戏剧性，有持续生产内容和创造话题的能力。
3. 超级 IP 的打造，进一步积累了海氏的品牌资产，将 IP 的形象应用在销售终端，可以高效建立与消费者的互动关系，加强消费者对品牌的认知。
4. 好用，海氏饼干小红人应用空间广泛，品牌元媒体可全面应用，应用在海氏展会成为超吸睛门面。表情包、盲盒、烤箱贴，作为线上内容媒体和销售环节的道具，都具有普适性。

品牌标志（图 11—16）

海氏烤箱品牌，专注烘焙。海氏超级符号的文化母体从哪里找，显而易见，就在全世界共同的烘焙场景。离烘焙最近的、最直接体现烘焙属性的全球烘焙公

共符号——有着 200 多年历史的苏打饼干。提取苏打饼干的超级元素并进行私有化改造，创作海氏超级符号——红色饼干 H。

电商页面设计（图 17—20）

海氏的货架有两种，一是电商渠道的货架，另一种是线下渠道的货架。

电商渠道上，烤箱各品牌产品在电商页面上视觉呈现高度同质化，产品外形高度同质化，无法识别。如何在页面货架上跳出来、吸引消费者的注意和点击，这是超级符号应用的第一个关键媒体——货架元媒体。

华与华将海氏饼干符号进行创意性表达，让海氏产品在高度同质化的页面货架上快速跳出来，唤醒茫然的消费者，吸引注意力，刺激点击；并且形成品牌统一符号，成为品牌元媒体之一，建立线上货架的流量主权。

背景介绍

2020 年，一方面酱酒大热，"不喝酱酒不懂酒"已成趋势；另一方面，酱酒的生产工艺决定了酱酒的成本要高于其他香型酒，再加上传统的包装、广告、渠道加成，很多人买不起一瓶正儿八经的纯粮酱酒。

从企业的资源禀赋看，酣客酱酒在茅台镇控股、独资、持股三大酒厂，创新 FFC 模式（把传统经销商替换成粉丝，由各地的粉丝开设酣客酒窖，直接面向消费者）。酣客酱酒没有大广告和多层渠道的成本，再以互联网行业的基因提高经营效率，酣客粉丝提供一瓶好喝不贵的茅台镇酱酒，成了白酒行业的绝对黑马。

美宜佳是全国拥有 23000 家门店的便利店品牌，一直追求提供方便快捷、质优价廉的产品和服务，直达亿万顾客。美宜佳联合酣客酱酒，能够大幅降低传统白酒经营的环节和成本，有意志也有能力打造出一款"好又不贵"的茅台镇酱酒。

因此，华与华对这款酒的产品定位就是"一瓶人人都喝得起的好酱酒"。这款产品的购买理由就是"不为过度包装埋单，不为层层渠道付费，尽可能把钱都花在酒上"。

品牌命名（图 1—2）

命名就是购买理由，命名就要影响行为。新品希望打造一款极具性价比的酱香酒，尽可能把钱都花在酒上，也希望顾客只关注酒本身，希望他们爱的是酒，不是包装和面子。所以，华与华创作了一个立场绝对正确、逻辑极其强势、不可反对辩驳的命名"爱的是酒"。

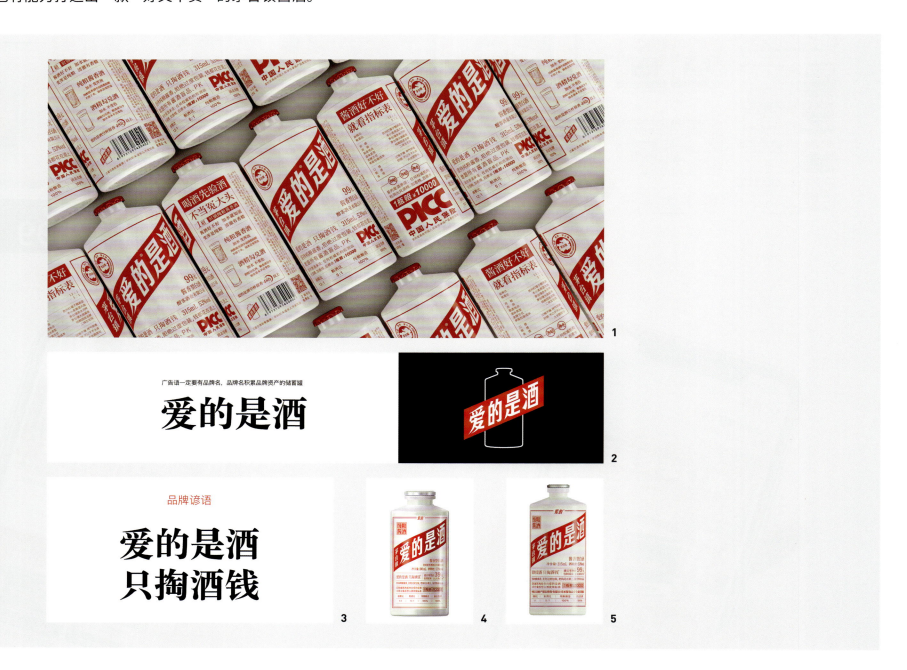

品牌谚语（图 3）

"爱的是酒，只掏酒钱"的品牌谚语，绕开顾客的心理防线，给顾客埋下了一个观念——我以前更多是把钱花在了包装、广告上，我以前经常在酒水之外的地方花冤枉钱。这句话除传达购买理由之外，更是一种价值主张，"爱的是酒，只掏酒钱"的价值主张为顾客创造了愉悦的使用体验。

"爱的是酒，只掏酒钱"，别人拿好几千的酒，虽然我买的是 99 块钱的酒，但是我没有为过度包装花冤枉钱，我没有为名气、面子交智商税，我把钱都花在酒上，所以我买 99 块钱的酒，但是我很骄傲。

"爱的是酒，只掏酒钱"，体现我的理性，我不喝瓶、不喝名，我就只掏酒钱买好酒！这就展示了顾客自由选择的理性和权利，这当中有一种掌控的情绪，让消费者有一种自信和自豪的情绪。

包装系统（图 4—5）

商品即信息，包装即媒体，每一个包装都要成为一个宣传产品的信息炸弹！基于爱的是酒的品牌主张设计包装，在包装上标注售价、成本价，在包装上尽可能展示全部指标信息、教授辨别纯粮酒方法，并且创新性地采用啤酒瓶盖。让顾客爱的是酒，只掏酒钱！

"爱的是酒"的酱酒瓶形、独特瓶盖、白色标签上大量红字信息，可以说这是今天中国白酒市场独一无二的包装，这个包装信息量巨大，但又干净利索、简单痛快，让人过目不忘。

机关一：标注价格和包材成本

机关二：1 赔 10000 的承诺

机关三：明明白白标注工艺原料

机关四：教顾客如何辨别好酒，成为顾客可信赖的"权威专家"

机关五：第一个啤酒瓶盖的酱香型白酒

机关六：根据渠道和价格设定的 315ml 包装，实现百元以下酱香酒

从产品定位、创意命名、口号到设计产品包装的全部过程，每一个地方都是机关算尽，所有的事都要在华与华的系统里完成。

货架陈列（图 6—8）

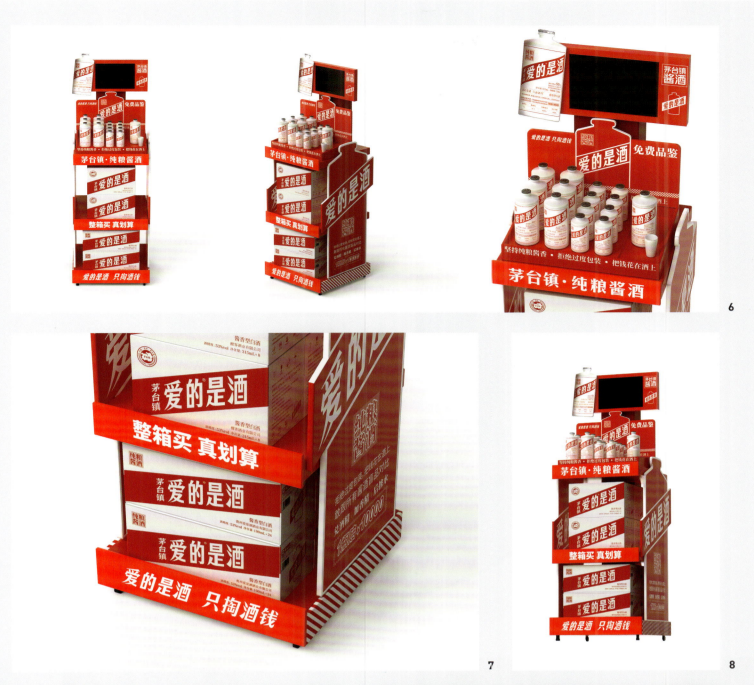

6

7

8

9

炸街活动（图 9）

炸街活动是华与华基于爱的是酒经销体系中美宜佳便利店的特性，策划的爱的是酒地推活动。爱的是酒在便利店上市第一天，进行了第一场炸街活动。第一场活动原本心理预期是一天销售 50 瓶，华与华团队带着客户团队搭现场、叫卖、炸街，单店一天完成 205 瓶的销售！第二场 666 瓶，销售额达 53334 元，打破便利店白酒销售纪录。

炸街活动打破便利店纪录，厂商和渠道都笃信了爱的是酒产品的巨大力量，为美宜佳打造爱的是酒的大单品，一战定军心。

爱的是酒全面媒体化罗盘

背景介绍

　　吉士丁是奶酪行业里的新兴品牌，于 2019 年 12 月正式上市，实现百日破千、一年破亿。奶酪行业市场规模保持高速增长态势，竞争也十分激烈，作为新品牌，吉士丁急需通过打造品牌完善产品结构，进入消费者的选择清单。

产品开发（图 1—8）

1. 大奶酪棒（图 1）

　　对吉士丁的成长棒这款产品进行再开发，吉士丁首先要进入品类，我们将产品名从"成长棒"改为"奶酪棒"，让产品名能体现产品属性。进入品类后，在品类的基础上寻找品种价值。针对目前市面上奶酪棒同质化严重的问题，创作"奶酪棒我要更大的"购买理由，将"奶酪棒"产品重新命名为"吉士丁大奶酪棒"，这个名字有差异价值、有传播价值，更容易让消费者记住。市面上的单个奶酪棒克数多在 18 ～ 20 克，最后经吉士丁内部评测，决定将单个奶酪棒的重量提升到 22 克，并且做到加量不加价。产品口号从孩子的角度出发，用"奶酪棒我要更大的"这句极具感染力的话语，并将产品口号做成横幅放在包装的最上面，在货架上摆成一排的时候，会形成阵列感，更具货架优势。

2. 元气芝士 & 芝士甜心（图 2—3）

　　开发元气芝士产品，创作"冰冰绵绵，香香甜甜"的购买理由，成为第二个金角产品，让吉士丁进军休闲奶酪市场。

　　开发芝士甜心产品，创作"下午茶必备"的购买理由，开创了三角芝士新品类。

3. 礼盒产品（图 4—8）

　　设计奶酪大礼包中秋礼盒和春节礼盒，进一步推广吉士丁奶酪王子的品牌 IP 形象，让送礼盒装奶酪产品成为新的风尚。

品牌角色（图 9—13）

在作吉士丁品牌超级角色的时候，华与华选择先从行业和产品中寻找奶酪。全世界有 4000 ～ 8000 种奶酪，但是当提到奶酪时，不少人脑海中首先浮现的可能是《猫和老鼠》中全是洞的奶酪，看动画片里汤姆和杰瑞为了一块奶酪追逐，小时候一直好奇那是一种怎样的美味。这种奶酪的名字叫埃门塔尔奶酪，又称大孔奶酪。《猫和老鼠》里的三角大孔奶酪塑造了国人对奶酪的最初认知，成了动画作品中最经典的奶酪形象，是具有文化原力和消费者认知的奶酪。

找到大孔奶酪这一文化原型后，我们翻遍了世界级的卡通形象，对优秀卡通形象的特征进行了总结，经过多次调整设计出了吉士丁的专属 IP 形象——"吉士丁奶酪王子"，奶酪王子生活在奶酪王国里，对奶酪的知识无所不知无所不晓，他尝遍了世界上好吃的奶酪，热衷于为大家推荐高品质的、美味的奶酪。

品牌标志（图 14）

在合作之初，企业的品牌名为"吉士汀"，但是"汀"字很多人会念错或者不敢念，原品牌名的识别、记忆、传播成本高。在高层访谈中我们得知公司有"吉士丁"这一注册商标，并且将其作为最初的品牌名，后经调整改为"吉士汀"。品牌名是最终极的品牌资产，我们建议将品牌名改回"吉士丁"，并为其设计字标 logo，在字体设计上边缘更柔和，体现食欲感，并用更端正的字体，体现品牌的规模感和大牌感。

发布会（图 15）

2021 年 5 月 17 日，吉士丁在上海举行主题为"一口咬下一块大奶酪"的品牌升级发布会，在发布会上正式对外界发布了新品牌名、新品牌 IP，并推出了全新明星产品——吉士丁大奶酪棒。吉士丁将原有品牌名"吉士汀"改为"吉士丁"，大大降低了消费者的品牌识别、记忆、传播成本，提高吉士丁品牌的投资效率。"吉士丁奶酪王子"这一品牌自有 IP 在会上正式发布，并在会上重磅推出加量不加价的"大奶酪棒"明星产品。发布会上的走秀环节全面展示了大奶酪棒的全新包装升级，以及品牌 IP 的丰富延展，引得全场欢呼连连。

营销主题（图 16—17）

营销主题：吉士丁儿童年货节

口号：吃大奶酪棒，新年棒棒棒！

营销日历就是打造品牌的节日，营销日历的本质就是文化母体。我们在春节这个大的文化母体中找到"办年货"这一小的文化母体，提出"给孩子的专属年货"，打造吉士丁儿童年货节，并用"吃大奶酪棒，新年棒棒棒"这一俗语口彩作为活动口号，进一步强化"大奶酪棒"的差异化，提升品牌和产品认知。并通过全面媒体化，设计一系列终端助销物料，营造节日氛围，决胜终端。

销售道具／助销系统（图 18—19）

　　终端是企业最重要的资源之一，是品牌与消费者直接对话的场所。华与华为吉士丁大奶酪棒产品制作了终端陈列指导手册，在里面阐明了优秀陈列的 8 大原则，为吉士丁规划了 11 项基础物料以及 15 项终端活动物料，并详细介绍了不同物料的特点与价值。让业务员熟知不同物料特点与使用方法，并针对不同的场景快速选择合适的物料。

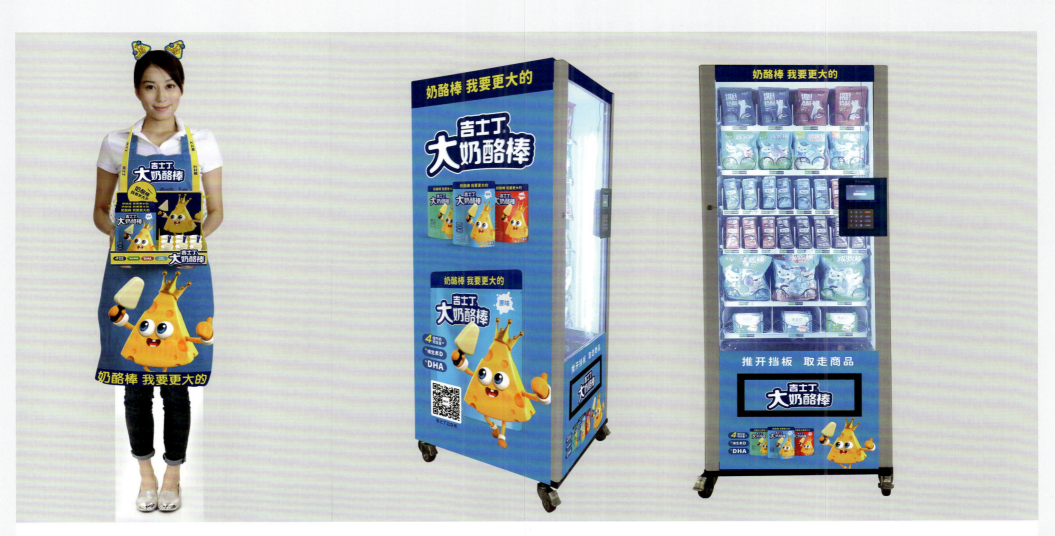

广告片（图 20）

为吉士丁的拳头产品大奶酪棒拍摄广告片，广告片的创意围绕着产品的差异化"大"，通过真实的家庭场景和戏剧化的"变身"之间营造的冲突感来加深观众记忆，通过儿童演员的精彩演绎，充分展现大奶酪棒的"大"和"好吃"，展示产品的差异化卖点，提供购买理由，下达购买指令。

TVC 文案：

"我要吃奶酪棒！""妈妈给你准备了吉士丁大奶酪棒。""哇，好大！""太好吃了。""奶酪棒，我只要吉士丁大奶酪棒。"奶酪王国，吉士丁。

20

展会（图 21）

2021 年 5 月 18 日，吉士丁奶酪隆重亮相上海第二十二届中国国际食品和饮料展览会，在展会上展出了全新的大奶酪棒和撕奶酪产品。展位整体设计以奶酪的黄色为主色调，风格上选用时尚的潮玩风，彰显品牌的年轻和朝气。随处可见的吉士丁奶酪王子造型为整个展会增添了趣味性和互动性，引得参展商络绎不绝，纷纷拍照打卡。

背景介绍

新潮传媒是梯媒行业的独角兽企业，新潮传媒的 70 万部电梯智慧屏资源覆盖全国 110 个城市、4.5 万个社区，日均触达 2 亿中产家庭人群。新潮传媒希望打造社区电梯媒体第一品牌。

话语体系

投放新潮的四大理由：

1. 社区电梯是必经之地，只要回家就能看到。

2. 社区电梯覆盖全家男女老少，受众范围广。

3. 电梯视频广告，声音加画面，不看也能听到。

4. 数字化电梯广告，投放灵活，性价比高：

刊前：标签筛选，精准目标人群；选点售卖，起投门槛低。

刊中：电子全量监播，无错刊漏刊；灵活上下刊，实现千屏千面。

刊后：大数据效果归因，有利于追踪和提升投放效果。

超级口号（图 1）

华与华基于修辞四大要素"简单的字词，普通的道理，有节奏的句式或押韵，使人愉悦"，为新潮传媒创作超级口号"电梯广告投新潮，全家老少都看到"。其中"电梯广告"说明行业属性是梯媒，"全家老少都看到"可以表达新潮广告覆盖的人群范围广、多，人群消费需求多元化。对于很多需要家庭共同决策的消费，"全家老少都看到"是家庭决策的前提和基础。

品牌角色（图 2）

基于新潮传媒的行业属性，我们希望用具象的 IP 形象，将不好理解的电梯媒体业务呈现出来。通过华与华 IP 创作"三板斧"定身份、找原型、私有化，为新潮创作"新潮小白"这一超级角色，其身份是新潮首席发言人，在"找原型"上持续强化电梯符号这一文化母体，由新潮传媒的超级符号演变而来，并对其进行私有化改造，最终形成可爱且有独特记忆点的新潮小白。降低品牌传播成本，提高沟通效率，通过拟人化的表达，可以立体式、多场景地与消费者互动。

品牌纹样（图 3）

华与华在新潮传媒已有的品牌元素中，寻找一个元素，与人类已有的超级符号画上等号。将超级符号中的上下箭头元素抽出来，形成箭头花边，打造新潮传媒的品牌最小记忆单位。

品牌标志（图 4）

超级符号的本质是嫁接文化原型，占人类文化的便宜。根据新潮的行业属性，华与华找到了具有文化原力的公共符号——电梯公共符号，并将其私有化，创作出了"类电梯公共符号"这一全世界人民都认识的超级符号，让新潮传媒牢牢占据电梯的场景，让品类信息一目了然。

广告系统（图5—6）

　　华与华建议通过广告提高新潮的知名度和价值感，并提出"广告主在哪里，触点就在哪里，推广就要放在哪里"，为新潮制定的广告投放策略是选择有仪式感的媒介，不间断地投放。建议新潮传媒投放机场广告、高铁站广告，建立品牌的制高点，因为广告就是发信号，信号越贵越有效，目前新潮传媒已在上海虹桥机场、浦东机场进行广告投放。

销售道具/助销系统（图7—8）

　　为新潮传媒创作"销售十六句咒"，让销售人员可以随时查看销售话术。

　　重新梳理了新潮传媒的企业优势和购买理由，制作了全新的企业介绍PPT和企业介绍手册，分别从电梯媒体、社区价值、视频广告优势、价格优势、合作客户五个方面构建新潮传媒的话语体系，提高销售效率。

自媒体系统（图9）

　　"全面媒体化"，就是把所有的东西变成媒体。用媒体思维去设计企业和消费者接触的所有环节。一切皆媒体，打造品牌传播和体验系统。基于新潮传媒的行业属性，华与华为新潮传媒进行了办公系统、员工服装系统、礼品系统的全面媒体化。

9

发布会（图 10）

　　新潮传媒于 2020 年 8 月 26 日在上海举行了主题为"梯媒永远新潮"的品牌升级发布会，帮助新潮建立品牌认知。在为新潮策划发布会时，华与华从嘉宾"来之前、来之中、走之后"三个环节出发，通过品牌道场体验、超级符号点亮仪式等流程，设计参会嘉宾体验。

品牌大会（图 11）

　　为了建立新潮传媒媒介行业的权威专家形象，提升新潮传媒的品牌势能和行业影响力，华与华为新潮策划了新潮品牌大会。第一届新潮品牌大会于 2021 年 10 月 28 日在上海举行，在会上正式启动"2022 中国新潮品牌扶持计划"，并携手胡润研究院共同发布《2021 胡润品牌榜》。未来，新潮传媒将持续改善和投资新潮品牌大会，给广告主带来品牌营销传播领域的新知识和新观念，为新潮传媒积累品牌资产。

10

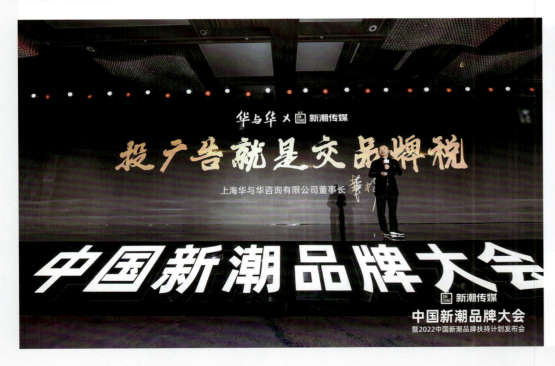

11

背景介绍

随着人们生活水平的提高，咖啡作为一种提高生活品质的标志产品，其普及速度越来越快，但是咖啡行业存在两个痛点：一是店面太少，现磨咖啡店主要集中在一、二线城市。三、四线城市中，很多人都知道咖啡这个产品，但是没有人提供服务给他们。二是价格太高，现有咖啡品牌的产品基本没有低于 15 元以下的产品。幸运咖致力服务广大消费者，走高质平价的路线，让每个人都能喝得到、喝得起一杯好咖啡。

"幸运咖"创立于 2017 年，是一家以现磨咖啡为主的全国连锁咖啡品牌，隶属于河南幸运咖餐饮管理有限公司，是蜜雪冰城股份有限公司全资运营的咖啡品牌。品牌自创立以来，始终秉承着"真人真心真产品，不走捷径不骗人"的核心价值观，坚持选用优质原材料打造产品，用高效的团队服务广大顾客，致力让每个热爱生活的人喝上高质平价的好咖啡。

品牌谚语（图 1）

咖啡大咖幸运咖。

最高超的记忆是看图说话，"咖啡大咖幸运咖"就是将理性的左脑和感性右脑结合起来，左脑记忆文本，右脑理解图像，交叉记忆，记忆才能更深刻。并且这句品牌口号能让超级符号和品牌谚语互相加持，口号就是符号的一句话描述，符号就是口号的视觉表现，让记忆成本降到最低，实现了翻倍的传播效率。"咖啡大咖"也是幸运咖使命的实现路径，只有成为大众化消费品，拥有大众化产品、大众化风格，才能赢得大众市场，成为咖啡大咖。幸运咖致力走向全球，"让全球每个人享受高质平价的好咖啡"。

4

全球文化母体　＋　私有化　＝　K 爷

1　　　　2

3

5

超级符号（图 2）

幸运咖原 logo 识别及营销传播成本高，难以建立品牌资产。新 logo 以亚历山大大帝为原型创作了 K 爷的形象，能做到让顾客一见如故、过目不忘，奠定品牌资产。

品牌角色（图 3—5）

华与华认为，超级符号不是无中生有，而是寄生在文化母体中，让人们有天然的熟悉感，激发人们脑海中对母体的潜意识，形成条件反射。

对幸运咖来说，它的戏剧性在于"幸运大咖"，我们找到了扑克牌中的梅花老 K，也就是亚历山大大帝的形象，用一副墨镜完成了"大咖范儿"的私有化。

品牌文化的本质就是占人类文化财富的便宜，幸运咖同样可以占亚历山大大帝的"便宜"，成为咖啡界的祖师爷。

店招系统（图 6—7）

店招是一家门店的"身份证"，身份证上要有姓名、有头像。为了让顾客更快地认识我、记住我。对于招牌，有两个关键因素：一是放大；二是重复。

第一招：把刺激信号最强的名字和超级符号极致放大。

放大有技术，一店一招做规范，将店招规范精确到小数点比例，在任何比例下，保证超级符号和名字同时最大化。

第二招：重复！重复！重复！目之所及皆符号，形成视觉强制性。

将"现磨咖啡"的品类价值缀在品牌名后刻不容缓，就是要承诺每个顾客：幸运咖是现磨咖啡，5 元一杯的现磨咖啡。

包装系统（图 8—13）

　　商品即信息，包装即媒体。每一次包装设计都是对产品的再开发。一个好的包装能让产品自己说话，自己把自己卖出去。从咖啡豆到速溶咖啡、挂耳咖啡及冻干咖啡的包装，华与华团队打造的幸运咖便携类咖啡包装，让产品在终端销售上获得陈列优势，快速与顾客建立沟通。

8

9

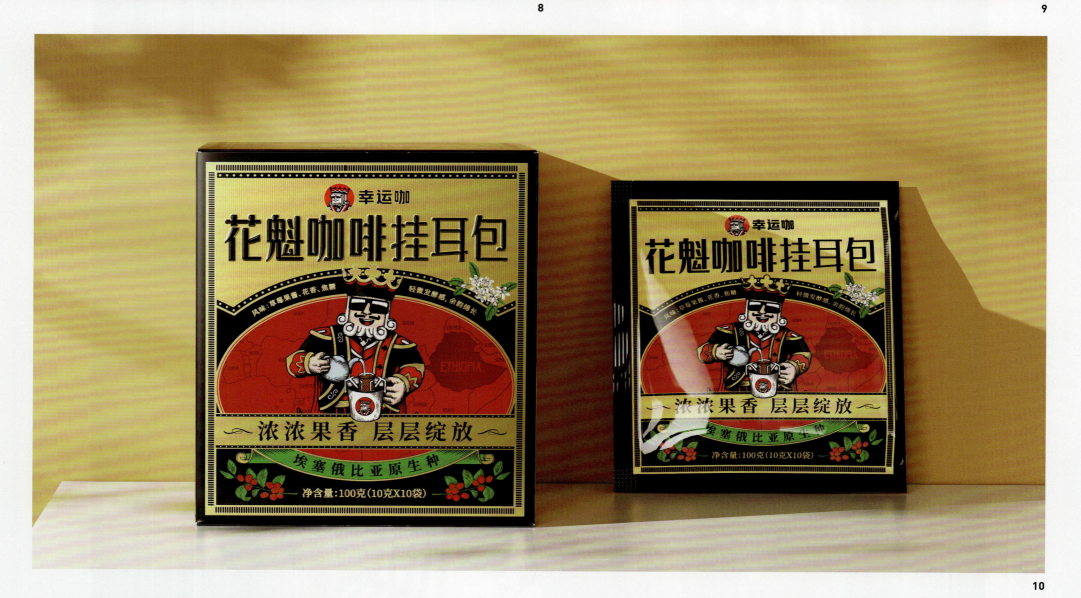

10

11

12

13

门店设计（图14—19）

产品不单单是指售卖的产品本身，对于餐饮行业来说，整个门店包括门头、店内装饰、菜单、服务、周边、零售等都是产品，卖的是一个整体，而不仅仅是一杯饮品。所以用橱窗招财，用产品引人入店。

灯箱是经典产品的专属广告位，加上K爷发光灯管让顾客从远处看门店就知道热卖单品信息及品牌信息。毕竟知名度永远不够，永远是不知道你的人多。通过榜单加快顾客选择速度，用产品食欲引人入店。

用前台招财，看图点单，加快速度。当顾客进店后，他会浏览整个前台信息，寻找自己想买的产品。前台要想方设法加快顾客的购买决策。

1. 看图点单：咖啡讲堂 & 菜单

一是用插画让所有人"明明白白喝咖啡"，再也不用点单前问什么是拿铁、什么是摩卡。

二是菜单设置海报专属区，每个产品系列板块的主推产品都有图片，让产品有图有真相，减少顾客对店员的询问，提高购买决策效率。

2. 便利店式前台：顺手来一包，提高客单价

充分利用店内的有效售卖空间，分模块销售零食和周边产品。"幸运小吃部"有面包、饼干等小食，"幸运宝藏库"陈列着精美的周边产品，目的就是让顾客"顺手来一包"，增加客单价，这样店员不用增加任何动作，顾客就能自动化完成购买。

3. 把门店打造咖啡小馆体验感，成为咖啡知识官

购买产品后，顾客充满了期待和验证心理，这时候我们不仅产品口感要给惊喜，空间体验同样要给惊喜。

幸运咖的空间体验遵循"咖啡小馆"的风格，消费者进店下单后转身就可以坐在候餐区等待一杯现磨咖啡的诞生，拿到咖啡后也可以随手举杯进行拍照打卡，以独特的地域文化设计的画面装饰墙成了消费者争先打卡的背景；而宽敞舒适的座位区则讲述了"一杯幸运咖的寻味之旅""咖啡师获奖"等故事，幸运咖愿意成为咖啡知识官和传道者，向大众讲述关于咖啡的一切。

一家咖啡店成功的真因是产品的成功，从大店到小店，从性冷淡到氛围感，从咖啡到零食，都会被囊括其中。

14

15

16

17

18

19

销售道具 / 助销系统（图 20）

　　看图点单：用插画让所有人"明明白白喝咖啡"，再也不用点单前问什么是拿铁、什么是摩卡。

菜单设计（图 21）

　　用战略思维打造超级菜单，将菜单设计成一张承担着幸运咖品牌营销的战略性道具，加速消费者做购买决策，进行低成本、高效率传播。

1. 设置海报专区，打造超级广告位，提供购买理由

　　按照从左往右的阅读习惯，菜单左侧是消费者第一眼会看到的地方，是一个黄金广告位。所以我们把左侧划分为专属的产品海报区域，将幸运咖的产品海报放在上面，释放购买理由，勾起消费者的购买欲望。

2. 重新规划产品结构，制定产品发展战略

　　我们对幸运咖现有产品进行了重新梳理，将所有产品分成"现磨咖啡系列""幸运冰""冰激凌""不含咖啡"四大板块；根据我们的"咖啡"品牌属性，确定以"拿铁咖啡"为代表的现磨咖啡系列作为主推的产品品类，并按照阅读习惯把现磨咖啡系列板块在菜单的视线聚焦位置放大，相应地降低其他非现磨咖啡类产品在菜单版面中的占比权重。

3. 增设咖啡豆介绍专栏

　　在现磨咖啡板块增加"咖啡豆升级"信息，向消费者传授咖啡知识的同时凸显品牌专业性，提升产品价值感。

4. 固定品牌资产区，打造品牌专属感

　　当前菜单是我们改善的第五版菜单，从第一版菜单至今，无论产品内容怎么换，我们都保留了一块区域用作投资品牌谚语"咖啡大咖幸运咖"和品牌角色"K爷"，让消费者一目了然知道"这是幸运咖的专属菜单"。

5.icon 越多越卖货，加速购买决策

　　我们对产品的卖点 icon 进行了视觉统一，使用 K 爷的皇冠作为造型，提高消费者购买决策效率的同时积累品牌资产。

6. 用色如用兵，降低阅读成本

　　颜色的记忆成本远远低于文字成本，聚焦一个色调，投资一个色号，让颜色也成为超级符号的一部分。在菜单设计中，我们减少各板块的多色彩使用，坚持使用品牌色"正红色"，持续投资品牌资产的同时降低消费者的阅读成本。

20　　　21　　　22

23　　　24　　　25　　　26

电商页面设计（图 22）

　　命名就是购买理由。

　　将周边产品销售平台命名"幸运宝藏库"，在进行电商头图设计时加入"开宝箱"的表现形式，以此体现"宝藏"感。

改善机关（图 23—26）

　　通过半年走访 6 个城市 100 余家咖啡店，华与华幸运咖团队对咖啡店整体风格和调性进行了详尽的调研了解，在此基础上发现幸运咖门店在物料应用和氛围装饰上存在不足，因此选取了幸运咖洛阳八角楼店进行持续改善，以此打造成标准化样板店。

1. 规范物料应用

　　对海报、台卡、横幅、墙画等门店物料，在材质、颜色、尺寸、陈列位置等多方面进行标准化改善，减少门店颜色运用，以及改善门店物料堆放杂乱、无逻辑的问题。

2. 增加装饰道具

　　通过增加与咖啡属性相关的道具，增强门店专业感。

3. 打造地域文化特色区域

　　根据不同的地域文化在门店内打造具有文化属性的背景墙，可供顾客进行打卡拍照。

品牌营销日历（图 27—33）

华与华幸运咖团队首次为幸运咖打造了"四季多节"的营销日历，保证"季季有主题，月月有活动"，重复投资"现磨拿铁咖啡"单一品类，坚定以现磨咖啡为主要的产品发展重心。

鸿运拿铁季：喝拿铁，走鸿运

幸运咖的第一个代表性营销节点，是每年 12 月末至次年元宵节的"鸿运拿铁季"，包含元旦、春节、元宵节等节日。"喝拿铁，走鸿运"取自成语"鸿运当头"，寄予了幸运咖对顾客的一种祝福："希望每个喝了幸运咖现磨拿铁咖啡的人在新的一年里都能够走鸿运，越来越幸运！"在鸿运拿铁季期间，只要消费指定产品，就能够免费得到一张春联贴纸，从而参与"对春联"活动，抽取免单福利。每年阳历年年底到农历年年初都举办"鸿运拿铁季"，就等于每年都在这个时间段重复刺激顾客，于是这个阶段也成了幸运咖的"品牌节日"。

考试季：喝杯幸运咖，考啥都不怕

幸运咖的第二个代表性营销节点，是每年 5 月底 6 月初的"考试季"活动。5 月底 6 月初正是学生们考试的时间，这个时候华与华以"考试季"为主题，拉开"幸运咖考试季"的序幕，创作了"喝杯幸运咖，考啥都不怕"的话语。同时，

针对学生群体在考试前"拜考神""祈福""祈愿""求考过"等风俗习惯，华与华创作了"考神幸运符"贴纸，便于学生群体粘贴使用。

开学季：你好同学，来杯拿铁

幸运咖的第三个代表性营销节点，是每年 8 月底至 9 月中旬的"开学季"活动。开学季选定了学生们过完暑假面临开学的阶段作为活动周期，同步推出"你好同学，来杯拿铁"的主题活动，对话式的活动主题话语更像是对同学们表示欢迎。

幸运狂欢季：幸运狂欢季，喝拿铁有礼

幸运狂欢季活动时间是每年的 11 月初至 12 月底，是幸运咖的第四个营销节点。阳历年年底是国内外各大品牌进行促销的时间，恰逢中国人喜迎春节预囤年货，甚至催生出网络购物节日——"购物狂欢节"，几乎全民都参与其中，所以华与华顺势推出"幸运狂欢季，喝拿铁有礼"的主题活动，希望大家在购物狂欢的同时也能够越来越幸运，幸运咖也为大家准备了年末好礼！

营销日历不是"逢节必过"，而是充分挖掘品牌自身与生俱来的戏剧性，为品牌量身打造节日。华与华为幸运咖打造的营销日历，不仅创造了顾客的品牌体验，也为幸运咖持续积累了品牌资产。

27

28

29

30

31

32

33

背景介绍（图 1—2）

　　盼盼食品是华与华多品类快消品企业管理的标杆案例。用两大核心技术帮助盼盼一举决胜 2022 年北京冬奥传播战役，为盼盼创作了超级符号"PP 熊"作为品牌大家长，统领盼盼旗下所有产品线包装，全面覆盖盼盼烘焙、膨化两大核心业务板块，快速积累品牌资产；同时创作了冬奥传播品牌谚语"吃盼盼，看奥运"，迅速助力盼盼食品成为快消品领军品牌，快速实现品牌登顶。

品牌谚语（图 3）

　　吃盼盼，看奥运；吃盼盼，看冬奥。
　　人民爱吃什么，盼盼就做好什么。

人民爱吃什么
盼盼就做好什么

3

PP 熊。

包装系统（图8）

烘焙板块：盼盼法式软面包、盼盼法式小面包、盼盼手撕面包、雪饼、仙贝等。

膨化板块：麦香鸡味块、烤薯片、盼仔三兄弟等。

饼干板块：梅尼耶干蛋糕及全线产品家族。

新健康板块：鳕鱼肠、魔芋爽等。

持续改善（图 9）

高端柜升级两大目的：一是将盼盼高端柜打造成能全自动宣传、全自动销售的战略道具，全自动购买的超级"店中店"，通过高端柜的改善落地，提升盼盼散装食品的销量；二是承载了盼盼冬奥战略终端的传播使命，构建终端品牌道场。

广告片（图 10—11）

分别创作了两支 TVC：盼盼手撕面包夏季奥运 TVC、盼盼麦香鸡味块冬奥 TVC。

持续改善 **9**

夏奥广告片 **10**

冬奥广告片 **11**

发布会（图 12）

　　1.2021 年盼盼食品品牌战略升级发布会东区首发盼盼全新品牌战略、超级
IP，两大拳头产品新包装抢先亮相！

　　2.盼盼食品北京 2022 年冬奥会战略发布会。

12

背景介绍（图1）

　　六个核桃品牌诞生于 2005 年，10 年时间销售额从 0 做到 100 亿规模，是中国快消品行业的经典案例。但从 2016 年开始，企业陷入了销量波动的困境，于是找到华与华，开启战略咨询合作。

　　临大事，决大疑，定大计。首先明确养元当下要解决的首要课题，是重振六个核桃品牌声量，解决六个核桃的销量波动困境，因此华与华找到真因后，对六个核桃的第一个重大判断决策就是让企业排除负面舆论干扰，坚持曾经做对了的动作，重拾"经常用脑，多喝六个核桃"这句广告语作为主宣传语，100 年不变。

超级符号（图2）

　　寻找六个核桃的超级符号就是要找到它的"原力"，挖掘品牌与生俱来的戏剧性。华与华挥本能，不思而得，六个核桃的文化母体就是"核桃"本身，将核桃与品牌名结合并放大，把一颗普通的核桃变成"大核桃"，创作了"大核桃"超级符号。

包装系列（图3—5）

1. 主销产品包装

　　基于"三现主义"，在包装上发挥超级符号最大的价值，重新在包装的正面和侧面上放大超级符号，将"大核桃"在包装上上下撑满、放到最大，释放最强的刺激信号。

2. 系列产品包装

　　华与华对六个核桃全系产品包装进行了重新设计，统一超级符号，统一包装版式，一以贯之。

广告系统（图 6）

　　华与华遵循六个核桃企业自身的现状和禀赋，建议六个核桃选择高铁广告和社区电梯广告，作为品牌宣传主阵地。

门头工程（图 7）

　　门店的门头是六个核桃在流通渠道的第一广告位，因此华与华为六个核桃规划了终端流通门店刷门头工程，并在 4 个月的时间里快速执行，统一放上了"大核桃"超级符号，在县级市场释放能量最强的媒介信号。

6

7

8

9

终端全面媒体化（图 8—9）

　　将 KA 渠道的终端堆头打造成品牌的道场，提升品牌发现感，让六个核桃堆头能一眼跳出来。在设计中，核心是放大六个核桃的品牌名、大核桃符号和代言人郎朗的形象，赢得终端发现率。

广告片（图10—12）

1. 日常版 TVC

　　华与华的超级符号和电视广告从来都是一体的。一个好的广告片，就是要让代言人和产品产生互动，并"耍起把戏"。华与华制作了一颗"大核桃"，让代言人郎朗在广告片中始终抱着大核桃，并让六个核桃包装从大核桃中"喷射"出来，并且将这个"超级镜头"在 15 秒中重复三次，牢牢抓住观众的眼球。

2. 春节和中秋版 TVC：

　　针对中秋节和春节两大营销节点，品牌 TVC 也同步进行了创作拍摄，延续"大核桃"和"666"的品牌资产，统领节庆期间在央视上的传播。

3. 高考季 TVC

　　创造"孩子高考，多喝六个核桃"的品牌谚语，并延续"666"的品牌资产，创作了高考季主题 TVC。

品牌营销日历（图13）

1. 春节

营销日历就是"品牌生物钟"，就是给品牌形成固定的营销节拍和主题，华与华在六个核桃过去的基础上，稳固延续品牌资产，打造三大营销节点：春节、高考季和中秋节。

2013年起，六个核桃的节庆主题一直是："六个核桃，六六大顺"，是在年节家庭团聚、走亲访友时，让消费者传递的一句美好祝福。因此在中秋节和春节的营销上，华与华建议持续投资"六个核桃，六六大顺"，管用100年。

2. 高考季

每年3—6月高考季，华与华将话语寄生在"高考"母体中，创作了高考季的传播话语：孩子高考，多喝六个核桃。

联合山东曲阜孔庙，创作"孔子抱大核桃"的IP形象，推出"六个核桃·孔庙祈福罐"和"六个核桃·孔庙祈福大典"，传承孔庙祈福传统文化。

3. 中秋节

在中秋节终端的堆头上进行了主题化的设计，将堆头设计的重心聚焦在堆头插卡和手提袋上，不仅放大了终端的刺激信号，还提升了终端的节日氛围。

13

背景介绍（图1）

养元植物奶是华与华为六个核桃母公司养元饮品打造的第二个金角产品，在六个核桃一款大单品畅销25年的基础上，打破原有礼品销售的模式，突破单一产品的增长瓶颈，是进入日常即饮消费市场的核心产品。

购买理由

优质蛋白质，不含胆固醇。

在植物奶赛道上，从竞争策略来看，就是要与牛奶竞争，因此要抓喝牛奶不够健康的痛点来表达产品的购买理由，抓住消费者选择牛奶的核心卖点"蛋白质"，以及牛奶对于消费者最大的负担"胆固醇"。

品牌谚语（图2）

养元提醒您，多喝植物奶。

提醒您，像一个真理，是一个事实，是一个常识，毋庸置疑。大家都知道，你可能还不知道；或者你知道，但是你忘了，再提醒一下。多喝，是下达购买指令，越多越好。

1

2

超级符号（图 3—7）

　　发挥养元品牌名与生俱来的戏剧性，养元意为"养足元气""元气满满"的意思，用一个双手举起的小红人，来表达元气满满的形态感，并将"养元植物奶"的产品名称嵌入小红人的身体中，融合为一体，并使养元 logo 成为小红人身体的一部分，进行品牌与符号的私有化结合，体现品牌的独特和独占性。

终端全面媒体化（图 8）

　　将 KA 渠道的终端堆头打造成品牌的道场，提升品牌发现感，让养元植物奶的堆头能一眼跳出来。

包装系统（图 9—14）

养元植物奶的产品包装上，超级符号成主角，符号陈列最大化。让超级符号最大限度地占据包装的正面，释放最强的刺激信号，并将产品的购买理由全部在包装上进行可视化呈现，让产品自己会说话。

背景介绍（图 1）

唱吧音乐集团以开发唱吧 K 歌 app 起家，至今已成为 4.5 亿用户都在用的手机 KTV。2015 年，唱吧进军 K 歌硬件领域。2018 年，打造出一系列音箱麦克风产品，目前已占有国内音箱麦克风市场最大份额。

2020 年 11 月，唱吧集团找到华与华，主要针对唱吧旗下的麦克风硬件业务，希望能提供品牌战略、产品战略及广告创意的全方位咨询服务，从而进一步提升品牌知名度，扩大产品销售规模。

战略方向（图 2）

"唱吧"是整个集团的品牌容器，集中兵力聚焦投资唱吧。通过符号系统，统一集团旗下各板块业务的品牌认知，建立唱吧母子品牌结构。重新命名拳头产品"唱吧小巨蛋"，梳理产品核心价值，建立产品传播履历表，加高唱吧在音箱麦克风品类的竞争壁垒。通过提升消费者在终端的产品体验，为产品拉新，提升产品的销售转化率。

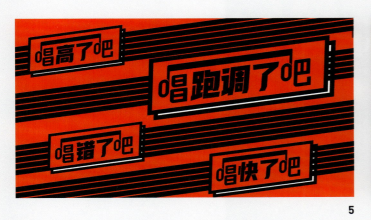

超级符号（图 3—5）

华与华方法说，标志就是标字，要把品牌名做成最大的品牌符号。基于唱吧的基因禀赋，找到音乐的文化母体寄生，最具识别度、代表音乐属性最高联想的世界级公关符号——八分音符。发掘并放大唱吧品牌名与身俱来的戏剧性，将八分音符与"唱吧"的两个"口"字旁重叠嫁接，一个将八分音符私有化的超级音符就诞生了。同时，将八分音符符号单独提炼出来，命名为唱吧超级框，将品牌超级符号生动化应用，框住歌词、框住话语、框住代言人，建立"唱吧"专属的品牌传播符号系统。

品牌谚语 / 话语体系（图 6—7）

基于麦克风的 K 歌母体还原，以及对消费者的一线访谈，发掘出使用小巨蛋麦克风的主场景，创作出"在家 K 歌，就用唱吧小巨蛋"的品牌谚语。唱吧小巨蛋话语履历：我是谁——"自带音箱的麦克风"，对消费者进行品类教育。技术壁垒——"掌握核心防啸叫技术"。我的品牌背书是什么——"2020 麦克风销量领先"，对唱吧在音箱麦克风品类，位居全网销量第一进行权威认证。名人及综艺背书——"红透小红书，席卷 32 档爆火综艺"。

全面媒体化（图8）

1. 广告系统：用一张代言人主海报，完成一次完整的进攻。实现两个占领：占领机场数码店，占领商圈潮品店。

2. 门店销售道具：唱吧小舞台展陈台，实现终端全覆盖，代言人上终端，放大产品在终端门店的注意率。

3. 将品牌超级符号和品牌代言人全面应用在电商详情页，让产品在电商平台上跳出货架。

8

持续改善（图 9—11）

改善机关 1

改善战略级销售道具——产品展陈台，把展陈台当作广告位用，打造超级展台、超级货架。通过 6 大机关，将展陈台升级为唱吧 mini 点歌台。

改善机关 2

麦克风作为体验型产品，还需要做好消费者的产品体验，通过增加唱吧试唱大使、销售员话术的有效引导，为消费者示范，引导消费者试唱，加高终端护城河。

展陈台　9

现场试唱　10

现场试唱　11

12

13

广告传播（图 12）

为唱吧小巨蛋拍摄 15 秒广告 TVC，用《生日快乐》歌作为 TVC 的歌曲主旋律，将产品广告语改编成歌词，在 15 秒的时间内将产品名"小巨蛋"重复 5 遍。坚持产品第一、明星第二的原则。在广告画面中，迪丽热巴作为当红明星是超强刺激信号，但产品始终是主角，通过重复放大术，强化小巨蛋麦克风产品符号，加深消费者对产品的记忆。

公关产品（图 13）

2021 年 5 月 31 日，在唱吧音乐集团成立 9 周年纪念日，召开品牌战略升级发布会，官宣首位代言人迪丽热巴。在发布会上，华与华为唱吧打造的品牌超级符号、品牌谚语、产品 TVC 重磅亮相。

背景介绍

膜法世家创立于 2007 年，专注于"膜护理"领域，根据人体不同部位的肌肤特性研发产品，从功效齐全、各具特色的面膜、眼膜，到颈膜、手膜、足膜、唇膜、体膜和发膜，涵盖了贴膜、泥膜、水洗膜、免洗膜等众多细分品类。膜法世家和华与华于 2020 年 2 月达成合作，希望通过华与华将膜法世家主营的产品能够推得更爆，把膜法世家这个品牌从多维度推广起来。

超级符号（图 1）

超级符号不等于 logo，而是一套刺激信号系统，重点要找到超级符号最大的运用载体，充分发挥品牌与生俱来的媒体，即"元媒体"。对于膜法世家而言，超级符号最大的运用载体在于它的包装，最大的媒体在哪里，就在哪里建立品牌。

项目组从货架出发，思考与其把超级符号贴在包装上，不如包装本身就是超级符号，于是创意设计了"膜法书"这一超级符号，为膜法世家的产品包装找到了统一的符号属性，不同的产品只需要设计膜法书的封面即可。项目组通过"平面立体化"的设计手法，让膜法世家的产品能够跳出货架，优先被消费者发现，从而提高流量转化的效率。

与此同时，项目组还结合膜法世家与生俱来的"魔法"属性，设计了"膜法世家"的字标，将四芒星做在字体里，让膜法世家的"变美魔法"属性更强。

产品结构（图 2）

膜法世家的产品有千余款，项目组根据产品的功能划分为四大膜法系列：白膜法、水膜法、战痘膜法、青春膜法。

品牌谚语（图 3）

面膜有膜法，变变变美吧！

发挥品牌与生俱来的戏剧性，打造魔法咒语语感，具备口语化特色，听一遍看一遍就能传颂。抓住人们想要变美的心态，传递使人愉悦的情绪。

背景介绍

18 般精酿啤酒馆，是合纵集团旗下主打精酿啤酒的新式清吧连锁品牌，通过好喝的精酿啤酒、烧烤、中西美食、轻松解压的音乐现场环境，为顾客提供尽情释放压力的聚会场所。

品牌谚语（图 1）

华与华为 18 般创意的超级口号是"人生须尽欢，今晚 18 般"。为什么是这句话？

第一，今晚去哪儿吃？今晚去哪儿玩？今晚去哪儿嗨？"今晚"是一个人人都会说的超级词语。广告口号要下达行动指令，根据传播的基本原理——刺激反射原理，我们需要消费者一个行动反射，什么行动呢？今晚来 18 般啊！

第二，品牌口号要明确带给顾客的价值：华与华找到唐代大诗人李白《将进酒》中的一句话"人生得意须尽欢"，它具有 1000 多年的原力，并且流传很广，还能传递 18 般啤酒馆带给顾客的价值。华与华提炼"人生须尽欢"5 字短句作为品牌谚语的套话，来提高传播和记忆效率。

品牌命名（图 2）

华与华方法认为：命名就是成本。命名的第一原则是成本，品牌要尽可能选择那些成本低的名字。成本低就是要好理解、好记忆、好传播，也要好营销。比如电脑品类中，"苹果"的命名就要好过"戴尔"，因为苹果是全世界最普通、最常见的一种水果，人人都熟悉，看见一次就记住了。

原来的品牌名"十八般吃喝公司"营销成本是极高的。顾客看见店名并不知道这家店卖什么。华与华把品牌名重新调整为"18 般精酿啤酒馆"，卖什么，就直接喊出来：从店名上直接看到门店品类，不需要解释，顾客看到就知道 18 般卖什么，大大减少品牌沟通成本。

超级符号（图 3）

华与华为 18 般设计了独一无二的超级符号。发挥品牌名与生俱来的戏剧性，选择拥有 2500 多年历史、全世界通用的阿拉伯数字"18"作为超级符号的编织原型。通过把超级符号做成门，进行私人化改造。从此，无论门店开在哪里，无

论顾客来自哪里，他们都能一眼认出 18 般的品牌，都能够找到 18 般的门店，也就达到了设计超级符号目的：易识别、易记忆、易传播。

店招系统（图 4）

华与华方法的核心创意思想之一叫"货架思维"，就是一切创意都要站在货架前思考，要根据货架的信息环境进行创意设计。对餐饮业而言，街道就是货架，门店外立面就是包装。所以，华与华用超级符号为 18 般打造超级门头。一举在街道的货架上获得了陈列优势，实现迅速被发现的同时，迅速被理解。

自媒体系统（图 5—9）

启动自媒体工程，打造门店体验系统。一盏台灯、一张餐台纸、一个台卡、一个头像、一张海报等，任何出现在店内的东西、线上出现的页面，都可以看作品牌的媒体。华与华为 18 般梳理了品牌接触点系统，建立了品牌全面媒体化。

背景介绍（图1）

　　轩妈食品成立于2015年，同年开始通过微商渠道售卖蛋黄酥，借助2015、2016年微商渠道的爆发，轩妈蛋黄酥实现了飞速增长。2018年，轩妈进驻天猫，开始大力推进电商渠道业务的拓展，同年营业额将近2亿，取得了显著增长。2019年，尽管依托于淘宝直播的爆发，轩妈持续增长，但增长速度变得较为迟缓。同时，良品铺子、三只松鼠、元祖食品等巨头开始在蛋黄酥品类上发力，欣欣食品、

北月湾等品牌也以低价蛋黄酥入局，使得蛋黄酥行业竞争越发激烈。

　　面临着企业增长乏力和竞争越发激烈的现状，轩妈食品CEO韦福献深深感到，企业要继续向前，明确战略方向、建立品牌壁垒、打造经营护城河已经刻不容缓。2020年5月，轩妈和华与华开启合作。

品牌谚语（图2）

　　"没有好蛋黄，轩妈不开工"完全绕开了消费者的审美疲劳，拥有极强的冲击力和刺激信号能量，对市场上其他蛋黄酥品牌实现了降维打击。

　　消费者一看就能理解，一看就能记住，因为有故事，更是一句能够说给别人听的超级品牌谚语，真正降低了消费者对轩妈的记忆、传播成本。

　　"没有好蛋黄，轩妈不开工"不仅传达产品本身的价值，还传达了轩妈的企业价值观。这是一句对消费者喊的口号，也是对自己员工喊的口号，提醒全体轩妈人时刻坚持产品品质。同时，这句话也是轩妈对上游供应商的宣告，激励供应商持续为轩妈提供优质蛋黄。

品牌角色（图3）

华与华创作了轩妈的超级符号——一个戴着红厨师帽、红框眼镜、手拿托盘推荐蛋黄酥的厨娘形象，再加上油画的表现方式，让轩妈的形象看起来丰满、细腻又具有极高价值感。

包装系统／终端效果（图4）

轩妈之前的包装以白色为主色调，整体设计风格小清新，视觉聚焦性不强，在线下货架上无法获得陈列优势；包装缺少符号性，无法让消费者一眼识别品牌、记住品牌，也容易被竞品模仿。华与华重新设计轩妈包装，双黄蛋的设计形式，在终端陈列中脱颖而出。

中秋节营销口号：今年中秋流行吃轩妈蛋黄酥。

春节营销口号：春节回家，带上轩妈。

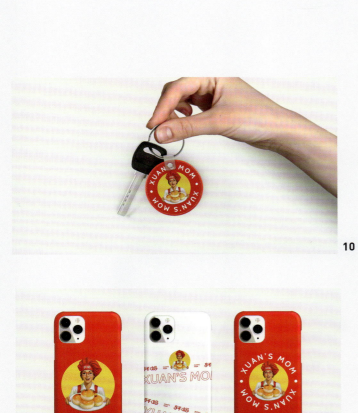

10

11

12

13

14

15

16

17

18

19

20

21

背景介绍（图1）

VeSync 是创立于美国加州的小家电品牌，旗下 Cosori、Levoit、Etekcity 三个品牌分别在美国亚马逊上销量 Top3。VeSync 不满足于做一个小家电零售品牌，自 2015 年开始进军 IoT，成为集互联网、软件、硬件研发及设计一体化的 IoT 家电品牌。

产品开发（图2）

1. 事业理论：通过 IoT 技术，满足客户在居住、生活、健康领域的需求。
2. 产品科学：打造绝对高价值、相对低价格的超性价比产品。
3. 产品结构：厨电、空净、基础电器。
4. 品牌命名：中国区命名"小喂智能电器"。

战略方向

从家电零售品牌到 IoT 品牌，VeSync 一直在不断调整战略方向，但终极目的始终是围绕为顾客提供价值，满足顾客居家的生活需求。

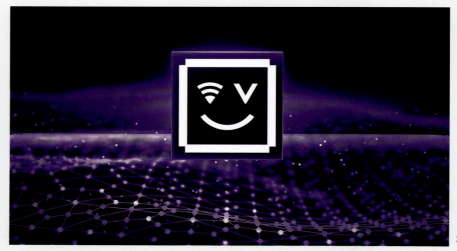

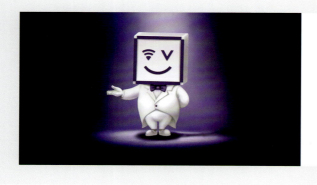

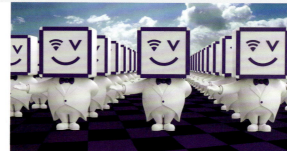

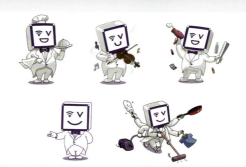

超级符号（图3）

技术不断迭代，但为顾客创造更好生活的价值始终不变。自有电器以来，不论是现实中还是科幻片中，当机器有了一张脸，就变得智能且有亲切感。因此 VeSync 选择笑脸作为文化母体中找到的符号，和 VeSync 的首字母 V 结合，得到 VeSync 的超级符号。贴到任何家电上，马上就有了温度和智能感。

品牌角色（图4）

超级角色智能管家，选择了英式管家这个文化母体，和超级符号结合，用一个文化内涵极为丰富的形象让顾客瞬间理解 VeSync 的价值。智能管家采用的是管家的身体，而非机械身体，因为技术会进步，机器会不断更迭，但人的符号系统会永存。

包装系统（图 5—6）

运用全面媒体化思维，把超级符号应用在中国区的包装设计上。

电商页面设计（图 7—12）

通过对用户进行深度 1V1 访谈和对产品经理开发思路的重新梳理，对 VeSync 中国区 V5 产品进行了重新开发。梳理价值点，梳理呈现逻辑，重新撰写文案，设计详情页，最终收藏加购率提升 107%。

5

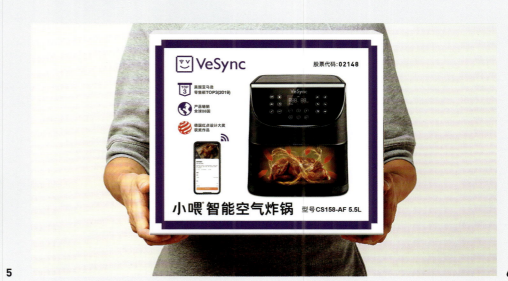

6

7

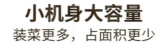

8

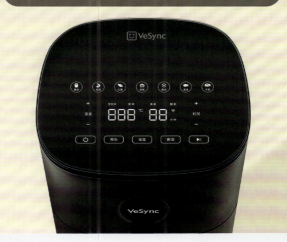

9

10

11

12

自媒体系统（图 13—26）

13

14

15

16

17

18

19

20

21

22

23

24

25

26

背景介绍

中国汽车千人保有量仅为同等经济水平国家的一半（世界银行数据），相比中国拥有更高人口密度的日韩，千人保有量也都更高，均在 400 辆以上的水平。截至 2020 年 6 月，中国汽车千人保有量为 193 辆，预计在 2030 年将达到 289 辆 / 千人。

中国新能源汽车拥有巨大的发展空间，雷丁汽车正处于这一产业发展的关键时期，十余年来雷丁深耕新能源汽车市场，拥有百万消费者群体，致力为三、四、五线城镇居民提供优质的汽车产品，在此背景下，2020 年年底雷丁与华与华在企业战略、品牌战略、产品战略等方面展开合作。

战略方向

从全球汽车产业发展历程来看，多数国家在汽车普及初期都存在那么一款"百姓车"，车身紧凑、价格实惠、实用耐用，大大加快汽车走向千家万户，推动着这些国家的汽车产业化发展。比如美国的福特 T 型车、德国的大众甲壳虫、英国的 mini、法国的 2CV & 雷诺 4、日本的菲亚特……

今天的中国，发展新能源汽车也是我们从汽车大国迈向汽车强国的必经之路。

中国有将近 6 亿城镇居民，他们急需改善出行品质，他们的需求，不应该被忽略。这是当下中国汽车市场最大的变量，也是重要的机会。企业的本质是为社会解决问题，一个社会问题就是一个商业机会，基于此，华与华为雷丁制定"让 6 亿老百姓过上有车生活"的经营使命，把雷丁新能源汽车的产品战略定义为"新能源百姓车"。

品牌谚语（图 1）

华与华为雷丁汽车设计了品牌谚语"老百姓、开雷丁"，用创意引爆战略，口号即战略！

广告系统（图 2—3）

构图、黄黑对比鲜明的全新户外广告，落地于全国近 500 家新体系门店所在的经销区域。

助销道具（图 4—7）

以"导购"为目的的带索引标签的产品手册设计，在提案现场就获得客户的一致点赞，应用于终端也切实发挥了高效的导购效用。

门店设计（图 8—12）

基于雷丁聚焦于三、四、五线城市街边店的渠道特性，华与华基于"街道既是货架"的思维，为雷丁开发"双门头"全新门店形象设计，既是终端门店又是沿街双层广告位，让每一个街边门店都成为所在街道最亮眼的点，自带流量造血功能。

广告片（图 13）

咱老百姓，开雷丁呀
真高兴呀真高兴

咱老百姓，开雷丁呀
真高兴呀真高兴
这么大的车
才 2 万 9 千 8
老百姓，开雷丁
挂绿牌，不限行。

依托文化母体"咱老百姓今儿个真高兴"和"欢乐颂"合一的 TVC 创意，拍摄成片后投放于山东电视台新闻频道以及湖南卫视。

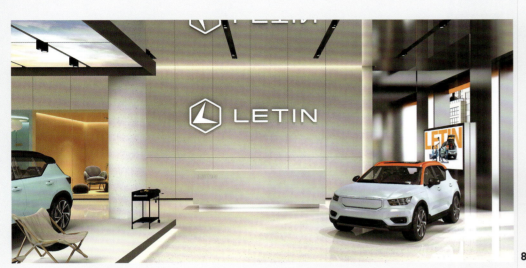

背景介绍

大斌家串串火锅是湖南规模最大、知名度最高的串串火锅品牌，其拳头产品"泡椒牛肉"是一绝，广受消费者喜欢。大斌家的品牌名字非常好，记忆成本低、读起来琅琅上口，但是品类名"串串火锅"字数偏多。看原来的招牌就可以看到"大斌家串串火锅"7个字，字体、字号一样，品牌名和品类名之间缺乏层次，尤其是"大斌家"的品牌名被严重弱化了。

超级符号（图1—2）

在重新设计了品牌字体的同时，华与华从"大斌家"名字与生俱来的戏剧性出发，为大斌家创作了"彩条牌匾"的超级符号。整个创意用牌匾的形式，极大地强化了"大斌家"品牌名，并传递了"大户人家"的品牌价值感。"大斌家"

品牌名和"串串火锅"品类名有了明显的层次。同时，牌匾两边运用了中国传统建筑的经典纹样，形成了自然的花边，让牌匾显得独特而又有极强的视觉冲击力。大斌家串串火锅是一个受众极广的餐饮品牌，追求一种"人人都可以没有压力进店"的感觉，要有很强的"规模感""亲切感"，不能有太强的"距离感"。彩色条纹的设计极大增强了品牌的品质感、能见度和识别性，同时让整个门店显得非常热闹。

大斌家超级符号最大的机关是让两边的三色彩条像霓虹灯一样动了起来。一个动态的招牌比静态的招牌更加引人注目，放到任何地方都能秒杀一条街。动态效果无法在纸质上呈现，想感受其中的奥秘，欢迎到店里品尝大斌家的泡椒牛肉串。

1

2

产品开发

大斌家火锅好吃的秘密除泡椒牛肉等菜品之外，还有他们为之骄傲的"火锅底料"。这是创始人金斌先生赖以生存的法宝，为了让顾客在家也能吃到正宗的大斌家火锅，华与华与大斌家一起开发了这款店内零售产品：大斌家金奖牛油火锅底料。整体包装设计上，"金奖"的购买理由突出，阅读顺序清晰，图片的食欲感极强。

产品结构（图4）

大斌家的拳头产品是"泡椒牛肉"。但是消费者通常不会只点泡椒牛肉，其他的产品并没有明确的推荐，顾客的选择相对是比较分散的。为了让消费者快速做出购买决策，受"四大名捕"的启发，华与华规划并命名了"四大名串"和"四大传家菜"8个拳头产品，为消费者提供购买理由和购买指南。

品牌谚语（图 5—6）

串串世家大斌家，泡椒牛肉人人夸！

大斌家串串火锅的品牌谚语用了"对联"的形式。串串是串串，火锅是火锅，而大斌家把"串串"和火锅结合起来创造了"串串火锅"，是串串火锅这个品类的第一品牌。"串串世家"强化了大斌家在行业的品牌地位，为消费者提供了一个强有力的购买理由。下半句把他们家最受欢迎的"泡椒牛肉串"进行了突出。整体押韵，琅琅上口。餐饮品牌的广告语通常都是要上招牌的，但是大斌家串串火锅的名字非常长，招牌上很难找到一个空间。华与华给这品牌口号找了个绝佳的位置，那就是门口的对联。每一个入门的消费者都能一眼就看到。

5

6

7

广告画面（图 7）

背景介绍

　　大咖国际是饮品供应链服务商，深耕行业 20 年，营收 42 亿，为 20000 ＋家门店提供原料服务。服务的客户包括蜜雪冰城、鱼你在一起、如意馄饨等全国知名连锁品牌。大咖国际提供从原料供应、研发生产到销售为一体的一站式饮品解决方案。

超级符号（图 1）

　　基于国际化、全球化发展目标，华与华将大咖拼音的首字母 DK 与能代表行业属性的杯子结合，为大咖创作了具有国际范的超级符号"DK 杯"。饮品的行业属性一目了然，一眼见行业！

品牌谚语

　　国际标准，中国成本。

话语体系（图 2）

　　糖奶茶咖果粮料，大咖为你全搞定！

品牌角色（图 3—4）

　　通过将超级符号"DK 杯"进行拟人化设计，为大咖创造品牌超级角色"大咖哥"，成为品牌永远免费的代言人。在 B2B 行业中，建立独特的品牌识别和记忆。

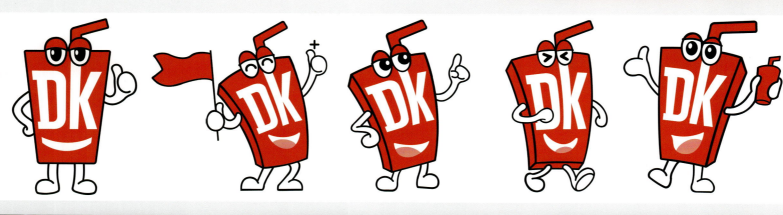

广告系统（图 5）

展会广告，建立压倒性品牌优势。

包装系统（图 6—7）

糖奶茶咖果粮料七大品类产品。

销售道具／助销道具（图 8—9）

展会手提袋，免费广告位。

企业画册设计（图10）

公关产品（图11—12）

首次亮相行业展会，为大咖在行业开户，建立品牌资产储蓄罐。

10

11

12

宣传片 （图 13）

行业首个以卡通形象为主角的宣传片。

背景介绍（图1）

西麦食品是一家27年专做燕麦的健康食品企业。1995年西麦以中老年消费群体为切入口，推出西麦中老年、西麦阳光早餐等产品。随着在该领域不断的深耕和发展，如今的西麦已成为中国"燕麦第一股"（股票代码002956）。

27年来，西麦品牌名一直不变，已经建立起员工的信任和消费者的品牌认知，品牌资产储蓄罐已有所积累，那么要做的事就是在已经胜了的地方继续加大投入，把原本就做好的事做得更好。华与华全面盘点西麦资源禀赋。《孙子兵法》里讲"不要赢，要不败"，就是计算清楚西麦一直在做的、做得好的、正在发生的、顾客反馈的等。合作之初，华与华便明确提出"西澳阳光"所有资源压倒性投入"西麦"母品牌。

产品研发（图2—3）

"产业链，好燕麦，好燕麦，吃西麦。"华与华用企业战略一句话，让所有人形成对西麦统一的认知。

产地好，燕麦才好。西麦在产业链上游布局全球黄金燕麦产区，优选国家育种计划优质品种，严格监控种植环节，保证燕麦原料的绿色无污染。

品牌谚语（图4—5）

超级口号也是品牌战略一句话，"好燕麦，吃西麦"，品牌投资一句话，顾客传播一句话，形成品牌资产，未来的每一个营销动作都将围绕这句话降低传播成本。

品牌角色（图6—7）

发挥品牌与生俱来的戏剧性，重新建立西麦能用100年的全球化品牌角色。品牌角色要可描述、可识别。西麦大袋鼠要让人一眼就能看出来这是西麦的袋鼠，要变成西麦独家的识别符号。其中最困难的地方是将符号私有化的同时，还要有显著的特征。

袋鼠全世界人都认识，袋鼠妈妈肚子上有个口袋，口袋里装了个宝宝。但这不是西麦的袋鼠。华与华继续改造，历时90天，一共77稿，发现品牌谚语和超级IP特征的结合最为显著！于是华与华在袋鼠妈妈耳朵上加上"好燕麦，吃西麦"的超级口号，然后让大袋鼠抱着一捆燕麦穗，这样一来西麦袋鼠就不言而喻了。

包装系统（图8）

放大西麦字标，建立包装版式，大品牌就是字大。

一切答案在现场，华与华团队走访各大商超，把握终端现状。发现西麦货架排面大、货品全，有的超市里面甚至有5个西麦陈列点位，每一个点位都是消费者直接触达产品的机会，是西麦巨大的资源。但也存在问题，冷食热食品牌不统一，站在货架上不像一家人。如果用投资的眼光来看，冷热食各占一半货架，那西麦就足足浪费了一半的广告位。所以设计首要解决的问题就是品牌家族化，获取最大广告优势。

自媒体系统（图9）

为西麦开发元媒体：西麦袋鼠耳朵杯。

助销道具／销售系统（图10—13）

为西麦开发元媒体：陈列割箱和蒋欣主KV。

8

9

10

11

12

13

品牌升级发布会（图 15—16）

广告系统（图19）

铺天盖地建立广告优势。

19

背景介绍

上海早阳餐饮企业管理有限公司成立于 2010 年，总部位于上海市青浦区，截至 2021 年底，早阳品牌门店突破 1700 家，公司旗下全国品牌门店数量合计超过 3000 家。从 2017 年开始，早阳开创性地在早餐包点行业进行联合经营，实现品牌整合，成功布局长三角、珠三角及华中、华北地区，成为全国性早餐包点品牌。

早阳与华与华达成战略合作的首要课题就是共同打造全新的超级符号、品牌谚语，匹配全新门店模式，打造超级卖货门店，奠定早阳规模化发展的品牌资产。

产品开发（图 1）

坚持新鲜战略，坚持标准化战略，坚持好食材战略。

品牌谚语（图 2）

早阳肉包，选用后腿肉。

话语体系（图 3）

规模感就是信任感：一年卖出一亿个肉包，全国门店突破 1700 家。

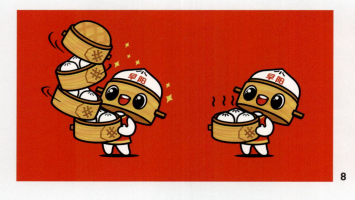

品牌角色（图 4—10）

早阳超级角色符号七大创作要求

1. 有文化原型的、大家本来就有熟悉感的，产生共振共鸣，一击即中；

2. 要非常有视觉冲击力，让人容易发现，不得不注意"我"，增加被发现、被记住、被传播的机会；

3. 与早阳品牌相关，一眼看出是早阳的超级角色形象；

4. 要体现品类价值，有食欲感，首先是跟其他行业的吉祥物竞争，快速、准确地传递价值；

5. 要有独特的记忆点，可以清晰描述、便于转述，同时区别于餐饮、食品行业市场上已有的形象；

6. 可以规模化使用，核心是在门店可以非常方便地使用，最大限度地出现在消费者的必经之地；

7. 可以注册。

店招系统（图 11—12）

店招的战略价值：黄金广告位，全国 1700 家门店就是 1700 块广告牌。

包装系统（图 13—16）

包装的战略价值：100% 触达媒介，每一次成交都意味着 100% 的精准传播。

11

12

13

14

15

16

自媒体系统（图 17—24）

　　用媒体思维去设计企业和消费者所接触的所有环节，一切皆媒体，打造品牌传播和体验系统，所有的动作都是投资而不是成本。

门店设计（图25—26）

16 大机关设计让更多人注意、让注意到的都来买、让买的人买更多、让买的人买得更快、让买的人买更多次，打造超级卖货门店。

1. 品牌名＋品类，一目了然见行业。

2. 拳头产品直接上名字，加强消费者对拳头产品的认知，是企业战略，也是产品战略，品牌和产品同时获得加乘效应。

3. 同时也表明对自身产品的信心、骄傲感。

4. "肉包"比"包子"更具体、更有画面感和食欲感，更能直接点明价值。

5. "一年卖出 1 亿个肉包，全国门店突破 1700 家"的话语体系上门头，规模感就是信任感。

改善机关（图27）

10 大物料提升以固定常客为主的社区门店 13% 的营业额。

宣贯会（图28—32）

通过加盟商宣贯会，落地嘉兴 289 家门店招牌，落地率达到 98%。

25

26

27

28

29

30

31

32

2021

案例目录

第十五章

华与华价值观

<table>
<tr><td>**经营使命**
让企业少走弯路</td><td>**企业精神**
真人真心真本事</td></tr>
<tr><td>**核心价值观**
不骗人　不贪心　不夸大</td><td>**经营理念**
悦近来远　终身服务</td></tr>
</table>

经营使命：让企业少走弯路

我们的经营使命是让企业少走弯路，而不是帮企业成功。最高的效率是不返工，最快的进步是不退步。不追求速度，就是少走弯路，就是滴水穿石。

核心价值观：不骗人　不贪心　不夸大

华与华的价值观就是不变兵法，就是讲底线。

- 不骗人

第一条底线就是不骗人。再缩小一下范围，叫作不骗客户。

- 不贪心

要搞定客户的事，不要搞定客户；要集义而生，不要义袭而取。

- 不夸大

咨询公司最容易有的问题就是夸大。华与华只有一个成功案例，就是"华与华"。

企业精神：真人真心真本事

没有真本事拿不出真心来。真人真心真本事，做客户的良师益友，还要有一颗父母心。

经营理念：悦近来远　终身服务

近者悦，远者来。近者悦，所以我们把所有的时间资源投入现有的客户，远方的客户自然就来了。我们只要把我们的员工照顾好了，让所有年轻的员工都想来华与华工作，未来的员工自然就来了，我们花了很多钱做培训，但从来不花一分钱找猎头。

"终身服务"就是我们所有服务的模式，客户是一年一年永续的。

背景介绍

　　如水坚果在高端进口超市畅销 30 年，现已覆盖全国上万家大型超市。

　　2021 年华与华与如水坚果首度合作，打造如水坚果的品牌谚语、超级符号和全新产品包装，为如水坚果建立了全新的品牌资产储蓄罐，释放如水坚果贵族品牌价值。

品牌命名（图 1）

　　如水坚果：让如水品牌强力占据坚果行业属性，在一切能用如水坚果的地方坚持用如水坚果，首先形成"如水就是坚果"的品牌认知。

品牌谚语（图 2）

　　如水坚果，坚果贵族。

　　如水坚果当时的现状就是有高端品质，无高端品牌。华与华如何通过一句话释放如水高端品质，发动消费者购买？首先品牌名字要露出，如水坚果，坚果什么呢？华与华找到"贵族"这个超级词语，形成"如水坚果，坚果贵族"的品牌谚语。贵族是形容最高级、能量信号最强的超级词语，它在各个行业都用来形容最高端的品牌，如劳斯莱斯是贵族汽车，百达翡丽是贵族手表，香奈儿是贵族箱包。同时贵族也是口语化的表达，如单身贵族等。"如水坚果，坚果贵族"，买高端坚果，就买如水坚果贵族。

话语体系（图 3）

　　如水坚果，坚持全球原产地直采。

　　如水坚果，只挑选高等级高品质坚果。

　　如水坚果，双重坚果保鲜技术，确保产品新鲜。

　　如水坚果，SGS ＋ FDA 全球双质量认证。

超级符号（图4—6）

1. 品牌角色（图4）

松鼠公爵寄生坚果品牌符号，解决如水品牌名记忆成本高的问题，释放贵族价值，提升议价空间。

2. 品牌纹样（图5）

每个伟大的品牌都是一套伟大的符号系统。华与华找到了经久不衰的贵族花边：菱形格。菱形格早在公元前3300年就成了必不可少的文化符号，被广泛应用于青铜时期贵族才能用的青铜器上，拥有5000年的文化原力。单菱形

格还不够，华与华还将法国国花鸢尾花与之相结合，形成最终如水贵族的超级花边。

3. 品牌标志（图6）

寻找坚果贵族的文化母体，寄生传统符号，私有化改造符号。坚果的文化母体是什么呢？不思而得"松鼠"这个全世界公认的坚果品牌文化母体，将松鼠符号私有化，寄生在"贵族公爵"文化母体之上，蕴含着皇室贵族的原力，一身帅气威严的军服，是贵族价值的最好体现。

4

5

6

7

8

9

10

11

自媒体系统（图7—10）

基于松鼠公爵超级符号来打造品牌体验系统，让自媒体的制作成本转化为广告投资。超级符号的全面落地形成统一的品牌印象，不断为如水坚果积累品牌资产。

广告系统（图11）

高炮：放大品牌传播的戏剧性。

包装系统（图 12—15）

大圆桶包装设计的 6 大机关

1. 如水坚果放 C 位，行业属性要占对。
2. 超级角色来站台，品牌赋能做起来。
3. 贵族花边铺包装，终端陈列阵列强。
4. 产品命名要明显，产地信息跟上前。
5. 生产日期放正面，产品新鲜要凸显。
6. 品牌谚语放瓶盖，品牌资产再积累。

13

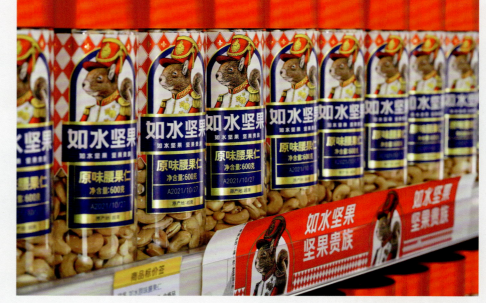

14

15

12

礼盒包装（图 16—18）

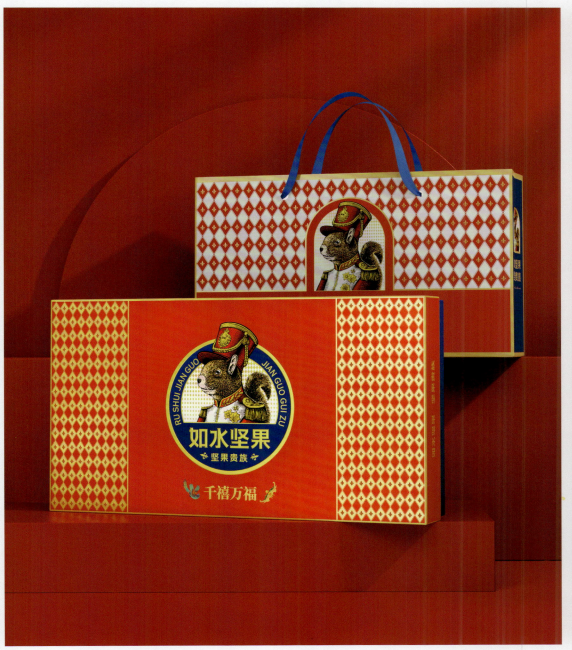

标准化执行手册（图19—26）

通过持续改善的技术，提升如水坚果终端销售额。通过华与华持续改善的技术，改善如水坚果的试吃活动，放大如水坚果品牌信息及产品优势。

整体效果展示 **19**

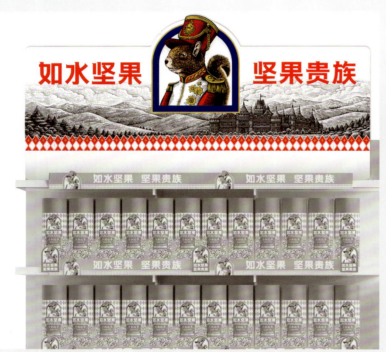

广告牌 **20**

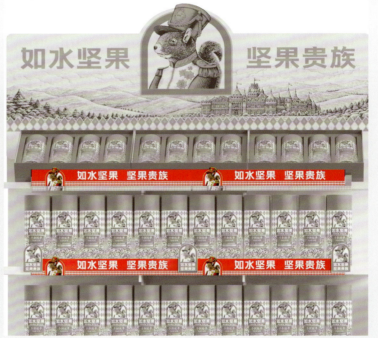

货架条 **21**

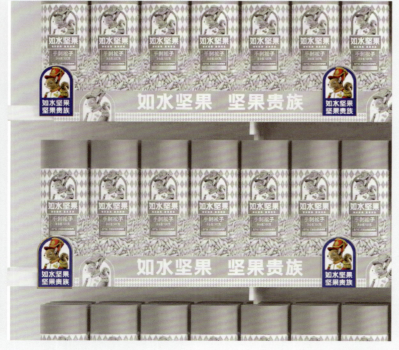

跳跳卡 **22**

试吃台 **23**

如水坚果
坚果贵族

如水坚果4大推荐产品

如水坚果TOP4

进口坚果
全球直采

如水坚果

爆炸贴　**24**

小堆头　**25**

试吃盒　**26**

背景介绍

肆只猫（原名）创立于 2014 年，为云南大学生创业孵化项目，是线上全渠道速溶咖啡自营品牌。主营产品是三合一速溶咖啡，从创立之初就一直坚持超级性价比的定价策略，通过原材料采购的规模效应和自建全自动智能工厂，获得更低的成本，打造超级性价比产品。

超级符号

超级符号的本质是嫁接文化原型，占人类文化的便宜。基于云南原产地战略，华与华找到了云南非物质文化遗产——云南瓦猫。瓦猫是云南大名鼎鼎的"镇

宅守护神"，在许多农村地区，家家户户会在屋顶正上方安置瓦猫，祈求避邪纳福。

找到瓦猫符号原型后，下一步就是私有化改造，将经典的猫咪项圈上的铃铛替换成咖啡豆，传达品类价值；为了突出原产地的厚重感，使用了版画风格绘制。实现了超级符号和品牌名能互为所指，降低品牌的识别、记忆与传播成本，寄生在云南文化母体上。

接着提取将四只瓦猫摆在一起天然形成的瓦纹，作为品牌花边。

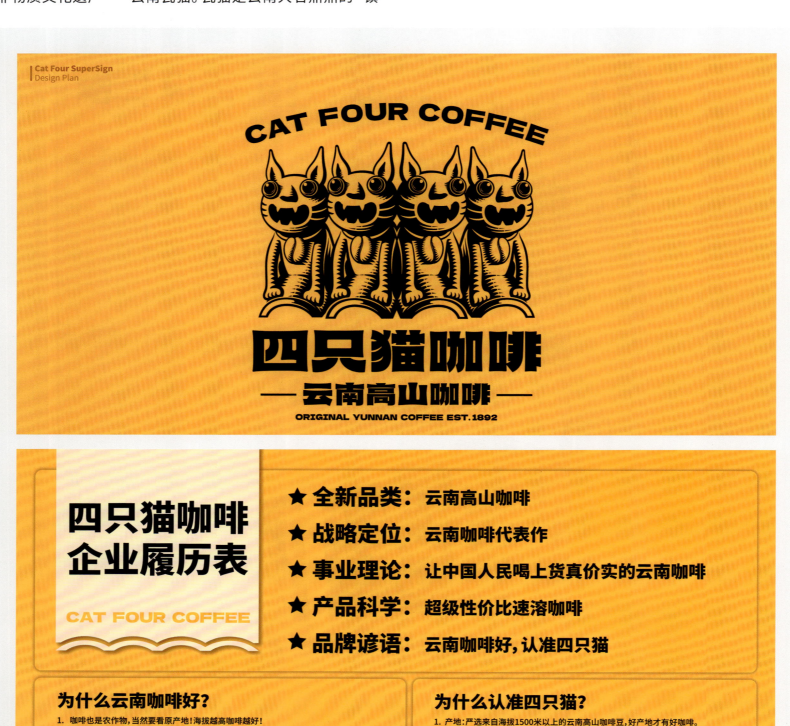

品牌谚语

一句好的品牌谚语，应实现战略和创意一体化。四只猫咖啡最大的企业禀赋就是扎根于原产地，中国 98% 的咖啡都产自云南，是中国最大的阿拉比卡豆产地，但大多数品牌都主动或被动地假装自己用的是"洋咖啡豆"，甚至云南咖啡常以低价出口海外，被国外咖啡企业包装贴牌后再高价卖回中国，顾客在享受咖啡的同时付出了过高的"认知溢价"。由于云南咖啡集中在全球产业链上游，受制于国际期货市场价格，缺乏知名的原产地品牌，所以未能掌握定价权。据媒体报道，一杯 30 元的咖啡，到云南咖农手里却只有 2 角。

民族自信、文化自信就是品牌自信！作为云南咖啡的代表品牌，要向世界发

出宣言——云南咖啡好，认准四只猫！

对于食品酒水来说，产地是最重要的独占性资源，而产地需要有独特价值的品类品牌，如茅台＝茅台酒、波尔多＝法国葡萄酒、苏州＝阳澄湖大闸蟹、松阪＝松阪和牛……而云南咖啡过去一直没有真正推广出去，是因为小粒咖啡作为品类品牌已经失灵，华与华借用一个全球咖啡行业共识：海拔高度是影响咖啡质量的重要指标之一，提出"云南高山咖啡"新品类，帮助四只猫占领新品类，赢得解释权。

品牌纹样（图 1—2）

将四只猫云南瓦猫摆在一起天然形成的瓦纹作为品牌的超级花边。

品牌标志（图 3—6）

　　超级符号要降低品牌的识别、记忆和传播成本。华与华首先将原品牌名"肆只猫"更改为传播成本更低的"四只猫咖啡"；围绕"四只猫咖啡"的品牌名，华与华从云南的文化母体中找到了云南的非物质文化遗产"瓦猫"符号。因为品牌名是"四只猫"，因此设计了四只瓦猫；又因为是"四只猫咖啡"，华与华把

常见的猫咪挂铃铛改造成了猫咪挂咖啡豆，完成了私有化改造；最终通过版画的技法绘制出"四只戴着咖啡豆的云南瓦猫"，强化品牌的地域特色，寄生在云南当地文化的文化母体。

7

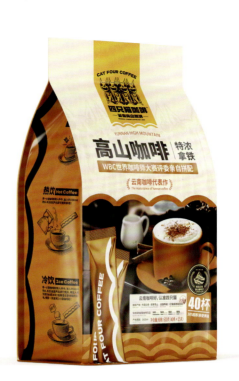

8

9

电商页面设计（图 10）

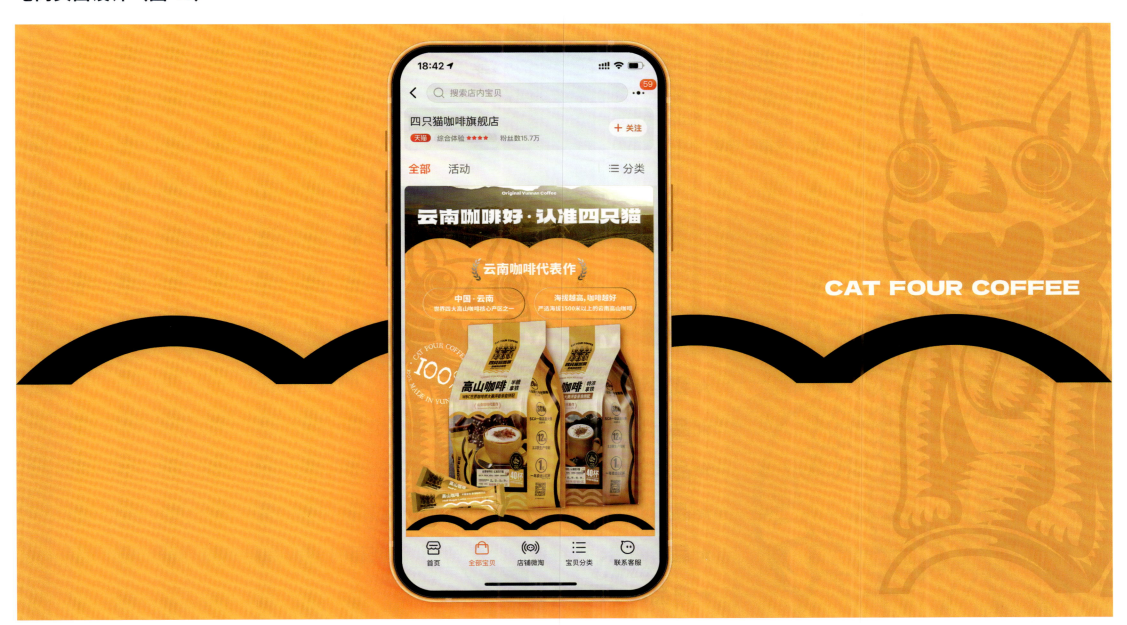

小程序页面设计（图 11）

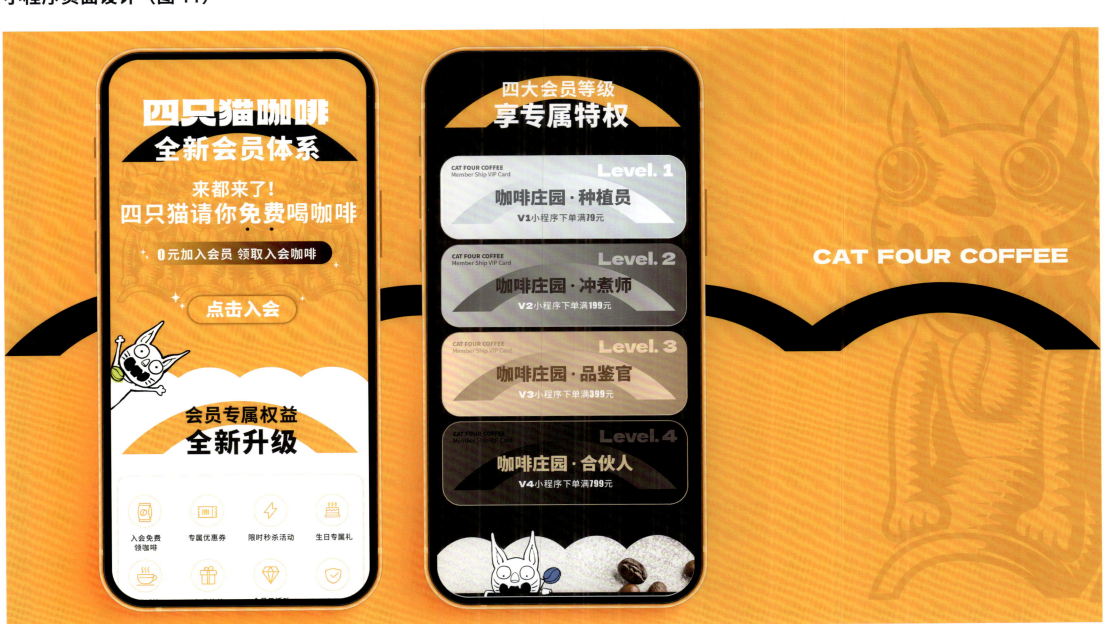

背景介绍

　　五爷拌面是创立于哈尔滨的中式快餐品牌，主要经营面食类产品，创始人孙雷汲取前三次创业经验，切入了"拌面"这个细分品类赛道。早期的五爷拌面通过麻酱鸡丝拌面这一单品迅速获得爆发式成长，进而北方率先推出"免费加面加饭"优惠政策，逐渐从一家街边小吃店成长为如今拥有超过 1000 家连锁的"中国拌面集合店"。

战略方向

　　成为中国面食快餐的领头羊品牌，做中国面王，向全国门店 10000 家的目标前进。

★★★ 五爷拌面品牌履历表 ★★★

★ **我是谁：** 五爷拌面
★ **品牌谚语：** 吃面找五爷，拌面是一绝
★ **品牌承诺：** 免费加面
★ **品牌实力：** 中国拌面一代宗师，全国门店1000家
★ **品牌愿景：** 让世界爱上中国面，让老百姓没有负担的吃好一日三餐
★ **产品科学：** 五爷好面"五字绝"
★ **一系列拳头产品购买理由：**

连续3年销量冠军　累计卖出400万碗　炒出来的香辣椒 料多量更足　每一口都是地道京味儿　慢熬入味 好吃不上火　一口弹牙香 低脂健康

超级符号（图 1）

品牌角色

一代拌面宗师——五爷

　　好的品牌符号要有"自明性"，要有原型、可描述和私有化，这就决定了华与华的创作方向——在保留五爷拌面现有符号资产的前提下，让人更容易记住这个老爷爷就是五爷拌面。

　　为了找到最适合五爷拌面的符号，华与华盘点了品牌自身的资源禀赋，于是找到了"五"这个戏剧点。首先，数字本身就是所有人都很熟悉并且能快速理解记忆的信息。其次，"五"本身有很多元素可以挖掘，如打招呼的姿势是举手比 5，英文里的"give me five"等。五爷的名字就具有这样的戏剧性。而

且好的 IP 形象，特征应该是长在头部的。因为只有这样，无论这个 IP 换什么衣服、摆什么姿势，它的特征都不会被改变。在极端情况下，哪怕只有外轮廓剪影，都能被识别出来。

　　于是，在五爷原有的光头、功夫衫、胡子的基础上，华与华选择了胡子作为主要创意元素进行放大，为它设计了五根麦穗胡，既有面的属性，又有品牌的名称含义。此外，也优化了过去的人物表情、功夫衫等，显得更国潮、更有一代宗师的感觉。

品牌谚语（图2）

吃面找五爷，拌面是一绝。

俗语不设防，所以品牌谚语一定要是通俗易懂的顺口溜，一句话让消费者知道我们是谁、有什么产品、有什么优势，并且能够迅速地记住这句话，这样消费者才有可能替品牌"传"这句话。而"遇事找某人"正是融入我们生活中的常见句式，于是得出了话语前半句"吃面找五爷"，它包含行动指令，还指出了品牌名。再加上包含购买理由的后半句"拌面是一绝"，于是就组成了五爷的品牌谚语。

店招系统（图 3—7）

　　餐饮品牌，店招就是最大的元媒体。华与华为五爷拌面门店外面做的核心动作，只有一个目的，那就是提高这个门店被更快速地看到、被注意到、被吸进店的概率。

　　机关 1："免费加面"上门头。这是和消费者对暗号，所以一定要提上来，甚至直接提到和品牌名字比肩的地位。

　　机关 2：全国门店 1000 家。快餐品牌，规模信息就是信任感，是五爷拌面区别于普通夫妻店的独特之处。

　　机关 3：增加二门头，品类文字可视化。丰富的产品信息用图片展示，一目了然、一看就懂。

　　机关 4：增加门头低灯，让招牌更亮。店铺越明亮，带给人的感受越好，生意自然也就越好。

机关② | 规模信息上门头　规模感就是区别于夫妻老婆店最重要的信任感 上门头！放大刺激信号！

5

机关③ | 品类文字可视化　拌面、汤面、米饭、小食，产品品类丰富的信息直接图片化 一目了然，瞬间就懂，图片的食欲感是文字的100倍！

6

机关④ | 门头底灯靠边打，店前地面亮起来　扩大品牌阵地，店铺越明亮，生意越好

7

背景介绍

宁波黄古林工艺品有限公司成立于 1995 年，是一家集研发、设计、生产、制造、销售于一体的夏令床上用品中华老字号企业。因最早将品牌嫁接于"黄古林"历史文脉而闻名，因把握住三次渠道红利而迅速发展壮大，成为凉席行业领导品牌。

品牌谚语（图 1）

黄古林凉席，引领凉感一千年。

品牌纹样（图 2—3）

蔺草编织纹图样形成超级花边。

品牌标志（图 4—5）

品牌 logo 字体重新设计。

包装系统（图 6—12）

　　为冰丝、蔺草、竹、藤四种材质的拳头产品设计了标准化、规范化的包装设计方案，同时对电商平台上百款 SKU 单品制定了系统化的包装解决方案。

广告系统（图 13—16）

　　制定"区域名牌战略"，占领宁波市及周边城市交通枢纽，提供了户外广告、电台广告的创意方案。

自媒体系统（图 17）

新 logo 和超级花边的企业应用（包括牌楼装饰、墙砖、展示墙、司旗、工牌、胶带、鼠标垫、笔记本、咖啡杯等）、服饰应用（包括领带、卫衣、丝巾、帽子、吊饰等）和礼赠应用（包括茶具、口罩、行李箱、手机壳、雨伞、挎包等）。

17

销售道具 / 助销系统（图 18—24）

超级助销道具

产品折页。

四大货架助销道具

跳跳卡、侧卡、吊旗、货架条。

18

19
20

21
22

23
24

背景介绍

德施曼专注智能锁 13 年，在中高端领域，德施曼处于领先地位。

德施曼·智能锁，成立于 2009 年，专注于智能家居及安防领域。德施曼注重产品创新与研发，关注品质，拥有品牌自己的售后服务团队，提供 7×24 小时在线服务。

2021 年 7 月德施曼与华与华建立合作，德施曼董事长祝总提出，希望德施曼能占领家用智能门锁行业第一品牌。

品牌谚语（图 1—2）

华与华为德施曼制定了"聚焦高端"的品牌核心战略，并以此为基础，创意设计了品牌谚语和一整套话语体系。

基于传播三大原理之一的"播传原理"，传播的本质不是"传播"，而是"播传"，关键在于传。品牌谚语不是设计一句话，说给消费者听；而是设计一句消费者听得懂、说得出的话，让消费者传给他的亲朋好友，并影响他们的行为。

因此，品牌谚语"高端智能锁，认准德施曼"由此诞生。同时，从"销量领先""产品领先"和"服务领先"三个维度诠释"高端"。华与华梳理了一整套话语体系，每一条证据链都用消费者听得懂的话来呈现。

截止到 2019 年的数据统计，智能锁在中国的市场渗透率不到 10%。智能锁品类对于中国家庭来说，不如传统家电普及、好识别。

因此，在 KV 的设计上，很重要的一点，就是让产品陈列在门上并放大产品，明确入户智能锁的品类特征。设计 KV，就是设计消费者的阅读逻辑。"门"也能很好地将家居场景和品牌信息划分成两个区域，引导消费者一次性读全画面中想要传达的信息。

1

2

销售道具／助销系统（图3—6）

产品海报、"3D人脸智能锁市场占有率72%"背书海报、产品功能划分摇摆器。

背景介绍

乐惠国际（股票代码 603076）是全球第二的啤酒酿造设备供应商，30 年为国内外绝大多数啤酒企业提供"整厂交钥匙"服务。2019 年，乐惠国际确定精酿鲜啤为第二主业，创立"鲜啤 30 公里"，提出百城百厂万店战略，目标每一座城市都有一座鲜啤酒厂。

鲜啤 30 公里，是一个从命名开始，从 0 到 1 建立品牌的案例，也是华与华用创意解决生意问题的代表案例。在华与华提报方案后，仅用 6 个工作日，就把创意全案原封不动地搬到展会，被称为华与华史上落地最快的项目。

品牌谚语（图 1）

一切战略都是话语战略，用话语来创造品牌价值、降低传播成本、形成购买理由。根据"鲜啤"战略和"鲜啤 30 公里"的品牌名，华与华又创意设计了"酒厂越近越新鲜，30 公里硬指标"的品牌谚语，建立品类壁垒。

品牌命名（图 2）

命名即企业战略，将乐惠国际"精酿谷"重新命名为"鲜啤 30 公里"。

超级符号（图 3）

基于"鲜啤"品牌战略，寄生在公路牌的文化原型上，设计"鲜啤 30 公里"超级符号。

元媒体：鲜啤 30 公里酒厂设计（图 5）

◎ 立式售酒机

立式售酒机3大优势

1 占地仅需1平方米。

2 一台机器提供10种精酿啤酒。

3 在售酒机上增加自制气泡水功能。

鲜啤 30 公里亮相行业展会（图 8）

背景介绍

牙管家口腔是一家以"减轻百姓看牙负担"为经营使命的全国口腔医疗连锁品牌,公司起源于 1998 年,正式成立于 2014 年,门店遍布北京、上海、重庆等 12 个省份。2021 年牙管家口腔正式与华与华开展合作,也是牙管家探索口腔医疗大店经营模式的第二年,所以双方合作的首要课题就是共同打造出一套适合牙管家长期发展的大店经营模式,并希望通过建立品牌来摆脱口腔行业的恶性低价竞争。

经营活动

在产品、定价、售后服务三方面进行经营活动的兴废增减,形成牙管家的"管到 100 岁"经营活动图。

1. 在产品上,将牙管家过去"以低价种牙(3980 元 / 颗)作为拳头产品"调整为"5980 元 / 颗美国皓圣作为拳头产品"的产品策略。

2. 在定价上,从过去"低于行业平均价格 4 成的绝对低价策略"调整为"相对低价、低于行业平均价格 2 成"的定价策略。

3. 在服务上,建立客户终身服务产品,提供售后服务到 100 岁、免费咨询到 100 岁等服务。

品牌谚语

牙管家,管到 100 岁。

1. "管到 100 岁",直击口腔医疗行业最大痛点

售后没保障,是口腔医疗行业最大的痛点,很多口腔医疗机构利用信息不对称赚取黑心钱、出了问题不负责,使得老百姓看牙难、售后难。牙管家管到 100 岁,既是品牌口号,也是品牌承诺,将承诺以口号的形式"喊"出来,降低信任门槛、减少顾客选择负担,减轻百姓看牙难问题。

2. "100 岁",利用修辞学的技术让刺激信号最大化

数字是具有魔力的,"100 岁"是刺激信号最强的品牌承诺。华板说:"牙管家原来是终身免费保修,我表示反对!管太宽了!只能管到 100 岁!于是,有了'牙管家,管到 100 岁'的品牌口号和百岁服务体系。过了 100 岁,就要收费了。"可见,"100 岁"这个修辞是超过"终身免费保修"的,刺激信号最为强大的品牌口号。

3. "牙管家,管到 100 岁",人人都能脱口而出,传遍千家万户

品牌谚语最重要的就是要不言自明、不胫而走。一个"管"字既体现了牙管家承担企业社会责任的承诺,又与品牌名相互呼应。100 岁,又是中国人最常见的祝福,家有百岁老人更是全家福气兴旺的象征。所以,整句口号用最简单的字句传递最简单的道理,表达最真诚的祝福和最有力的承诺,自然人人都能脱口而出,产生"播传",记住牙管家。

品牌纹样

用牙齿的阵列和超级品牌色,打造强大的视觉强制力,形成牙管家的品牌资产,让消费者过目不忘。

品牌标志

超级符号的目的是降低品牌识别成本、降低营销传播成本、降低顾客选择成本。牙管家的大多数顾客是中老年人,所以降低品牌的识别和记忆成本尤为重要,尤其是当消费者记不住品牌名字的时候,华与华可以通过图形来帮助他描述或者记忆。所以华与华将"牙齿"与"牙管家"三个字相结合,为牙管家创作出"三颗牙"的超级符号,既有品类属性,又极易传播。从而创建老百姓口中"那个三颗牙的口腔医院",让人人看得懂、说得出、记得住。

广告系统（图 1—2）

户外广告，是门店最大的元媒体。

牙管家户外广告，采用蒙德里安设计法，利用大面积撞色的设计，跳出街道货架。在人流密集区域充分曝光，展现牙管家的品牌口号与拳头产品，持续积累品牌资产，扩大牙管家刺激信号，为门店引流。

门店设计（图 3—5）

根据空间布局和顾客行走动线，设计最符合顾客观看的空间元媒体布局，将牙管家的品牌理念、医生资历、三大种植体合作伙伴等信息上墙，顾客一眼就看见，利用元媒体建立消费信任，进而促进消费者完成购买。

1

2

3

4

5

销售道具 / 助销系统（图 6—7）

　　口腔医疗行业不同于快消行业，信息落差大、单价高、消费频次低、销售周期长，销售成交往往不会一蹴而就，所以要想提升销售转化且实现稳定增长，难度非常大。

　　所以华与华从客户进店率、转化率、留存率三个维度出发，制定元媒体销售及助销系统，包括空间元媒体品牌传播道具、产品菜单和质保道具、顾客知识普及元媒体道具以及二次到店、会员留存转化道具。

补牙类产品销售 / 助销道具：

1. 品牌及菜单类：四折页、价目表、吊幔
2. 售后类：质保卡片、百岁合同
3. 培育类：宣教立牌
4. 百岁服务类：刷牙区三大墙面（6 大误区、4 大常见问题、6 步刷牙法）
5. 会员转化类：二维码立牌、刷牙课堂 & 牙管家刷牙 6 步法卡片

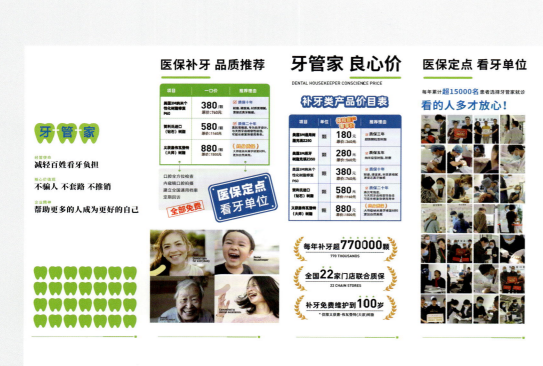

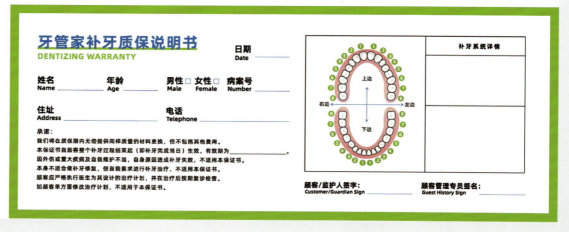

6

牙管家,管到100岁

刷错牙,问题大!

刷错牙造成的**4**种常见问题

① **磨损牙齿**   ② **牙龈萎缩**   ③ **形成龋齿**   ④ **导致牙周炎**

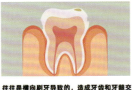 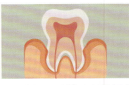 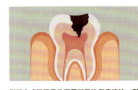 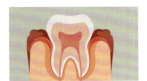

往往是横向刷牙导致的,造成牙齿和牙龈交界处缺损,造成敏感疼痛等问题。   刷牙刷毛过硬、牙膏粗糙、用力过度会造成牙龈萎缩,使牙根暴露、牙龈敏感。   刷牙方式错误导致牙菌斑无法彻底清洁,引发细菌滋生,形成蛀牙,甚至蔓延到牙根,产生剧烈疼痛。   刷牙不彻底导致细菌侵犯牙周组织,造成牙龈红肿、牙缝变大、牙龈退缩直至牙齿松动、丧失。

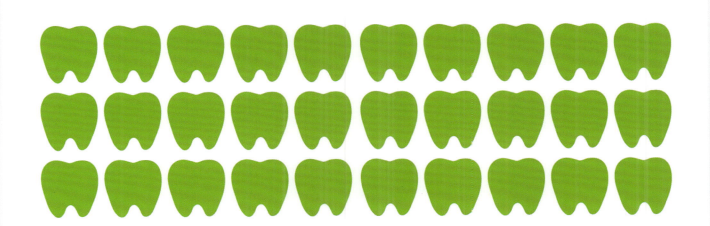

菜单设计（图 8—9）

1. 种植牙产品价目表

根据优秀咨询师的一线销售经验与意见，重新改善并设计了《种植牙产品价目表》，放大每项产品的购买理由，让顾客对号入座，降低选择成本；并重复强调六大服务价值，积累品牌资产。

2. 补牙类产品价目表

根据补牙类产品说明书和优秀医生一线经验与推荐意见，重新改善并设计《补牙类产品价目表》，突出放大每项产品的购买理由，赋予高价位产品更具吸引力、价值感的购买理由，提升选择购买率，同时提升客单价。

3. 美白 & 睡眠洁牙产品菜单

通过产品说明、产品体验、同行比较以及医生建议，综合产出美白 & 睡眠洁牙产品菜单，突出放大美白产品低敏感无刺激的价值点，详细拆解睡眠洁牙 10 步骤，放大清洁度、舒适度刺激信号。通过两款产品话语体系的完整呈现，传递购买理由、购买指南、购买指令，让菜单成为咨询师的"教材"、消费者的"试用装"，重新设计消费者的思考逻辑，让消费者"坐着滑滑梯，滑到收银机"。

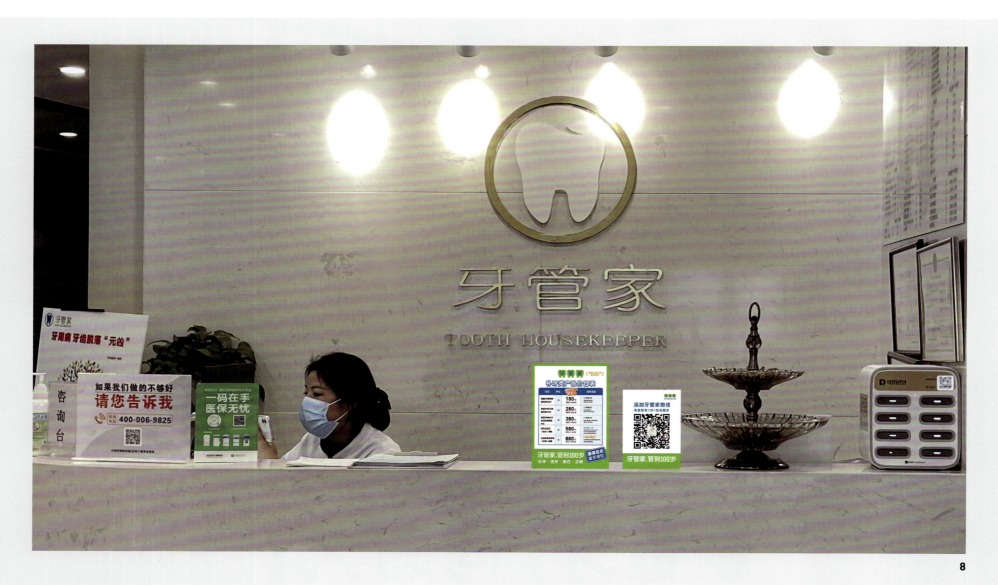

8

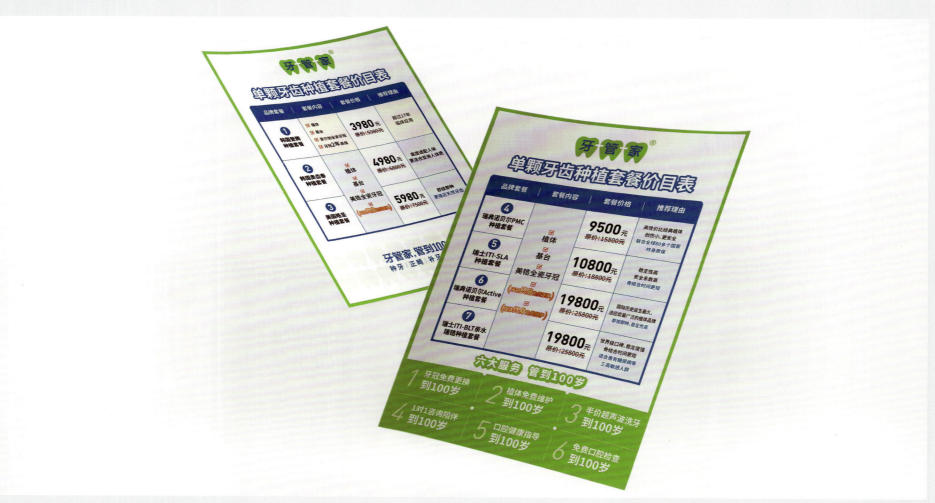

9

改善机关（图10—13）

　　针对顾客"到达牙管家→就诊咨询→诊疗→离店→植牙完毕"的5大环节、18个动作，通过人、机、料、法四个维度，进行重新设计和规划，并制作相应改善道具，设计峰终体验、增添信息服务、减少等待感，让顾客对牙管家的服务体验有惊喜、能记住、可以带走、愿意播传。

10

11

12

13

497

背景介绍（图1）

天猫养车作为阿里巴巴旗下智慧养车连锁品牌，集结阿里平台资源，用互联网把养车行业重做一遍，通过全面应用大数据能力，重构一个智慧生态系统，链接供应链、门店和车主，为行业发展注入更多确定性增长力量，智慧养车时代的到来已成定局。

一个品牌，一定在某些方面存在知识领先。企业知识体系，是用企业的话语体系来表达的，也就是华与华说的产品科学。天猫养车为门店提供6大智慧系统支持，赋能门店，运营提效，增设施工指导功能，提升门店专业能力的深度和广度；拥有智慧养车百科，掌握亿级养车大数据，覆盖98%主流车型，让所有的养车问题都有标准解决方案，数据精准，所有疑难杂症都能在这里找到答案。

品牌谚语（图2）

放大天猫养车的资源禀赋，将"大数据、智慧化"这个天猫和阿里母体中最大的品类价值无限放大，华与华创造了"告别传统养车，天猫智慧养车"的品牌谚语。

1. 使用超级句式，提供购买理由和购买指令，直接说动消费者。

2. 重新定义养车行业，打破观望和同质对比，唤醒加盟商和中国车主对天猫养车的最大认同。

话语体系（图3—7）

基于"天猫智慧养车"的品牌战略和"告别传统养车，天猫智慧养车"的品牌谚语。通过话语体系建立品牌价值，解决与加盟商与车主的信息不对称。

我是谁：阿里巴巴旗下智慧养车连锁品牌。

我们的品牌实力：掌握98%主流车型精准养车方案。

3个智慧养车："全车隐患，智能提醒""全程监控，手机直播""精准匹配，智能推荐"。

4个品牌保证："天猫养车保证，全部正品""天猫养车保证，价格透明""天猫养车保证，认证上岗""天猫养车保证，负责到底"。

广告系统（图8—11）

掌握华与华关键放大技术，通过3个放大，为消费者提供全面信息服务。

首先，放大品牌谚语，将天猫养车品牌谚语寄生在一个强大的母体——中国人文化中的标语字体，在广告画面上放到极限大，营造告别旧时代、开创新时代的品牌气势；其次，放大天猫养车的门店形象，这是一个广告画面的重大突破，天猫养车的核心产品是门店，将门店作为广告的主角放大突出；最后，放大猫头，将门头上的猫头超级符号进行放大处理，享受天猫超级符号的品牌红利，让人能一眼识别，并积累天猫养车的品牌资产。

自媒体系统（图12—14）

从0到1建立天猫养车门店元媒体系统，积累品牌资产，建立流量主权。

天猫养车门店全套元媒体系统从品牌价值露出、会员卡锁客、打造业务服务专业感以及提升高毛利项目的转化，从4个维度全方位助力门店销售增长！

设计机关1：价格信息透明化，降低车主选择成本。华与华给天猫养车的3大引流项目洗车、保养、轮胎分别设计了价格牌，为车主提供3个购买：购买理由，购买指南，购买指令。

设计机关2：有图有真相，将复杂服务流程可视化，在车主心中建立专业感、价值感。

设计机关3：放大会员权益，提炼天猫养车大会员专享7大权益，将一年可省1738元的信息放到最大，吸引车主到店购买。设计的核心是去app图标化和icon化。

销售道具 / 助销系统（图 15）

客休区陈列柜是实现门店高毛利业务全自动销售的利器。

在客休区打造全自动销售道具——陈列柜，将天猫养车高毛利的业务信息直接展示出来，让车主一看就明白，一看就会买。

机关 1：设计智慧养车 6 大系统品牌专柜，建立品牌道场。

机关 2：模块化的整体陈列设计，适应各种门店。

机关 3：新增 3 个决策，降低消费者的决策成本。

机关 4：产品价值可视化，让车主一眼就知道好在哪儿。

机关 5：新增新旧对比道具，实现触感体验。

机关 6："天猫养车保证，全部正品"承诺上墙。

机关 7：科学设计陈列的角度，符合人体的最佳黄金视角。

机关 8：重复超级话语，不断积累品牌资产。

持续改善（图16）

从 0 到 1 开发超级元媒体，打造热卖氛围，建立流量主权

机关 1：放大会员权益，核心是去 app 图标化和 icon 化。

机关 2：业务信息上门头，将门店业务信号最大化，降低消费者选择成本。

机关 3：营造门店热卖氛围，提升会员转化率，为门店锁客。

机关 4：有图有真相地设计品牌说明手册，降低沟通成本，提供品牌价值链，消除车主顾虑。

机关 5：设计菜单就是设计消费者的选择逻辑，为刚需产品洗车设计菜单，增加三个购买——购买理由、购买指令、购买指南。

机关 6：品牌价值可视化，放大 app 三大智慧能力。

16

背景介绍（图 1）

　　一心一味是深圳 23 年餐饮品牌老店，成立于 1999 年，坚持 24 小时营业，全年无休。目前开出门店 48 家，一步一个脚印发展，是深圳城中村消费者最熟悉的餐饮品牌。2021 年一心一味和华与华开启合作。

　　华与华为一心一味建立了全新品类，创作了超级符号、品牌谚语，设计了全新的门店形象，为一心一味建立了品牌资产储蓄罐，释放一心一味 24 小时热卤的品牌价值。

产品结构（图 2—4）

　　热卤、套餐饭、茶饮、糖水。

品牌谚语（图 5）

　　一心一味，热卤更入味。

　　华与华基于一心一味热卤和 24 小时营业两个核心基因禀赋，建立一个新品类：24 小时热卤，具有唯一性、权威性、排他性，深挖一心一味热卤的品类独特性，相比绝味、周黑鸭的传统摆盘卖的凉（冷）卤，热卤最大的特点就是"现捞即食、入味"。入味是热卤的本质，也是卤味行业的高流量品类词。同时在调研走访中华与华发现"入味"是一心一味最高频的用户评价，不管是线下门店顾客访谈，还是线上大众点评和美团外卖的用户评价，吃一心一味热卤最高频的好评就是"好吃入味"，入味是一心一味最大的产品特色。最终华与华创作出："一心一味，热卤更入味"的品牌谚语，直接下断言，鼓动尝试，影响行动。

品牌标志（图 6—8）

确定了"一心一味，24 小时热卤"的新品类和"一心一味，热卤更入味"的品牌谚语，接下来要用超级符号建立 24 小时热卤的类别解释权，让一心一味成为热卤品类代名词。

首先华与华锁定了"卤"字，并确定要学习日本街道遍布的"药"符号，是最大程度放大"药"的刺激信号的参考，但"卤"是一个公共符号，它不具备独特性与唯一性。

继续深挖，华与华找到这个生命力最强的符号原型，起源于秦、距今有 2000 余年的隶书"卤"，我们要对这个卤进行私有化改造。

华与华回到"卤"本身，卤是烹调方法，是将加工好的原料或预制的半成品、熟料，放入预先调制好的卤汁锅中，使卤汁咸香鲜味渗入原料内部成菜，然后装盘。装盘最原始的就是"碗"，碗代表的就是餐饮属性。

最终把卤和碗做巧妙结合，创作出一心一味独特的"卤"字标。

店招系统（图 9—10）

卤字标超级门头，门店全面媒体化，打造超级卖货门面。

门店设计（图 11—13）

2021 年 12 月 23 日上梅林店开业，热卤区明档化，提供热卤外带窗口，重装开业当天创了开业历史新高，营业额较之前提升约 3000—4000 元。

品牌营销日历（图 14—18）

春节不打烊

  一心一味独特的经营活动：24 小时营业，全年无休，春节不打烊。一心一味较多门店在城中村，城中村比较多的餐饮小店都会关店回家过年。此时村内老人又比较多，因为深圳天气暖和，很多人会把家里的老人接来深圳过年，一心一味可以很好地满足城中村顾客 24 小时的餐饮需求。2022 年还将推出一系列全家福新品，陪顾客过新年。

菜单设计（图 19）

3 大菜单系统。电视机菜单、门店大菜单、小程序菜单。菜单分早餐、午餐／晚餐、下午茶、消夜四个时段。

全面媒体化（图 20—22）

全线餐具系统设计，建立品牌统一感。

扫码点餐免排队
2分钟快速出餐,小程序点单最高立减6元
（高峰期出餐时间咨询店员）

SPECIAL 超值套餐 COMBO

热卖TOP1
黄焖鸡米饭 超值2件套
¥24.5/份 原价26.5元 立省2元
· 黄焖鸡米饭
· 茶树菇龙骨汤

热卖TOP2
大碗肥牛饭 超值3件套
¥36/份 原价37元 立省1元
· 大碗肥牛饭
· 香辣鸡尖/半份
· 茶树菇龙骨汤

热卖TOP3
卤肉饭 超值3件套
¥25/份 原价29元 立省4元
· 招牌卤肉饭
· 麻辣鸭腿/个
· 茶树菇龙骨汤

海鲜酱卤肉拌面 超值3件套 ¥29/份
· 海鲜酱卤肉拌面 + 香辣鸡尖/半份 + 茶树菇龙骨汤 立省2元

大碗肥牛饭 超值2件套 ¥21.5/份
· 大碗肥牛饭 + 可口可乐 立省2元

卤肉饭 超值2件套 ¥11.5/份
· 招牌卤肉饭 + 可口可乐 原价14.5元 立省3元

TAKE A REST 超值单点随心配 TAKE A REST

第一步：选热卤小吃

麻辣鸭肠 TOP1 ¥11.5/份
麻辣鸭头 TOP2 ¥6.5/个 ¥18/3个
麻辣鸭腿 TOP3 ¥9.5/个 ¥18/2个
麻辣鸭掌 ¥8.5/4个 ¥16/8个
麻辣鸭架 ¥8.5/2个 ¥16/4个
麻辣鸭翅 ¥8.5/3个 ¥16/6个
麻辣鸭脖 ¥8.5/1个 ¥16/2个
香辣酱猪手 ¥9.5/个 ¥18/2个 ¥35/4个
香辣酱骨架 ¥8.5/个 ¥16/2个 ¥31/4个
香辣小凤爪 ¥9.5/份 ¥18/2份
香辣鸡尖 ¥8.5/份 ¥16/2份

第二步：选糖水

现煲绿豆沙 热卤绝配 ¥6/碗
莲子黑米粥 煲足2小时 ¥6/碗
银耳莲子羹 ¥6/碗
原味烧仙草 ¥6/碗
芋圆烧仙草 ¥8/碗
芋圆黑米粥 ¥8/碗
芋圆绿豆沙 ¥8/碗
汤圆绿豆沙 ¥8/碗
汤圆黑米粥 ¥8/碗
芝麻汤圆 ¥8/碗
双色汤圆 ¥8/碗
四色芋圆 ¥2/碗
TIPS 芋圆可单点 糖水均可加芋圆
茶树菇龙骨汤 ¥10/碗
虫草花鸡汤 ¥10/碗

第三步：选主食

招牌卤肉饭 孩子也爱吃 每天卖出6000碗 ¥9.5/碗
海鲜酱卤肉拌面 ¥12.5/碗
黄焖鸡米饭 ¥16.5/份
大碗肥牛饭 ¥18.5/份
白米饭 ¥3/碗

再加点小料更过瘾
可口可乐 冰 常温 ¥5/瓶
百威啤酒 冰 常温 ¥7/瓶
清爽小包菜 ¥5/份
香酥花生米 ¥3/份
咸鸭蛋 ¥3/个
榨菜 ¥1/份
大红袍茶叶蛋 ¥3/个 ¥4/2个
辣椒油 ¥0/份 ¥2.5/份

* 按照法定规定,餐厅不得免费提供一次餐具,如您有需求,请购买餐具费用(筷子或勺子):¥0.10/1份,谢谢!

19

超值套餐饭 每天卖出6000份
大碗肥牛饭
海鲜酱卤肉拌面
招牌卤肉饭

20

热卤小吃 不添加防腐剂
麻辣鸭头
麻辣鸭肠
香辣酱猪手

21

现煲糖水 店内熬足2小时
现煲绿豆沙

22

背景介绍（图1）

　　雨润食品连续5年产品销量下滑和深加工业务的组织结构调整，且受到市场负面新闻的冲击，雨润品牌在市场上的销量不断下滑，2021年雨润找到华与华首要解决的课题，就是对雨润深加工业务进行品牌筑基工程。

　　华与华通过市场洞察及企业资源禀赋的盘点，明确雨润的企业战略方向：发挥雨润28年的产品优势，继续聚焦低温肉制品赛道，成为中国低温肉制品第一品牌。

品牌谚语（图2）

　　吃雨润，更新鲜，认准雨润三个鲜。

　　挖掘雨润产品为消费者提供的核心价值，抓住消费者对低温肉制品普遍的关注重点：新鲜，并用一句话建立"雨润"与"新鲜"的关系。直接下断言，说动消费者，从此低温肉制品分两种，一种是雨润的更新鲜，另一种是其他。

产品科学

雨润三大新鲜标准

　　1. 低温锁鲜
　　2. 冷链保鲜
　　3. 口感鲜美

品牌信任状（图3）

雨润三大信任背书

　　1. 连续22年全国销量领先
　　2. 两获国家科技进步二等奖
　　3. 中国肉制品上市公司

品牌纹样（图4—7）

　　雨润低温系列SKU众多，冷柜陈列环境复杂，用花边符号统一所有产品，建立品牌资产，并用花边获得货架的陈列优势，让产品从货架上跳出来。华与华通过雨润的品牌名，有雨滴、雨露的含义，而雨滴的原型就是圆波点，提炼出波点花边的陈列组合，且雨润品牌字体也是由"波点"构成，延续了品牌资产的元素。

包装系列（图 8—10）

雨润经典系列

　　针对雨润现有产品的包装进行全面升级，巩固和提升经典产品的销量。

五大包装设计原则

1. 底部用"花边"统一品牌，获得货架陈列优势

2. 标签贴同一旗标形式，提升品牌统一感

3. 产品统一用成品菜的照片，让消费者一眼知道如何食用

4. 放上雨润"鲜"字标等 icon，让产品自己会说话

5. 包装背面不浪费，背面也是广告位

8

9

10

507

广告系统（图 11—12）

　　为雨润恢复品牌声量，制定"品牌治气"传播动作，并设计了全新的品牌主

kv，进行核心主销区域市场的广告投放。

11

12

终端全面媒体化（图13）

　　雨润低温产品终端媒体化的核心策略是占领冷柜，将线下终端冷柜打造成最大的销售现场和品牌展示道场。

13

背景介绍（图1）

　　哈尔滨秋林公司是一家百年企业，成立于1900年，是一家百年老字号，是黑龙江省第一家商业上市公司，也是世界第一个跨国连锁百货。可以说东北三省的人都听说过秋林公司，每一个哈尔滨人都以秋林公司为傲。

　　秋林公司找上华与华寻求合作时正处于低谷期：面临秋林退市、前董事长失联、商标之争等多项问题，只剩下一家百货公司和旗下的秋林食品，百年老字号品牌面临着生存问题。

战略方向（图2）

　　华与华在首季度提案时就为秋林制定了企业战略，建议多年没有定心的秋林"聚焦食品大赛道"，以"秋林食品"品牌为主要发力点，解决整个秋林集团的

生存问题。

　　华与华首先要做的就是企业寻宝——百年秋林一定留下了重要的品牌资产，而这个资产是竞争对手怎么也抢不走的！

　　企业寻宝很快就有了答案：百年秋林公司有一座同名大楼——"秋林公司"百年建筑。

　　这座百年"秋林公司"大楼历经百年发展，现已成为哈尔滨市地标、哈尔滨市不可移动建筑。可以说每一个哈尔滨人都去过"秋林公司"大楼，这座楼就是秋林品牌最大的品牌资产！

　　找到了这座"秋林公司"大楼，一切问题都有了战略级突破口。

品牌谚语（图3—4）

　　口号就是战略，口号就是下断言。

　　聚焦最大的品牌资产，喊出"哈尔滨就一座秋林公司"的口号！用这句话展现秋林品牌在哈尔滨独一无二的地位，建立品牌的正统感和骄傲感。口号就是下定义、下断言、正名分！

超级符号（图5）

　　秋林超级符号创意面临的最大问题是商标。秋林食品的拳头品类红肠商标被竞争对手窃取，"秋林红肠"不能说自己是"秋林"红肠！也就是说无论华与华设计任何符号，只要提出注册申请，就面临着被驳回、无法注册的问题。

　　如果注定无法注册，还需要设计超级符号吗？回答这个问题之前，先要思考什么是超级符号，超级符号只能是logo吗？

　　超级符号是品牌独特的、鲜明的记忆点，如厨邦的绿格子就是厨邦品牌的超级符号。所以说，颜色、版式、花边都可以成为品牌的超级符号！

　　因此，华与华跳出logo注册问题，用红绿配色、独特的版式打造超级符号系统，统一解决品牌记忆、识别、传播的问题。

品牌角色（图6）

　　秋林品牌符号系统里还需要品牌角色！这个品牌角色是秋林的品牌代言人，是秋林品牌独一无二的象征，能高效建立与消费者的关系！

　　华与华以秋林品牌创始人伊雅秋林先生为原型，发挥秋林品牌与生俱来的戏剧性，承接品牌红绿色的符号系统，创造出了有原型、有记忆点、可描述的秋林先生的IP形象！

　　秋林先生是一个头戴红帽子、绿西装、面带微笑、胡子花白的绅士形象！

广告系统（图 7）

自媒体系统（图 8）

一切皆媒体，将品牌礼品系统、办公系统、品牌服装打造成品牌传播的道具，并将品牌寄生在消费者的生活场景中，玩活品牌资产！

7

8

背景介绍

可靠股份成立于 2001 年，一直专注于个人卫生护理用品的设计、研发、生产和销售，企业已通过 ISO9001 质量管理体系、ISO14001 环境管理体系、ISO45001 职业健康安全管理体系、ISO13485 医疗器械质量管理体系的认证，产品畅销海内外，目前已形成自主品牌 +ODM 双轮驱动的发展模式，自主品牌"可靠"已成为国内成人失禁护理领导品牌。2021 年 6 月 17 日，可靠股份（股票代码 301009）在国内 A 股正式挂牌上。

品牌标志（图 1）

为了提升产品品类及品牌名称的记忆度，降低传播成本，华与华将公司品牌名称"可靠"结合极具情绪化、情感化特征的"！"（感叹号），进行了适当加粗及圆角处理，来传递稳重、温馨、可靠的品牌和产品特性。

品牌谚语

失禁护理第一步，可靠成人纸尿裤。

品类教育和产品创新是成人护理行业的突破口，而成人失禁护理品牌争夺目标用户的关键是抢占"第一片"的入口，该话语目的是在抓住"第一片"的同时，实现可靠品牌成为失禁护理品类的代表。

话语体系（图 2）

产品结构：腰贴式·成人纸尿裤、内裤式·成人纸尿裤、直条形·成人纸尿片、成人护理垫……

产品选择逻辑：失禁不用慌 可靠来帮忙

产品标准：尺码不虚标，选对认可靠

荣誉证书：国家标准起草者、A 股份上市公司 301009

品牌规模：连续四年全国销售额 NO.1

品牌角色（图 3）

超级纸尿裤老人：为了增强可靠品牌的行业属性、提升产品品类及品牌名称的记忆度、降低传播成本，将日常生活中老年群体进行原创设计，描摹出积极的神态、动作和外形，将可靠公司经营的成人护理产品纸尿裤外穿在两位老人身上，配合披风，形成独特的"超级纸尿裤老人"形象，充满了戏剧性张力，该角色是轻松、舒适、健康与快乐的老人形象集合体。

广告系统（图4）

自媒体系统（图6）

厂区形象。

包装系统（图5）

在包装上放大品牌名称，融入超级角色，在终端货架上更容易脱颖而出，实现指名购买及品牌资产的长期积累。

案例150 阿遇烤五花

项目组成员 I 周云凤 梁洪滨 倪珺芳 徐旭东

背景介绍（图1）

2021年，四川连锁烧烤品牌阿遇烤五花同华与华首度合作，希望华与华能够为其提供营销和品牌咨询的服务。在初次高层访谈中了解到，阿遇董事长对于企业和品牌的愿景是"希望阿遇能让加盟商赚到钱，给加盟商提供一个更好的环境，加盟商觉得也挣钱，让更多的加盟商来做，去帮助真正愿意脚踏实地靠双手改变命运的人。希望阿遇成为中国乡镇下沉市场最厉害的品牌，未来有烧烤的地方就有阿遇"。这个愿景背后有两个非常明确的期望——首先是加盟商能赚到钱，其次是阿遇门店遍布全国。这两个点也可以说是一件事，因为只有加盟商赚到钱了，才会有更多的人加盟阿遇，才会有门店遍布全国。因此，项目组明确阿遇第一个需要解决的课题就是，"提升阿遇门店经营效率，提升阿遇门店开店效率"，而解决这个课题，首先是要让品牌能够高效传播。因此，项目组为阿遇制定了两大对策：通过打造阿遇烤五花的超级符号、品牌谚语，将门店作为最大的元媒体，提升发现率、转换率；打造超级门店，为阿遇烤五花建立全新的品牌资产储蓄罐，高效传播阿遇品牌。

产品结构（图2）

购买行为本质上是一个选择行为，华与华设计产品、规划产品结构，都是为了让人购买。所以产品设计、产品结构固化就是设计选择题，设计一个消费者选择购买的逻辑，能够让他以最快的速度进入，从而赢得消费者的选择。华与华在阿遇现有产品结构的基础上做了优化，并设计了"阿遇必撸榜"门店大菜单。让阿遇、门店利益最大化，通过设置必撸榜影响消费者的选择逻辑，让迷茫的消费者跟着榜单点，卖我们想卖的产品。

通过这样的结构调整，将原来消费者的选择逻辑从"多少钱、吃什么"，变为必吃哪些产品，提升消费者的选择效率。

品牌谚语（图3）

通过建立阿遇品牌话语体系来建立品牌价值，解决与消费者的信息不对称。首先，品牌谚语建立江湖地位，放大阿遇烤五花品牌的资源禀赋，将"烤五花"这个拳头品类赋予品牌的价值无限放大。华与华创造了"阿遇烤五花，烤五花一代宗师"的品牌谚语，以达到"明确拳头产品，明确'我'是谁，提供购买理由"和"江湖名号建立权威感、占领行业地位"的品牌目的。其次，使用"全国门店1000家"这一数据事实，用门店数量提升品牌信任感、规模感。最后，下达购买指令——"快来撸串吧"，邀请消费者进店，发起购买尝试。

品牌角色／品牌标志（图4）

品牌标志的目的是降低品牌的识别、记忆、传播成本，实现一目了然见行业、一目了然具象可描述！华与华在超级符号的创作上，找到人人都喜欢且和五花肉相关的公关符号——猪。猪是公共形象，想要让它成为阿遇烤五花的专属超级符号，就需要对它进行私有化改造，设计出一只专属于阿遇烤五花的猪。首先，使用代表更好吃的黑猪，提升品牌价值感。其次，放大猪最具特色的头部特征，制造独特的记忆点——给黑猪戴上代表"时尚、酷"的百叶窗眼镜，一瞬间抓取消费者注意力，让人过目不忘。并且建立一个招牌动作——双手拿上烤串的动作，一目了然见行业，增加食欲感。并且让他成为阿遇品牌永久免费的代言人，在品牌的包装、门店、广告系统、活动各种地方出现，与消费者产生沟通，积累品牌资产。

门店设计（图 5—10）

　　阿遇全面媒体化，首先一定是门店全面媒体化。对于阿遇，投资终端就是投资门店，全国每一个门店，就是每一个广告位。商品即信息，包装即媒体，对于餐饮品牌而言，门店是最大元媒体。所以，基于华与华"两个思维""三个购买"，项目组为阿遇打造出具有自动化销售功能的全新门店形象。从店招设计、核心销售道具烤车产品的设计改善、内堂设计，到必撸榜产品菜单和酒水菜单设计，再到提升门店热卖氛围的卡通形象人偶设计和品牌醒脑歌曲创意及制作。让门店从视觉、听觉、嗅觉、触觉、味觉这五大感官层面都能够释放刺激信号，吸引行人注意，进而提升门店的经营和销售效率。

店招系统（图 11）

　　首先，华与华为阿遇门店设计了超级门头，门头亮起来，生意自然来。门头设计的本质是引流，吸引更多顾客，留住更多人。门头设计要简单、直观、醒目，反差要大，字体要粗，放大撑满。基于多轮市场走访超 70 家门店，基于现场的观察，在门头设计上，华与华有 3 点改善。改善动作 1：顶部筒灯由 18 个增加至 24 个，提高门头整体亮度。改善动作 2：超级符号上门头，设计大黑粗字体提高发光字面积，并采用分色处理手法，提高文字阅读效率。改善动作 3：门头底部位置增加黄色亚克力发光灯条，提高下半部亮度，并且横条可以形成视觉强制性，提高门店注意率。

包装系统（图12—15）

    包装盒是品牌移动的、不花钱的广告位，是门店核心的宣传道具。华与华为阿遇重新设计了一系列包装，在消费者拿到手上、走在街道上、买回家去这些所有能被潜在消费者看见的场景，都能够实现品牌信息的二次传播。

12

13

14

15

16

持续改善（图16）

    在营销传播的各个环节，通过创意来进行"持续改善"，小处着手，机关算尽。通过动作观察、动作测量，设计条件反射和设计动作，点豆成兵，把所有销售环节都变成销售的战略工具，"排除浪费"，去提升营销的效率。门店不仅是阿遇的产品，更是阿遇的销售道场！一切都是为了最终能够实现更多的购买，所以阿遇的第一次持续改善，华与华明确目标为提升门店营业额。经过现场蹲点、把握现状，在现场发现"门店热卖感不足""产品能见度低""服务效率低"3大问题。为改善这3大问题，华与华为阿遇该门店设计了12个改善动作。为提高执行效率和可复制性，最终固化成6大改善动作：1.门头拉条更换成发光条，提高行人注意。门头亮起来，马上有人来！2.门店右侧增加"全国门店1000家"灯箱，增强品牌信息，增强进店信心，打动顾客进店。3.优化烤车横幅广告信息，增加购买指南。让顾客远远就看到怎么买、什么价。4.烤车底部单品广告变双品广告，强化招牌产品、畅销产品的位置。让卖得好的产品卖得更好，带来更多的回头客。5.开发烤车菜单位，在醒目的地方刊登菜单来增加点单、控制点单。6.盘子做文章，使用更大直径的盘子，提高客单价。持续改善动作也固化成样板店设计标准。

品牌歌曲

通过创作一首品牌醒脑歌曲，投资、增值品牌资产。在华与华传播三大原理之一的播传原理的指导下，项目组选择了一首旋律上耳熟能详的歌曲，且在编曲制作上使用了摇滚元素，提升门店销售氛围和感染力；作词上，不断重复品牌名、提供购买理由、下达购买指令，邀请消费者进店。门店现场消费者传唱度高，加盟商反映好。目前创作成果已在阿遇全国门店播放使用。

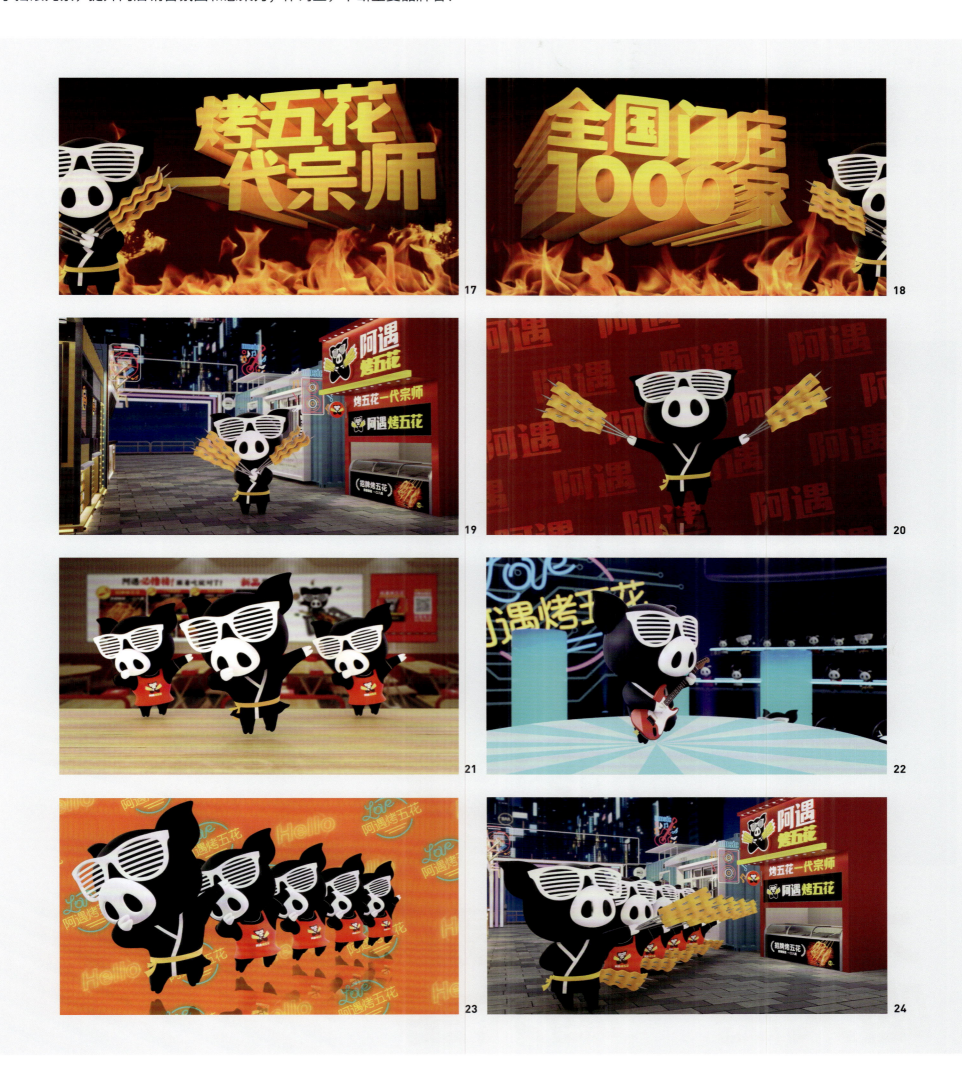

视频广告（图 17—24）

品牌醒脑歌曲创意落地之后，客户希望能够创作一支品牌歌曲 MV，用于线上宣传渠道传播，如公众号、官网等，未来也可以匹配到新业态门店使用。接到课题后，项目组马上明确课题，创作了一支以"品牌歌曲为核心，持续投资、积累阿遇品牌资产"为目的的 MV。所有的事都是一件事，最终，创意成果用一支 MV 同时统领三件事，使品牌歌曲、招牌动作以及品牌舞蹈是在一个创意、一个体系下完成，通过一个合力去完成一次完整的进攻。在动作创意上，首先找到两个标志性动作，一是品牌角色标准形象动作，二是符合品牌角色个性且被广泛表演唱跳的标志性流行动作，让这两个动作重复、贯穿 MV 始终，充分发挥品牌招牌动作的戏剧性。希望借由 MV 创意生发的品牌舞蹈也能成为阿遇门店的一个活动仪式，成为企业文化的一部分。开业活动仪式、品牌路演活动、公司年会员工表演、顾客模仿，都可以用到，能够被模仿、传播。在画面创意上，背景融入阿遇品牌名、门店和烧烤元素。持续投资、积累品牌资产。

背景介绍（图 1）

　　大窑饮品是中国北方餐饮渠道的隐形冠军，目前正处于高速发展期，产品已走出内蒙古和北方市场，覆盖至全国，畅销天津、北京等 31 个省、市、自治区的几十余万家终端餐饮店，并出口蒙古国。同时大窑品牌在京东、天猫、拼多多等电商平台都有自己的官方旗舰店，在抖音官方账号每天进行长时间直播，获得了全国消费者的喜爱。大窑饮品拳头产品啤酒瓶装的大窑嘉宾，口味独特，始于 20 世纪 80 年代的经典嘉宾味更是风靡餐饮渠道。但大窑饮品品牌整体处于渠道驱动力强、品牌认知度低的局面。2021 年 7 月大窑饮品联手华与华，希望解决核心课题：创作大窑品牌口号、符号，和竞品、杂牌拉开差距，拓展全国餐饮市场。

话语体系（图 2—3）

　　大汽水，喝大窑。

　　大玻璃瓶是大窑成功的关键符号，华与华要把它升级为一个类别解释权，制定对"大瓶汽水"的品类话语权，提出"大汽水"战略，根据大汽水战略提炼出"大汽水，喝大窑"的品牌谚语。"大汽水"是源自大窑"大玻璃瓶"基因禀赋，经典"嘉宾味"所到之处都会风靡，520 毫升玻璃瓶装的大窑汽水跟市面上的"小汽水"形成巨大反差，也带来了实惠大气的产品体验。

　　大汽水，也是大窑汽水大气劲爽、喝起来有啤酒氛围感的最佳提炼。从此汽水分两种，大汽水和小汽水。大窑开创中国汽水"大时代"。

　　餐饮渠道助销话术"不喝酒，喝大窑"。这句话是项目组走访市场从一线消费者、经销商、餐饮老板使用最高频且有效的原话中提炼出来的。在饭桌上不喝酒，就喝大玻璃瓶的大窑，大气劲爽。

品牌纹样（图 4）

红蓝白彩条花边

　　大窑饮品是快消品。产品包装是快消品的战略重心，快消品的产品符号是品牌的第一符号，在产品上建立品牌符号系统，持续积累品牌符号资产。华与华发现大窑战略性产品大窑嘉宾 38 年包装演变，条纹始终被继承，所以华与华要做的就是持续投资红、蓝条纹花边符号，做成超级战略花边。几何的、准确的、统一性的、重复的阵列式视觉形式，可以释放出巨大的心理和社会能量。这是视觉权力，是视觉的帝王学。华与华把花边变细，密集重复使用，并增加一条白条纹，形成红、蓝、白三色条纹，在条纹密度上参考法国红、蓝、白国旗三种颜色的比例大小，形成大窑饮品超级花边：红、蓝、白三色彩条。

包装系统／自媒体系统（图5）

用品牌纹样统一所有包装和自媒体。

案例 152 珂尔男装

项目组成员 | 贺绩　杨鹏宏　徐前程　单雨　李伟华　吴宏普

背景介绍

　　珂尔时尚成立于 20 世纪 90 年代，主营男装，集研发、设计、供应、销售于一体，公司采用品牌公司垂直化 SPA 经营管理，以消费者需求为导向建立一套快速反应机制，致力于为消费者提供可轻松消费的高品质男装。近 30 年来，珂尔聚焦甘肃、陕西、青海、宁夏、新疆 5 省市，布局门店 200 余家。与华与华合作之际，珂尔时尚亟待品牌升级，需要明确企业战略方向，做实西北市场，走向全国。

战略方向（图1）

　　华与华方法，通过行业定位坐标系模型对中国男装行业发展史、消费者现状、企业寻宝三个维度进行调研和梳理，明确中国男装行业正处于重要转型期，而珂尔男装面临本土渠道红利消退、区域品牌难壮大的困境。

　　在企业寻宝的过程中，项目组发现珂尔男装成功的真因来自产品版型创新＋搭配服务的创新。战略就是要取舍，放眼中国男性穿搭现状及消费趋势，项目组最终锁定珂尔男装的企业战略方向——聚焦男性穿搭难题，提供专业穿搭产品。

品牌命名（图2）

　　华与华认为，命名就是成本，命名就是召唤，命名就是投资。珂尔男装门店在不断更迭的过程中先后以"KIR""珂尔时尚""珂尔时尚男装"为门头名称，没有造成品牌资产的有效积累和持续投资。基于此，项目组建议将"珂尔时尚"更名为"珂尔男装"，聚焦男装品类，一眼见行业；降低消费者识别、记忆和传播成本，做男装大品类。

品牌谚语（图3）

　　男人会穿，珂尔男装。

　　以珂尔男装的事业理论为指导，聚焦男装穿搭，100 年不会变，聚焦男人，瞄准主要客群下指令，同时用"男人会穿"一语双关，一是赞美消费者，表明会穿搭的男人都会选择珂尔男装；二是下断言，给指令，汇拢男性客群，谋求产生购买行动。"男人会穿，珂尔男装"符合修辞学原理，一语双关，使人愉悦，有节奏，好播传。

超级符号（图4）

超级符号就是超级创意，超级符号的本质是嫁接文化原型，占人类文化的便宜。华与华能够代表西北区域特性、代表男性气质、匹配珂尔精神内核的角度出发，锁定"黑马"这一文化母体中的传统符号，将服装行业最具代表性的超级道具"皮尺"，与传统符号进行戏剧性的结合，把黑马的鬃毛设计成市尺元素，实现品牌寄生。最终创作出"尺马"这一超级符号。

品牌纹样（图5）

服装行业是对符号拆解和应用很丰富的一个行业，人们消费服装产品最终会变成对符号的偏好和信赖。项目组把市尺元素进行延展，形成固定的市尺花边，以此在门店设计、营销物料、服装辅料上进行创意化的设计、规范化的使用，不断投资品牌资产，积累品牌资产。

品牌营销日历（图6—7）

1. 大绵羊羊毛衫，买两件换着穿

珂尔男装每年在秋冬季节会利用一款羊毛衫来作为引流的产品和回馈客群的礼物。这款羊毛衫为100%纯羊毛制品，仅售188元，具有高出货量、高性价比、高口碑的特点。

为充分体现羊毛衫的价值，提高连带率，华与华项目组创作出主题为"大绵羊羊毛衫，买两件换着穿"的口号，对门店导购员形成一种话术引导，对进店客群进行消费行为的驯养，触发消费者对于"买两件换着穿"的母体行为，达成购买。

2. 在北方过冬，穿珂尔羽绒

冬季是男装乃至服装行业的销售旺季，羽绒服是这一波段中的拳头产品。为促动珂尔男装的潜在客群进店购买羽绒产品，项目组从珂尔的本土市场出发，创作出"在北方过冬，穿珂尔羽绒"的主题口号，以此唤醒消费者对于南北方气候差异的意识，形成心理上的打动机制，鼓动购买。

春季橱窗／冬季橱窗（图8—9）

背景介绍

　　牛大吉成立于 2015 年，是一家主营社区牛肉新零售的互联网公司。在中国一、二、三线城市，每一个超过 2000 户的商品房小区，都会开设一家牛大吉新零售门店，通过新鲜、现做的特色，为消费者提供有品质感的牛肉产品。不仅提供鲜牛肉，还像社区的中央厨房一样，提供预制菜和成品菜。

战略方向（图 1—2）

　　牛肉产品社区连锁新零售。

事业理论

　　中国牛肉总消费量逐年增长，但人均消费量仍远远落后于其他国家，中国人难以便利地吃到高品质牛肉产品。牛大吉以社区连锁新零售的模式，为消费者提供新鲜牛肉和牛肉产品，让中国人爱上吃牛肉。

产品科学

　　产品契合社区居民生活场景。

　　鲜牛肉：凌晨现宰，2 小时到店，不隔夜，不注水。

　　牛肉产品：新鲜现做。

产品结构（图 3—5）

　　产品涵盖鲜牛肉、特色小吃、正餐、烘焙、饮品等大类，重点推广卤牛肉、牛干巴等拳头产品。

品牌谚语（图6）

每天吃牛肉，强壮中国人。

品牌标志（图7）

1. 品牌名：牛大吉
2. 品类名：牛肉工坊
3. 品牌 logo：大黑牛

品牌角色（图8）

大黑牛＋表情包。

17

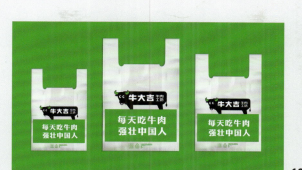

18

19

20

21

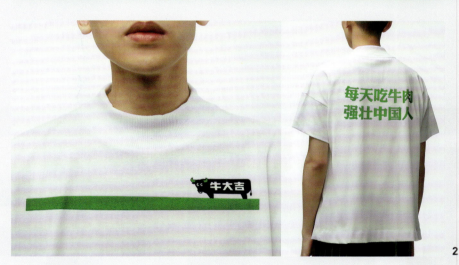

22

23

24

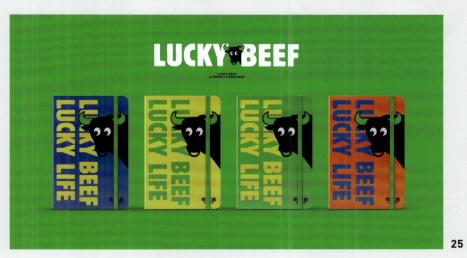

25

26

27

背景介绍（图1）

　　宜买车品牌成立于 2015 年，为消费者提供一站式购车服务。宜买车在整个汽车行业中扮演着渠道商的角色，根据客户需求，为客户选择合适的车，再从汽车品牌厂商拿到新车，可以说宜买车是串联起汽车交易买卖双方的"中间人"。

　　2021 年 6 月 1 日，华与华与宜买车正式达成战略合作。合作之初，宜买车在业务层面提出困惑："既然宜买车是渠道商，本身并不拥有汽车产品，那是不是应该做服务呢？"在学习并理解宜买车的业务模式后，华与华发现，宜买车的服务模式并不仅是业务层面的工作，更应该从企业战略出发，先为企业定心。所以华与华的战略起手势是为宜买车规划企业战略！

战略方向（图2）

　　通过华与华企业战略"三位一体"模型，项目组规划了宜买车企业战略。

1. 社会问题：买车信息不对称

　　价格不对称、服务不对称、售后不对称

2. 经营使命：让买车不吃亏

　　价格不吃亏、服务不吃亏、售后不吃亏

3. 业务战略：提供买车和用车服务

　　买车（购车咨询、汽车销售）

　　用车（门店服务、用车生活）

品牌谚语（图3）

　　今日宜买车，买车我负责。

　　"今日宜买车"发挥品牌与生俱来的戏剧性，和品牌名相结合，得到口号前半句"今日宜买车"；后半句体现业务品类和核心价值，宜买车的核心业务为"买车"，同时项目组还找到一个代表承诺，让顾客放心的超级词语"我负责"，至此创作出宜买车品牌谚语"今日宜买车，买车我负责"。

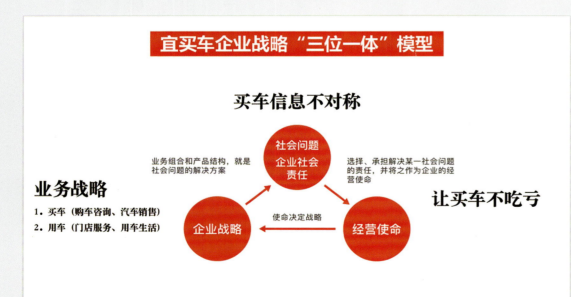

超级符号（图4—5）

在宜买车超级符号的打造上，华与华明确了两个目标：

1. 超级符号要有行业属性，具备行业辨识度。

2. "专业、可靠、有信赖感"是该行业中要具备的素养，所以超级符号要以人物形式传递行业素养。

基于此，宜买车超级角色从脸部特征（国字脸＋大黑框眼镜）、行业属性（黑色西服）、超级手势（握手——代表向对方发出沟通信号的超级手势）出发，创造出超级角色"小宜哥"。

产品结构（图6）

宜买车围绕买车步骤，打造一套服务体系作为其产品结构。

两大原厂承诺：

原厂新车，全国比价。

原厂售后，全国联保。

六大服务保证

专业选车服务，保证客观中立。

全国比价服务，保证公开透明。

陪同试驾服务，保证全程陪护。

实时查车服务，保证准时交付。

放心交车服务，保证验车无误。

安心用车服务，保证售后无忧。

门店设计（图7—15）

宜买车全新品牌旗舰店打造：

1. 打造超级门头，即超级符号、品牌谚语上门头；选用黄色为品牌色；让门头发光，增加整个门店的通透明亮度。

2. 门店内放置超级角色"小宜哥"，主动握手的超级手势让每个经过门店的客户都会去看一眼或是主动伸手与小宜哥握个手、拍个照。

3. 超级菜单展架，即销售什么产品就在店外显眼的位置展示出来，并放大加粗车款价格，有价格才能让消费者根据自己的预算去选择，最后，放上车辆款式，让消费者更直接地看到每款车辆长什么样。

4. 门店黑板、电子屏、询价台，让顾客更快获取车款信息与销售信息。

5. 店内电子屏＋灯箱海报，体现服务价值与销售信息，其中车款信息通过类似股票交易所形式呈现，展示更全面、更直接的信息；通过互动电子屏吸引顾客的关注，增加顾客在门店的停留时间；通过灯箱输出宜买车提供的买车服务步骤，让顾客安心在门店消费。

福安店 **7**

福州万象九宜城 **8**

福州交付店 **9**

10

11

背景介绍

宜品是全产业链经营的乳制品公司，拳头产品是纯羊奶粉。宜品在中国、韩国布局奶粉工厂，在西班牙布局羊奶粉原料，同时往更上游布局牧场，保证奶粉原材料的安全和稳定供应，再通过深耕多年的销售渠道售卖给全国消费者。

战略方向

集团市值达到千亿，羊奶粉产业链营收达到千亿，不仅满足中国消费者，未来还要卖给全球消费者，同时用羊粪改善中国盐碱地，造福子孙后代。

品牌谚语（图1）

宜品纯羊奶粉，不含一滴牛乳。

广告系统（图2）

超级符号（图3）

喝羊奶粉，认准宜品纯羊小公主！宜品纯羊小公主是华与华为宜品打造的超级符号，用油画的风格凸显纯羊奶粉的高品质。

附 录

公司简史

公司简史

7月，华与华在广州天河建和中心大厦成立，初创期一共5个人。

• 华杉在建和中心办公室办公

2002

12月圣诞夜，华与华迁往上海南京西路。

• 办公室设于南京西路的中欣大厦

2003

8月，华与华投资成立读客图书公司，将华与华方法应用于出版业。

• 华楠与熊猫君　　• 读客 logo

2006

5月，投放中国三大航机杂志广告——国航《中国之翼》、东航《东方航空》、南航《南方航空》，持续至今，从未间断。

• 三大航机杂志广告

2008

随后，华与华又陆续在北京机场、上海虹桥机场、浦东机场和深圳机场投放公司广告。

•北京机场航站楼户外高炮广告

•上海虹桥机场 T2 航站楼灯箱广告

11 月，出版《超级符号就是超级创意》。一经出版，就横扫当当、京东、亚马逊新书排行榜，被《人民日报》推荐为 "30 个领域的入门书" 之一。

2008

2013

华与华聘请中国台湾 "开放智慧" 公司，运用引导技术，召开 "裂变" 大会，正式启动了华与华合伙人制度。

2014

•裂变 1 现场照片

华与华聘请尚和管理咨询公司，正式引入 TPS 丰田管理方式。

2015

•每月 TPS 培训会   •每周一大扫除

《华杉讲透〈孙子兵法〉》出版，启动华与华文库系列图书。

2013 年出版《超级符号就是超级创意》，2019 年修订至第 3 版。

2019 年，《超级符号就是超级创意》英文版在英国出版，半年加印两次。

2019第三版　　2019年出版　　2019年出版　　2019年出版　　2020年出版

2015年简体版　　2016年韩文版　　2017年繁体版　　2019年泰文版

2016年出版　　2018年出版　　2019年出版　　2019年出版

2019年出版　　2019年出版　　2020年出版　　2020年出版　　2020年出版

2015

1 月，华与华商学正式成立，华杉任校长，颜艳任教务长。

• 华与华商学首次开课

2016

4 月，华与华乔迁至开伦江南场创意园区。

• 开伦江南场乔迁仪式

2016

2018

2月，搬入上海环球港，开启华与华新时代。

• 环球港楼体霓虹广告：欢迎华与华

2019

• 华杉在竞演结束后做演讲

•8大参赛案例现场展厅

• 华杉在百万创意大奖现场演讲

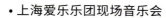

• 上海爱乐乐团现场音乐会

• 百万创意大奖颁奖典礼

1月，"开放智慧"公司帮助华与华召开"裂变2"会议，凝聚共同愿景，深化裂变长效机制，完善员工发展政策，开启华与华新的十年。

2020

8月，华与华联合浙江传媒学院共同建立"超级符号研究所"，成立《超级符号理论与实务》教材课题组。

2020

3月，华与华联合泛微知识管理系统项目正式启动，为华与华搭建便于全员共享的华与华知识银行。

2021

6月，华与华联合河北师范大学成立《华与华方法·简明营销学教程》教材课题组。

2021

7月，"开放智慧"公司帮助华与华召开"品牌五年计划"研讨会，讨论华与华业务战略，确定华与华第三个十年业务战略，为10亿咨询收入的目标打下扎实基础。

2021

百万创意大奖

2015 年，西贝莜面村项目组获首届 100 万元超级创意大奖。

2016 年，360（现更名：奇安信）项目组获第二届 100 万元超级创意大奖。

2017 年，六颗星牌长效肥项目组获 100 万元超级创意大奖。

2018 年，汉庭酒店项目组获 100 万元超级创意大奖。

2019 年 1 月，莆田餐厅项目组获 100 万元超级创意大奖。

2019 年 12 月，华与华第六届百万创意大奖赛公演，足力健老人鞋项目组获 100 万元超级创意大奖。

2020 年 12 月，华与华第七届百万创意大奖赛公演，洽洽项目组获 100 万元超级创意大奖。

2021 年 12 月，华与华第八届百万创意大奖赛公演，蜜雪冰城项目组获 100 万元超级创意大奖。

鸣谢名单

感谢所有合作客户（2002年－2021年）

康必得	大连美罗	竹林众生	田七牙膏	金鸡胶囊	两面针
南海制药	晨光文具	咽立爽	额尔古纳	上海成鼎保健	脑立清
广西古方	华夏幸福	黑妹牙膏	内蒙古大唐药业	五洲洋参	三精制药
辅仁药业	美国东方生物	广西泓和房地产	天方药业	田大夫	益佰制药
万基洋参	葵花药业	大信一样甜	御生堂	天银制药	黄金酒
双金生物	江波制药	悦康药业	润盈生物工程	珍视明	江西汇仁
长春海外制药	世家洁具	北京健都药业	东阿阿胶股份	北京康的药业	六颗星
东北制药	万通药业	齐心文具	厨邦酱油	51.com	太龙药业
2345.com	青岛唯美德科	广东环西生物	宝瓶堂	欣旺达电子	碧生源
高原雪	江西仁和	天卓文具	360	幸运方便面	南极人
槐茂	西贝	詹氏食品	浙江天下商邦	友＋（上海）网络	呷哺呷哺
中铁生态城	信和财富	望湘园餐饮	徐鸿飞小鲜蛋	柏年康成	韩后
蓝白电子烟	唐小僧	肯帝亚	嘉华食品	莆田餐厅	海底捞
百芝源	绿源电动车	汉庭酒店	云米	黑龙江宝宇	江苏明月光电
索菲尔珠宝	克徕帝	北京艺海	金叶珠宝	中农果业	莓美哒
西塘	颐海国际	七欣天	李先生	留夫鸭	久久丫
文新茶叶	立高	长春奢岭	白象食品	中郡运营	船歌鱼水饺

感谢所有合作客户（2002年—2021年）

茶联	读客文化	奈瑞儿	先锋电器	收钱吧	晨冠奶粉
北京朗丽兹	I do	金赣珠宝	拉卡拉	三品王	廊坊银行
维信诺	氪空间	江小白	足力健	赛普健身	斯利安
蜜雪冰城	巴乐兔	鲸准	太郎花子	一亩泉	福鞍
湘村黑猪	得到 app	爱好文具	傣妹火锅	梦百合	火星人
新东方	云集 app	绝味鸭脖	牛小灶	广誉远	鹅夫人
网鱼网咖	淘车 app	好人家	吴太感康	上上签	老娘舅
包包树	联诚商贸	味多美	欧邦医疗	公牛	衡阳
凯儿得乐	奇安信	小鸟鲜燕	洽洽	衣品天成	湖南妇女儿童医院
川南	潭酒	庆酒	探鱼	弘慈医疗	己所欲
七猫	海欣食品	人本	华莱士	青客	新西特
博君酵素	东鹏	小状元	百邦	美腕	KK 少年
好大夫在线	水星家纺	八马茶业	莉莉丝	中兴通讯	鲜丰水果
SKG	搜狗科技	大斌家串串火锅	膜法世家	如钢	幸运咖
燕谷坊	好想你	新潮传媒	大咖国际	爱的是酒	胡桃里
18 般精酿啤酒馆	轩妈食品	海氏	炊大皇	养元植物奶	六个核桃
VeSync	哪吒	盼盼	早阳餐饮	西麦食品	雪石资产

感谢所有合作客户（2002 年－2021 年）

唱吧	简一	小刀	吉士丁	创尔生物科技	雷丁汽车
立高水果	秋林	鲜啤 30 公里	一心一味	牛大吉	阿遇烤五花
如水坚果	荣昌制药	雨润食品	牙管家	宜买车	开望科技
宜品	五常大米	大窑饮品	德施曼	远明酒业	四只猫
极米	五爷拌面	天猫养车	丰茂	黄古林	可靠
珂尔男装	喜多多	腾讯科技	佐丹力	鸭鸭	星点
N 多寿司	YVR	鱼你在一起	粮全其美	北大仓	鱼微阿
鸿兴源	安儿乐	舒莱卫生用品			

后 记

在华与华诞辰 20 周年之际，经过大家的共同努力，《华与华超级符号案例全史》终于面世。

本书由"华与华商学"策划及组编，全面、客观地记载了华与华自 2002 年成立至 2021 年，这 20 年间所有合作项目的成果结晶。这本书既是华与华内部 20 年案例的总数据和检索库，也是本土咨询公司 20 年的发展简史。

2021 年 12 月，本书正式立项，在短短不到 3 个月的时间里，我们完成了从原始素材收集、编写、打样、修图、排版、校对修改，再到完稿的全部工作。在这项巨大"工程"的背后，离不开每一位为本书做出重要贡献的伙伴。

在此特别感谢华与华总经理肖征先生、董事合伙人颜艳女士、华与华商学总经理夏晓燕女士、华与华商学品牌总监刘伟女士对本书的指导与支持。感谢华与华商学刘庆庆女士对本书内容编辑上的巨大贡献。

感谢米贝文化设计的权贝老师、别镜文化传播有限公司的唐旭老师对本书版式设计的巨大贡献。

同时感谢读客文化的洪刚、周汝琦和徐瑾，对本书在出版环节给予的全力支持与推进。

因为你们的参与与支持，让这本书不同凡响。

同时，还要感谢为本书提供丰富素材的华与华项目组的伙伴们——

（以下排名不分先后）

贺 绩	陈 俊	宋雅辉	许永智	杨鹏宏	黄慧婷	于 戈	吴彩虹	冯 雨
周庆一	雷 莉	倪珺芳	王国任	徐旭东	夏晓燕	夏鸣阳	孙艳峰	孙楚天
张冰冰	杨红超	杨传涛	高 明	刘群越	方有华	廖文逸	孙艳艳	杨浚祥
刘泽国	肖山红	张卓毅	何光灵	何天鑫	任秀杰	房文雪	杨 笑	林 微
张高云	李 兵	袁 创	黄多多	王 凡	王 可	单 雨	王 霞	高 洁
吕亚俊	黄晨涛	王 莹	郑 欣	冯慧婷	尹 媛	徐舒慧	糜嘉滢	周云凤
付 洁	刘 扬	于 杰	蒋茹茵	林奕杰	沈明礼	邱允业	冯家毅	刘亚萍
胡泉君	吴建波	郑 欣	徐 欢	余义华	张容芳	简天舒	杜美雄	周康妹
杨亚非	尹 超	张明增	袁浩宁	沈 洁				

李 瑶

华与华商学

华与华文库

○ 华与华战略营销品牌序列

《超级符号就是超级创意》

席卷中国市场20年的华与华战略营销创意方法

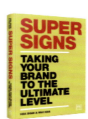

《超级符号原理》

只要人类还有眼睛和耳朵，还使用语言，
《超级符号原理》就能教你如何影响人的购买行为

《华与华使用说明书》

不投标！不比稿！
100%精力服务现有客户，长期坚持就会客如云来

《华与华正道》

走正道，很轻松，一生坚持必成功

《华与华方法》

企业经营少走弯路、少犯错误的九大原理

《华与华百万大奖赛案例集》

翻开本书，看华与华用14个传奇案例讲透好创意的标准，
手把手教你做出好创意！

《华与华超级符号案例集》

同一个创意套路诞生上百个经典案例，
19年来不断颠覆中国各个行业

《华与华超级符号案例集2》

同一个创意套路又诞生上百个经典案例，
20年来不断创新推动中国各个行业

《华与华文库之设计的目的》

品牌设计、门头设计、包装设计、广告设计、海报设计
都服务于同一目的，就是卖货！立刻卖！持续卖！一直卖！
这需要目标明确的系统性设计解决方案！

○ 华杉讲透国学智慧序列

《华杉讲透〈孙子兵法〉》
通俗通透解读经典战例，
逐字逐句讲透兵法原意！

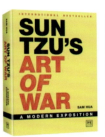

《华杉讲透〈论语〉》
逐字逐句讲透《论语》原意，带你重返孔子讲学现场！

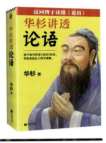

《华杉讲透〈孟子〉》
逐字逐句讲透《孟子》原意，无需半点古文基础，
直抵2500年儒学源头！

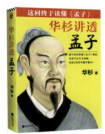

《华杉讲透〈大学〉〈中庸〉》
不读《大学》，就摸不到儒学的大门；
不读《中庸》，就到不了儒学的高峰！
逐字逐句讲透《大学》《中庸》，由浅入深领悟儒家智慧！

《华杉讲透王阳明〈传习录〉》
逐字逐句讲透《传习录》，无需半点古文基础，
从源头读懂阳明心学。

《华杉讲透〈资治通鉴〉》（已出1—14册）
通篇大白话，拿起来你就放不下；
古人真智慧，说不定你一看就会。

《2022国学智慧日历》
每日一句国学智慧，通晓中国人的处世哲学。
精选6本国学名著、365条国学名句，
白话讲透蕴含其中的古人智慧

《牢记〈孙子兵法〉口诀》
牢记99句《孙子兵法》口诀，你就能立人生于不败之地！